教育部人文社会科学重点研究基地项目资助（项目编号：JD790006）

中国中部经济发展报告
（2019）

Report on the Economic Development of Central China （2019）

主　编　罗海平
副主编　傅　春　胡学英　吕　晞

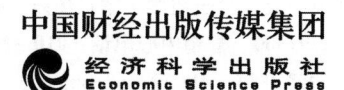

中国财经出版传媒集团
经济科学出版社
Economic Science Press

图书在版编目（CIP）数据

中国中部经济发展报告. 2019/罗海平主编. —北京：经济科学出版社，2019.7

ISBN 978 – 7 – 5218 – 0738 – 7

Ⅰ.①中… Ⅱ.①罗… Ⅲ.①区域经济发展 – 研究报告 – 中国 – 2019 Ⅳ.①F127

中国版本图书馆 CIP 数据核字（2019）第 160899 号

责任编辑：宋　涛
责任校对：杨　海
责任印制：李　鹏

中国中部经济发展报告（2019）
主　编　罗海平
副主编　傅　春　胡学英　吕　晞
经济科学出版社出版、发行　新华书店经销
社址：北京市海淀区阜成路甲 28 号　邮编：100142
总编部电话：010 – 88191217　发行部电话：010 – 88191522
网址：www.esp.com.cn
电子邮件：esp@esp.com.cn
天猫网店：经济科学出版社旗舰店
网址：http：//jjkxcbs.tmall.com
北京季蜂印刷有限公司印装
710×1000　16 开　20.75 印张　340000 字
2019 年 9 月第 1 版　2019 年 9 月第 1 次印刷
ISBN 978 – 7 – 5218 – 0738 – 7　定价：62.00 元
（图书出现印装问题，本社负责调换。电话：010 – 88191510）
（版权所有　侵权必究　打击盗版　举报热线：010 – 88191661
QQ：2242791300　营销中心电话：010 – 88191537
电子邮箱：dbts@esp.com.cn）

目　录

总　报　告

2018年中部地区经济社会发展年度报告 ·················· 3
创新开放背景下中部地区高质量发展
　　——2018年中国中部发展学术年会简报 ·················· 21

长江经济带专题

长江经济带城市群城市网络结构分析 ·················· 27
国家战略视角下鄂湘赣新型显示制造业协同创新研究 ·················· 36

人口研究专题

"新时代"江西人口发展问题与对策探析 ·················· 55
江西人口老龄化背景下的老年体育事业发展研究 ·················· 65

区域发展专题

从国家支持政策导向变化看江西中小企业高质量发展路径 ·················· 85

时空维度下江西城镇化内部协调性研究 ·················· 93

"十三五"后期江西发展若干重要问题 ·················· 104

中国城乡福祉差异的空间不平衡分析 ·················· 120

中国粮食功能区耕地产能分析 ·················· 130

粮食安全专题

我国粮食主产区生态安全与粮食安全耦合关系及空间
　　协调性的实证研究 ·················· 147

基于157个产粮大县的我国粮食主产区耕地压力时空
　　迁徙及粮食安全预警研究：2000～2030年 ·················· 168

基于粮食安全保障的我国粮食主产区耕地生态足迹
　　测度及预警研究：2007～2025年 ·················· 188

我国粮食气候生产潜力对气候变化时空响应的实证研究
　　——基于粮食主产区341个气象站的监测数据 ·················· 211

基于PSR结构范式的中国粮食主产区的水资源生态
　　安全与粮食安全关联性研究 ·················· 229

我国粮食主产区粮食生产水资源利用及影响因子研究 ·················· 241

决策咨询

江西省工业园区产业集群发展困境与升级路径 ·················· 257

锂电产业成为江西省新兴支柱产业的条件与几个关键性问题 ·················· 265

南昌进军"万亿元城市俱乐部"的新发展路径 ·················· 270

基于生态安全的我国粮食安全形势、问题与应对措施 ·················· 276

工业强省战略背景下江西省中小及非公有制企业
　　用工难、用才难的问题与对策 ·················· 281

破解江西省中小及非公有制企业"融资难"的
　　关键措施与对策 ·················· 289

目 录

大 事 记

大事记主要内容（2018.1~2018.12） …………………………………… 297

中部研究年度文献索引

中部地区发展现状 ……………………………………………………… 305
中部发展对策研究 ……………………………………………………… 320

总 报 告

2018年中部地区经济社会发展年度报告[*]

罗海平[①]

2018年是全面贯彻党的十九大精神的开局之年，是改革开放40年。中部各省坚持以习近平新时代中国特色社会主义思想为指导，坚持稳中求进工作总基调，按照高质量发展要求，积极有效应对错综复杂的外部环境，实现了持续健康高质量发展。安徽围绕现代化五大发展美好安徽建设，江西实施"创新引领、改革攻坚、开放提升、绿色崛起、担当实干、兴赣富民"工作方针，山西以"示范区""排头兵""新高地"三大目标为牵引，河南统筹推进"四个着力"持续打好"四张牌"，湖北"奋力谱写新时代湖北发展新篇章"，湖南大力实施创新引领开放崛起战略，较好地实现了各省年度发展目标，各省发展战略持续推进。

一、2018年中部地区发展成效

（一）中部地区2018年经济增速相较于2017年均有小量回调，但仍继续领跑全国经济增长，中部地区依然是我国经济增长板块中最重要部分，中部在中国经济中的中坚地位没有改变

根据国家统计局发布的全国初步核算数据，2018年全国国内生产总值900 309亿元，按可比价格计算，比上年增长6.6%，相较2017年的6.9%，下降0.3个百分点，继续保持了较高的经济增长水平。基于中部各省政府工作报告和各省2018年统计公报，中部六省2018年地区生产总值合计为19.2万亿元，占全国的21.40%，相较于2017年的21.69%，略有下降。考虑到各省政府工作报告的数据仍然是初步核算数据，故尽管存在比重的下调，但仍可认为中部六省在全国的经济地位具有稳定性。

---

[*] 为体现报告及时性，本报告原始数据以及相关内容均来自2019年中部各省政府工作报告。
[①] 作者简介：罗海平（1979~ ），男，四川南充人，南昌大学中国中部经济社会发展研究中心产业经济所所长，副研究员，博士，硕士生导师。

中部六省2018年的地区生产总值增速较2017年均有小幅度回调，但依然均高于全国平均增速。从中部六省来看，江西经济增速为8.7%，位列中部经济增速第一，同时继续属于全国经济增长的第一方队。安徽经济增速为8.02%，在中部六省中位列第二；然后是湖北和湖南，均实现了7.8%的增长；再次是河南省实现了7.6%的增长；而山西省以6.7%的增长位列中部六省中经济增长速度的最后一位。从经济总量看，2018年河南省实现地区生产总值48 055.86亿元，继续在中部地区排名第一，位列全国第五，但距离5万亿元经济体量越来越近。在河南即将进入5万亿元经济方队的同时，2018年湖北和湖南分别实现地区生产总值39 366.55亿元和36 425.78亿元，则极有可能在2019年携手进入4万亿元方队。安徽省在2018年成功进入3万亿元方队。江西以中部地区最高增速实现地区生产总值21 984.8亿元。山西省则无论是增速还是经济体量均位列中部六省中最后一位。从中部六省在全国31个省级行政区的排名来看，相较于2017年的地区生产总值排名，河南、湖北和安徽继续保持了全国第5、第7和第13名的位次不变。而湖南、安徽、江西和山西则分别进位一名，分别位列第8、第16和第23位（见表1）。

表1　　　　中部各省地区生产总值比较（2018年与2017年）

省份	2018年 排名	GDP：亿元	增速	2017年 排名	GDP：亿元	增速
河南	5	48 055.86	7.6%	5	44 552.83	7.8%
湖北	7	39 366.55	7.8%	7	35 478.09	7.8%
湖南	8	36 425.78	7.8%	9	33 902.96	8.0%
安徽	13	30 006.8	8.02%	13	27 018	8.5%
江西	16	21 984.8	8.7%	17	20 006.31	8.8%
山西	23	16 818.11	6.7%	24	15 528.42	7.1%

（二）中部地区经济高质量发展成效显著，经济结构进一步优化

一个省或地区经济结构优化是其经济实现高质量发展的重要体现，尤其是高新技术产业的发展将极大地推动和提升经济发展质量。根据中部各省政府工作报告，2018年安徽高新技术产业增加值、战略性新兴产业产值分别增长13.9%和16.3%，战略性新兴产业产值占规模以上工业

比重达 29.4%。安徽的高端制造业地位进一步提升，一大批新产业、新业态、新模式加速成长。工业机器人产量突破 1 万台，新能源汽车产销量突破 12 万辆、占全国 13%。2018 年湖北省高新技术产业增加值增长 12.8%。新增国家高新区 3 家、高新技术企业 1 200 多家，技术合同成交额超过 1 200 亿元。2018 年江西三次产业结构由 9.2∶48.1∶42.7 调整为 8.6∶46.6∶44.8。江西新增共青城和丰城 2 个国家级高新区，江西高新技术产业、战略性新兴产业增加值占规模以上工业增加值比重分别达到 33.8% 和 17.1%，同比分别提高 2.9 个和 2 个百分点。2018 年河南省在"去产能"、强化供给侧结构改革方面成效显著。仅 2018 年化解煤炭产能 825 万吨、钢铁产能 157 万吨，淘汰落后煤电机组 107.7 万千瓦，压减电解铝低效产能 35 万吨。湖南产业结构持续优化，三次产业结构调整为 8.5∶39.7∶51.8。湖南"三新"经济占地区生产总值的比重达到 16.9%，网络零售、软件信息等新兴服务业增速超过 20%。文化和创意产业增加值占地区生产总值的比重达到 6.2%。

（三）中部地区科技创新上新台阶，新经济新动能进一步夯实

根据中部各省政府工作报告，2018 年安徽科技创新实现了重大突破，一大批重大源头创新成果不断涌现。中国科技大学全球首次实现 18 个光量子比特纠缠，国内首款完全自主知识产权的量子计算机控制系统诞生，全超导托卡马克装置首次实现等离子体电子温度 1 亿度，数字信号处理器——"魂芯二号 A"研制成功。2018 年湖北省工业互联网标识解析顶级节点上线，成功突破芯片三维存储先进技术和自主构架。湖南"鲲龙 500"采矿机器人、"海牛号"海底深孔取芯钻机等新产品为我国"深海"探测提供了支撑，超级杂交稻百亩示范片平均亩产再创新高，耐盐碱杂交稻成功试种。江西快线航空获颁"双证"并成功试运营，大飞机 C919 在瑶湖机场成功转场试飞。山西太原国家可持续发展议程创新示范区启动建设，省级众创空间增长 25.5%，重载水泥混凝土铺面关键技术与工程应用等 3 项科研成果获国家科学技术奖。中部各省通过增加研发投入、以科技创新推动各夯实新经济新动能。2018 年江西 R&D 经费支出占 GDP 比重 1.4%，工业技改投资增长 39.1%。电子信息、新能源汽车等新兴产业和有色、钢铁等传统产业主营业务收入均实现两位数增长，服务业增加值占 GDP 比重达 44.8%，产业结构进一步优化。山西大力培育新兴产业，新一代信息技术、高端装备制造、新能源汽车等战

略性新兴产业保持两位数以上快速增长，传统产业高端化绿色化智能化改造提速，工业结构调整取得积极进展。河南加快壮大新产业、发展新业态、培育新模式，新能源汽车、服务机器人产量分别增长70.4%、37.8%，网络零售额和快递业务收入均增长30%以上。2018年河南大力推进制造业绿色、智能、技术三大改造，创建国家级绿色工厂28家，培育建设智能工厂（车间）150家，工业技改投资增长21.5%，工业五大主导产业、高技术产业和战略性新兴产业增加值分别增长7.7%、12.3%和12.2%。2018年湖南省级财政科技支出增长46.3%，研发经费投入占比提高0.26个百分点、达到1.94%，高新技术企业净增1400家、达到4500家，高新技术产业增加值增长14%。2018年湖南获得国家科学技术奖励27项，其中技术发明一等奖1项，科技进步一等奖1项，创新团队奖2项；专利申请量、专利授权量分别增长23.9%和29.1%，有效发明专利拥有量增长17%。综合中部各省，创新已为中部发展注入强劲动力，形成了竞相争先、活力迸发的新局面。

（四）中部地区可持续发展能力增强，生态环境进一步优化

污染防治是我国十九大以来三大攻坚战之一，2018年中部各省生态环境质量显著改善。根据中部各省政府工作报告，2018年安徽全省PM2.5平均浓度49微克/立方米、下降12.5%，优良天数比例71%、提高4.3个百分点。国家考核断面水质优良比例75.2%、提高3.5个百分点，城市黑臭水体消除比例82.7%。单位生产总值能耗下降5%，节能减排年度目标任务全面完成。2018年江西单位GDP能耗、水耗预计分别下降4.6%和5%，PM2.5浓度均值下降17.4%，空气优良天数比例88.3%，南昌、景德镇空气质量达到国家二级标准，国考断面水质优良比例92%。2018年江西城乡环境综合整治成效明显，成为全国唯一"国家森林城市"设区市全覆盖的省份。2018年河南大力推进污染防治，积极实施污染防治攻坚战三年行动计划，把大气污染防治作为重中之重，完成"电代煤""气代煤"112.4万户，PM2.5、PM10平均浓度分别下降1.6%、2.8%。湖南2018年完成县级以上饮用水水源地环境问题整治，地表水水质全年为优，国考断面优良率达90%，森林覆盖率达59.8%，湿地保护率达75.7%。湘江流域和洞庭湖山水林田湖草生态保护修复工程获批国家试点，常德获评全球首批国际湿地城市。市州城区空气环境质量优良率达85.4%，PM2.5均值下降10.9%。

(五) 中部地区民生福祉进一步增强，脱贫攻坚实现大丰收

民生福祉是发展的终极目标。近年中部六省民生福利提升较为迅速，基本实现了收入增长与地区生产总值的同步增长。根据中部各省政府工作报告，2018 年安徽农村常住居民人均可支配收入增长 9.6%、达 13 983 元，缩小了与全国平均水平的差距。城镇常住居民人均可支配收入 34 393 元、增长 8.7%，高于全国增幅。2018 年江西城镇新增就业 55.32 万人、新增转移农村劳动力 62.25 万人，城镇登记失业率 3.44%。2018 年江西城镇和农村居民人均可支配收入分别为 33 819 元、14 460 元，分别增长 8.4% 和 9.2%。2018 年山西省财政民生支出占比达到 80%，社会保险综合参保率达到 95%，城镇退休人员基本养老金每人每月增加 170 元，企业退休人员基本养老金实现"十四连涨"，城乡居民基础养老金最低标准提高到每人每月 103 元。河南 2018 年财政民生支出 7 126 亿元，城镇新增就业 139 万人，新增农村劳动力转移就业 56 万人，返乡下乡创业新增 23 万人、带动就业 223 万人，城镇登记失业率 3.02%。居民人均可支配收入增长 8.9%，企业和机关事业单位退休人员基本养老金年人均分别提高 1 627 元和 1 584 元，城乡居民基础养老金最低标准年人均提高 216 元，城乡低保、居民医保财政补助标准持续提高。湖北民生福祉不断增进，2018 年湖南省财政民生支出占比达 70.1%。湖南省企业退休人员养老金待遇、城乡基础养老金最低标准、城乡低保标准和救助水平、残疾人"两项补贴"、城乡居民医保财政补助、人均公共卫生服务经费补助普遍提高。基层医疗卫生服务体系进一步完善。人民群众获得感、幸福感、安全感更加充实。

二、2018 年中部地区发展问题与不足

(一) 中部地区内部发展差距持续拉大，进位赶超压力增大

近年中部地区总体发展速度较快，除山西省受资源性经济转型拖累外，其他五省经济增长都远高于全国平均水平。2018 年中部六省经济增速都相对于 2017 年有不同程度的回落，但同样均超过全国平均增速。另外在中部六省内部，经济增速分化较为严重。江西和安徽增速达到 8% 以上，河南、湖北和湖南三省则增速相对稳定，2018 年地区生产总值增长率处于 7.6%~7.8%，但山西则只有 6.7% 的增速，相较于 2017 年增速

下降0.4个百分点。而从经济总量来看，中部六省中一个省已处于4万亿元级别并即将进入5万亿元经济总量水平、三个省居于3万亿元级别，江西和山西二省的经济总量依然偏小，分别处于2万亿元和1万亿元经济总量方队。从全国31个省份排名来看，未来中部各省进位难度会更大。

（二）中部各省发展新动能依然不足，新动能培育还需持续加强

根据中部各省政府工作报告所反映的问题，湖南新兴产业体量不大，大型骨干企业数量较少，投资、消费增速下滑，经济增速放缓。湖北省市场主体数量不多、活力不强，民营企业、中小微企业困难突出，传统产业亟须改造升级，新经济势强力弱，创新动能不够强。河南省经济增长方式粗放、结构矛盾突出、创新能力不强的状况尚未根本改变，新产业、新业态、新模式依然较少，发展新动能仍然不足。山西省长期积累的结构性、体制性矛盾远未从根本上解决，发展质量和效益还不高，新兴产业支撑能力不足，创新能力还需大幅提升。江西受环境变化影响，经济出现新的下行压力，部分市场主体经营困难加重，创新能力还不强，新产业、新业态、新模式没有形成有效支撑。安徽省产业结构不优、新旧动能接续转换不足，特别是科技创新能力和先进科研成果转化水平与塑造更多依靠创新驱动的引领型发展不适应，发展质量和效益还不够高。

（三）企业经营困难、营商环境有待进一步提高

受发展大环境影响，民营企业尤其是中小企业经营困难问题成为当前普遍性的大问题，而中部地区企业经营困难的问题更为突出。根据中部各省政府工作报告，湖南民营企业和中小微企业融资难、融资贵等问题尚未有效解决。湖北省营商环境有待优化，公平竞争的市场机制尚不完善。河南经济下行压力加大，市场需求增长放缓，能源原材料、人工、用地成本较高，企业盈利空间受限，部分企业经营困难加重。安徽金融和实体经济的良性循环尚未形成，实体经济特别是民营企业和中小微企业融资难融资贵问题未能根本缓解。江西、山西等同样存在营商环境有待进一步优化等问题。总体来看，中部各省均存在不同程度的促进市场主体创新、创业的体制机制障碍。

（四）防范和化解风险的压力较大、能力不足

根据中部各省政府工作报告，中部六省均存在较大的经济下行、社会稳定的风险，风险防范和防控压力较大。湖南防范化解重大风险压力较大，改革发展稳定面临新情况新问题新挑战，防控各债务、金融风险的任务较重，脱贫攻坚、污染防治任务艰巨，安全稳定、防灾减灾领域仍然存在隐患。河南风险隐患不容忽视，市场预期不稳，一些企业面临再融资受阻、资金链断裂风险，个别市县偿还债务压力增大，经济社会矛盾交织，风险隐患不可小觑。

（五）发展不充分、不均衡的问题依然突出

发展不充分不均衡是一个长期存在的普遍性问题，是我国当前以及相当长时间内将长期存在的主要矛盾。中部地区发展不充分、不均衡问题相对东部沿海地区而言更为突出。根据中部各省政府工作报告，湖南民生保障任务繁重，社保、教育、医疗等公共服务水平与群众要求相比还有差距。湖北省农业综合效益不高、竞争力不强，农村自我发展能力弱，开放型经济水平不高，区域发展分化明显，部分市县财政收支矛盾突出。河南城乡居民持续增收制约因素较多，贫困群众生活改善任务较重，生态环境形势依然严峻，教育、医疗、养老等公共服务还不能很好满足人民群众需要。山西省发展质量和效益还不高，脱贫攻坚任务艰巨，城乡居民收入与全国尚有不小差距，民生领域还有不少短板；污染防治压力较大，生态环境保护任重道远。安徽区域分化态势仍在持续，实现平衡和协调发展尚需付出艰苦努力。基础设施、基本公共服务等领域存在不少短板，在教育、就业、收入、医疗、养老、住房等方面，与人民群众对美好生活的向往和期盼尚有不小差距，影响社会稳定的突出矛盾有待进一步解决。

三、2019年中部地区未来发展重点与重要对策

（一）推动制造业高质量发展，加快中部制造强省建设。 中部六省都具有较好的制造业发展基础，具有建设制造强省、工业强省的条件和发展要求，为此中部六省近年都将制造强省或工业强省纳入各省中长期发展战略

湖南制造强省建设，按照省政府工作报告重点在于壮大工程机械、

轨道交通、航空发动机和电子信息、新材料,以及消费品工业产业集群。加快培育工业新兴优势产业链,发展生物医药、汽车、节能环保等湖南比较优势产业,加快钢铁、建筑、轻工、食品、有色等传统产业改造升级。扶持智能产业、壮大智能企业、研发智能产品、扩大智能应用,培育人工智能及传感器、智能网联汽车等新业态,创建一批绿色工厂和智能制造示范项目、示范车间,建设以中国智能制造示范引领区为目标的现代制造业基地。加快军民融合产业示范基地建设,运营好军民融合产业投资基金,推进一批军民融合重点研发和产业项目,培育壮大航空航天、海工装备等军民融合产业。建设国家级中小企业公共服务示范平台。引导骨干龙头企业创建国家标准、参与国际标准制定,打造地理标志产品和原产地品牌,让企业在高质量发展中担当重任、成长壮大。

湖北制造强省建设按照省政府工作报告工作规划应着力于加快传统产业改造升级和新兴产业培育壮大。着力推进新型工业化产业示范基地建设,积极创建新旧动能转换示范区。深入实施万企万亿技改工程,重点支持食品、冶金、石化、建材等传统支柱产业改造升级,实现优质制造。推动集成电路、数字、生物、新能源与新材料等重点产业发展,全力推进国家级产业基地建设。深入实施万千产业培育工程,加快打造信息光电子、"芯屏端网"、新能源和智能网联汽车等世界级先进制造业产业集群,培育更多细分行业"隐形冠军"。推动军民融合深度发展,支持武汉、襄阳、宜昌、孝感等地创建国家军民融合创新示范区。深化与央企军工集团、军工科技院校的战略合作,加快航空航天、北斗导航、海工装备等产业发展。支持荆门建设通用航空产业综合示范区。支持随州建设国家应急产业示范基地。大力发展新技术、新产业、新业态、新模式,推动更多潜力产业成长为现实增长点。扎实推进增品种、提品质、创品牌,培育更多名企名店、名家名匠。

河南推动制造业高质量发展,按照规划主要着力于智能制造引领、重点技术攻坚、传统产业提质、新兴产业培育四大行动。推进实施上汽乘用车二期、同人铝业高端铝合金板等一批重大项目,支持宇通客车、森源电气等一批骨干企业,培育平顶山尼龙新材料、许昌远东传动轴智能制造等一批产业园区,重点支持主营业务收入100亿元以上大型制造业企业和50亿元以上高成长制造业企业发展。同时,加快推进现代服务业和先进制造业深度融合,为巩固稳中有进发展态势夯实基础。

山西制造业高质量发展,按照规划以"龙头带动、链式布局、研发支撑、园区承载"的发展进行推动,强力推进产业规模化、集群化发展。2019年山西将加快提升研发能力,延伸产业链条,积极培育智能制造试点示范,打造高端装备、轨道交通、新能源汽车、生物医药、现代煤化工、新材料等支柱性产业集群。积极引进培育优势企业和研究机构,发展人工智能、信息安全、传感器等数字产业,推动工业互联网平台在重点行业和区域落地,大力实施"企业上云",加快太原安全可靠示范基地、阳泉智能物联网应用基地等项目建设,推进通航产业发展示范省建设,打造新一代信息技术、大数据、物联网、人工智能、增材制造、通用航空、节能环保等高成长性产业集群。

安徽按照省政府工作报告中提到的发展要求应加快实施制造企业创新能力提升工程,加快构建绿色制造体系,推行绿色施工、绿色建造。深化工业精品提升行动,推动企业实施先进标准、加强品牌建设,让安徽制造畅行全国、走向世界。推动战略性新兴产业集群发展,以提升产业链水平为目标,以规模化发展为导向,打造"三重一创"升级版,加快构建特色鲜明、链条完整的现代产业体系。扩大智能家电、电子信息、新能源汽车、工业机器人等产业优势,提升关键核心技术水平,加强补链型、延链型项目建设,加快形成具有国际竞争力的产业集群。开拓新材料、现代医疗医药、环保技术装备等产业潜力,加强重点企业培育和重点产品开发,不断提升产业规模和配套能力。促进先进制造业和现代服务业深度融合,大力发展技术服务、工业设计、供应链物流、人力资源培训等生产性服务业。推进服务型制造专项行动,推行大规模个性化定制、网络化协同制造等新模式,培育一批示范企业和平台。

江西省政府工作报告提出,江西应以工业强省战略为支撑,推动制造业整体跃升,积极创建制造业高质量发展国家级示范区,培育发展先进制造业产业集群。深入实施新兴产业倍增工程,开展科技型企业梯次培育行动。推进技术创新等提升行动,抓好市、县(市、区)"1+8"传统产业优化升级试点,推进人工智能创新应用、"03专项"试点示范和5G试点试商用,加快打造"物联江西"。大力发展数字经济,支持上饶、鹰潭、抚州争创国家数字经济示范区。深化"互联网+先进制造业",实施万企上云计划、智能制造万千百十工程,推进大数据开放共享。加快发展工业设计、智慧物流、检验检测等生产性服务业,推动先进制造业和现代服务业深度融合。加快江西飞行学院建设,支持南昌、景德镇创建国家军民融合创新示范区,推进军民融合深度发展。大力实施质量强省战略，全面提升产品和服务质量。

（二）推动实施现代服务业与先进制造业的深度融合，促进新兴服务业大发展。移动互联网、互联网+以及智能时代催生了新型业态，为现代服务业和先进制造业融合发展带来了新的机遇，中部各省应抓住新工业革命的新机遇，促进新业态大发展，实现中部的进位赶超

安徽省政府工作报告要求加快发展人工智能产业和数字经济。加快"数字江淮"中心建设，完善基础数据统一、资源共享开放的平台功能。建设超级计算中心。扩大4G网络覆盖面，加快5G商用步伐。打牢资源型数字经济基础，推动大数据产业集聚发展，支持云计算大数据生产应用中心、大数据存储基地建设。提升技术型数字经济水平，开展"建芯固屏强终端"行动，加快智能机器人研发、智能终端创新。推进"中国声谷"规模化、市场化、产业化发展，打造世界级人工智能及智能语音产业集群。拓展融合型数字经济领域，打造一批工业互联网平台，实现5 000家企业与云资源深度对接。扩大"智慧+"应用试点示范，让数字经济更广泛地融入生产、服务和生活。

湖南省政府报告提出，湖南应加快培育卫星应用、移动互联网、软件服务、现代供应链管理、环境服务等新兴服务业，补齐信息、科创、商务、人力资源、工业设计、网络安全等生产性服务业短板，提升家政服务、教育培训、健身休闲、健康养老等服务业质量。深入实施服务业集聚区提升，支持开展国家服务业综合改革试点。加快国家物流枢纽承载城市建设，完善城乡物流配送网络，建设一批物流示范园区，推行省内多式联运。

湖北省政府报告提出，湖北应加快制造业数字化、网络化、智能化、绿色化转型，推动互联网、大数据、人工智能、物联网与制造业融合发展。推进工业互联网标识解析顶级节点高质量运营，加快二级节点建设，培育一批有影响力的工业互联网平台。推进楚天云建设，加快5G产业化进程。大力实施服务业提速升级行动计划，发展现代供应链、人力资源服务等生产性服务业，扶持研发设计、检验检测认证等高技术服务业加快成长。支持武汉建设国家会展中心城市和中国软件名城。支持襄阳、宜昌建设现代供应链体系重点城市。

山西省政府报告提出，山西应加快服务业集聚区建设。积极开展服

务型制造示范,促进生产型制造向服务型制造转变。大力发展研发设计、中介咨询、电子商务、现代会展等生产性服务业。引进国内外著名咨询机构,支持咨询服务在开发区集聚发展。推进物流园区建设,发展大型综合性仓储物流,完善物流网络,打造一批制造业与物流业联动融合发展示范企业。推进国家标准化工作综合改革试点,制定一批产品、服务和技术标准,以先进标准助力产品质量提升、产业转型升级。

(三)不断优化营商环境,确保发展环境上台阶推动民营企业等非公经济大发展。营商环境也是生产力,是中部地区聚财引智、凝聚人心、提升人气和活力的关键一招

湖南省政府报告提出,湖南应切实推进和落实减轻企业税费负担、解决民营企业融资难融资贵问题、营造公平竞争环境、完善政策执行方式、构建亲清新型政商关系、保护企业家人身和财产安全等方面政策举措。鼓励民营企业通过出资入股、收购股权等多种形式参与国有企业改革,支持具备条件的民营企业参与军工科研院所、军工企业改制重组。支持小微企业开展应收账款融资,组建政策性纾困基金,加快完善融资担保体系。保护民营企业合法权益,依法规范查封、扣押、冻结财产以及各种强制性措施的适用范围,理直气壮为民营企业发展助力。

湖北省政府报告提出,湖北应全力支持民营企业发展壮大,落实支持民营企业发展的政策措施。在准入许可、经营运行、招投标等方面一视同仁、平等对待。建立向民间资本推介项目长效机制。推出相关推荐目录,帮助科技型中小企业创新产品和服务快速进入市场。鼓励设立投资民营企业的股权、创业、债券投资基金。健全企业家参与涉企政策制定机制。依法保护民营企业家合法权益和人身财产安全。健全领导干部联系服务民营企业制度,构建亲清新型政商关系。

河南省政府报告提出,河南应加大培育壮大民营企业家队伍,大力弘扬企业家精神。构建亲清新型政商关系,主动为民营企业排忧解难,畅通企业家投诉渠道,依法保护其合法权益。营造公平环境,消除民营企业在准入许可、工程投标、银行融资等方面的不公平待遇。落实支持政策,打破各种"弹簧门""玻璃门""旋转门",让企业家既能看得见、又要摸得着。引导提升企业素质,推进民营企业制度创新、科技创新、产品创新、模式创新,促进二次创业和转型发展。改善优化营商环境,增强微观主体活力。打好优化发展环境"组合拳",营造便利高效政务环境、开放公平市场环境、公正透明法治环境、诚实守信信用环境。加强部门协同,打通政策落实"最后一公里"。启动营商环境评价,把评价权交给服务对象,让服务对象评价政府部门。加快诚信体系建设,完善守信褒奖、失信联合惩戒机制,坚决纠正一些地方和部门"新官不理旧账"的违约做法。落实中央更大规模减税降费政策,实行普惠性减税和结构性减税相结合,对小微企业和科技型初创企业实施普惠性税收减免,清理规范地方收费项目,全面实施收费项目清单制,继续实行省定涉企行政事业性零收费,加大力度降低企业社保费率,让企业有实打实的获得感。

江西省政府报告提出,江西应精准推进降成本优环境专项行动,全面落实国家减税降费政策。构建亲清政商关系,落实支持民营经济健康发展政策措施,健全企业家参与涉企政策制定机制,消除民营企业在准入许可、经营运行、招投标等方面的不公平待遇,专项治理政府部门、大型企业和国有企业拖欠民营企业资金问题,依法保护民营企业家人身和财产安全,加快解决民营经济发展面临的实际困难,助力民营企业跨越市场的冰山、融资的高山、转型的火山,让民营经济与其他各类经济一起走向更加广阔的舞台。

(四) 推进科技创新,加快中部创新型省份建设。科学技术是第一生产力,创新是科技进步、产业发展和社会进步的不竭动力,加快以科技创新为依托的创新型社会建设是加快中部崛起的先决条件

湖南省政府报告提出,湖南应打造以长株潭国家自主创新示范区为核心的科技创新基地,支持国家创新型城市试点、可持续发展议程创新示范区创建,加快科技创新型县(市)建设。积极创建国家生物种业技术创新中心,加快建设先进轨道交通装备制造业创新中心,加强关键领域核心技术攻关。加快突破智能制造、生物医药、应急装备等产业领域,以及环境治理、食品药品安全等重大民生领域的关键技术。继续加大全社会研发经费投入,鼓励支持企业参与国家重大科技专项、组建研发平台和机构、组织高校和科研院所开展协同创新。积极创建长株潭国家军民融合创新示范区,建设军民科技协同创新平台,推动国防科技成果在湘转化。打造创新型领军企业,大力培育科技型中小企业。营造良好创新生态,深化科技奖励制度改革,完善科研经费管理、人才引进、税收减免等制度，落实科研人员股权和分红激励政策，赋予科研人员更大的人财物自主支配权、技术路线决策权。完善科技金融、产业联盟等公共服务，加快建设"双创"示范基地、科技企业孵化器。强化知识产权创造、保护、运用。深入实施"芙蓉人才行动计划"，深化湘港科技合作，引进培育一批科技创新团队和人才，培育推荐一批大国工匠，形成人才辈出、人尽其才的生动局面，为创新提供永不枯竭的动力。

湖北省政府报告提出，湖北应加大力度增强科技创新能力，着力塑造更多依靠创新驱动、更多发挥先发优势的引领型发展。重点支持科技重大平台、重大项目、重大园区建设，支持"双一流"和科研院所建设。全力支持武汉创建综合性国家科学中心。积极创建国家实验室，加快建设国家级创新中心和重大科技基础设施群。规划建设"光谷科技创新大走廊"。发挥企业创新主体作用，支持更多领军企业建设研发中心。大力推进国家高新区建设。支持重点产业创新联合体建设。实施技术攻关悬赏制。鼓励市州建设新型工业技术研究院。建设湖北技术交易大市场。加快培养科研领军人才和产业创新人才，实施博士后倍增计划。持续深入推进大众创业、万众创新。深化科技体制改革，为科研主体简除烦苛，赋予科研机构和人员更多自主权。

河南省政府报告提出，河南应深入推进科技创新，加快增长动能转换。把创新作为高质量发展的第一动力，以郑洛新自创区建设为龙头，加快提升创新发展水平。完善科技创新体系，实施创新龙头企业提升引领、高新技术企业倍增、"科技小巨人"企业培育工程。坚持引进外部人才和培育本地人才并重，落实人才政策待遇，重视解决住房、子女教育等实际问题，建设高层次创新人才团队。争创国家重点实验室、掘进机械国家技术创新中心等高端创新平台，加快建设国家生物育种产业创新中心、国家超算中心，发展新型研发机构。抓好生物育种、通信技术、超级电容、工业CT等项目，加快实施盾构、燃料电池客车、高铁轴承、光互连芯片、铜合金新材料创新引领专项。用军民融合之力解决关键核心技术"卡脖子"问题，引导企业、高校、科研院所围绕产业链布局创新链，提升产业技术创新战略联盟建设水平。在国家级高新区复制推广自创区管理体制改革经验，营造创新生态。优化科技创新服务。加大财政投入，引导企业增加研发投入，支持企业、高校、科研院所构建开放、协同、高效的共性技术平台，完善大型科研仪器设备共享机制。建设省科技信息综合服务平台，支持发展一批科技服务机构。深化项目评审、人才评价、机构评估改革，落实国家科技成果转化激励改革举措，建立试错、容错、纠错机制，让创新者敢于创新、安于创新、乐于创新。

山西省政府报告提出，山西应围绕转型发展需求，大力实施"卡脖子"关键核心技术"攻尖"行动和重大技术"迭代创新"，在能源颠覆性技术和新兴产业前沿技术领域，组织实施"不对称创新"超前布局，谋划布局一批重点科技攻关项目，力争在碳纤维储氢气瓶、氢燃料电池、自主安全计算机、杂交小麦等关键技术领域取得突破，增强产业核心竞争力。鼓励引导企业增加研发投入、开展研发活动、组建研发机构，启动新一轮高新技术企业五年倍增计划。加强与大院大所、强院强所合作，加快建设省部级以上重点实验室，构建特色重点产业学科专业联盟，高质量推动量子光学与光量子器件、煤科学与技术、不锈钢等重点实验室和工程技术研究中心建设。推进产学研深度结合，支持科研院所和高校建立技术转移中心，加强知识产权保护和运用，促进科技成果转化。推进军民融合协同创新，实施"民参军"规模倍增计划，积极创建国家军民融合创新示范区。实施"三晋英才"支持计划，大力引进培育高水平科技人才和创业团队。

安徽省政府报告提出，安徽应全面提升创新能力和效率。以合肥滨湖科学城为依托，全力推进合肥综合性国家科学中心建设。推进量子信息科学国家实验室创建，抓好合肥先进光源、大气环境立体探测实验研究设施等大科学装置预研。深化合芜蚌国家自主创新示范区建设，完成系统推进全面创新改革试验任务，扩大安徽省实验室、安徽省技术创新中心布局，加强国家级研发机构创建，支持争创国家创新型城市、县（市）、乡镇。聚焦信息、能源、健康、环境等领域，在脑科学与疾病、靶向药物、纳米材料、新能源等方面集中力量开展科技攻关，努力取得一批突破性成果。提升科技成果转化水平。深化技术和产业、平台和企业、金融和资本、制度和政策四大创新支撑体系建设。加强技术转移和科技成果转化通道建设，建设省知识产权对接交易平台、军民科技协同创新平台。加强全生命周期创新链建设，支持开展科技成果前期孵化，新建一批高质量众创空间、科技孵化器、加速器。实施新时代"江淮英才计划"，培养引进一批科技领军人才和高水平创新团队。深入推进技工大省建设，造就更多"江淮杰出工匠"。

江西省政府报告提出，江西应强化创新支撑引领，加快产业结构优化升级。围绕推动制造业高质量发展，注重利用技术创新和规模效应形成新的竞争优势，加快构建具有江西特色的现代化产业体系，重塑江西制造辉煌。扩大科技创新供给。大力实施创新型省份建设三年行动，推进鄱阳湖国家自主创新示范区、赣江两岸科创大走廊、五大科创城、高校产学研用平台和省级创新型县（市、区）建设，创建井冈山国家农业高新技术产业示范区，加快构建"一廊两区五城多点"创新区域体系。深入实施创新驱动"5511"工程倍增计划，推进"三个十"重大创新平台建设，支持赣江新区技术协同创新园打造全省新型研发机构集聚地。继续实施急需紧缺高层次人才引进等工程，设立人力资源服务产业基金，推进中国（南昌）人力资源服务产业园建设，力争高校毕业生留赣比例超过50%。深化科技体制改革，落实首台（套）政策，推进加大全社会研发投入攻坚行动，R&D经费支出占GDP比重达到1.6%以上，以创新链的崛起支撑引领制造强省建设。

（五）积极对接国家与区域开发开放战略，加强对内对外开放合作。充分发挥各省特色和优势，加快对外开放步伐、加大开放力度，打造中部全面开放新格局

湖南省政府报告中要求湖南积极对接珠三角、长三角，畅通出海通道。引进外向型实体企业、外贸综合服务、综保区、跨境电商，建设外贸转型升级示范基地。支持紧缺型资源、关键零部件等产品进口，打造中部进口商品集散中心。推进国际产能和装备制造合作，支持轨道交通、工程机械等优势产业企业"抱团出海""联合出海"，帮助企业防控海外投资风险。落实外商投资准入前国民待遇加负面清单管理制度，探索产业链专题招商、股权招商、基金招商、异地孵化招商，引导广大湘商回湘投资兴业，加大引进500强企业力度。积极复制推广自贸区经验，申报中国（湖南）自由贸易试验区。加快长沙临空经济示范区、跨境电商综合试验区建设，完善各类综保区、保税物流中心、保税仓库功能，提升中欧班列湘欧快线、港澳直通车运营能力。深化国际贸易"单一窗口"建设和跨境贸易便利化改革。

河南省政府报告中要求河南坚持以郑州航空港经济综合实验区为龙头，统筹"五区"联动、"四路"协同，深度融入"一带一路"建设，推动全方位高水平开放。放宽市场准入，拓展开放领域。贯彻国家大幅度放宽市场准入部署，全面落实准入前国民待遇加负面清单管理制度。打造平台载体，提升开放水平。高水平建设中国（河南）自由贸易试验区，持续深化服务体系建设，加快建立与国际贸易投资规则相衔接的制度体系。发挥各类口岸作用，建设海外仓及物流分拨中心。做大做强郑州—卢森堡航空"双枢纽"，提升中欧班列运营水平，支持跨境电商发展，推动EWTO核心功能集聚区建设，拓展海铁联运班列线路。健全体制机制，优化开放环境。稳步推进外资管理体制改革，加快复制推广自贸区经验做法，完善外资企业设立商务备案与工商登记"一口办理"，建立外商投资企业投诉工作机制，严格企业知识产权保护，加快形成法治化、国际化、便利化营商环境。加快国际贸易"单一窗口"建设，提升通关效率，优化出口退税服务，提升贸易便利化水平。

根据江西省政府报告，江西需进一步提升开放能级与合作层次，构建全面开放新格局。首先是加强全方位省际合作，积极"南下""东进"，全面对接粤港澳大湾区、海南自贸区（自贸港）、海西经济区和长三角一体化发展，将南昌、吉安、赣州打造成产业梯度转移承接示范地，将赣州建成赣粤开放合作高地和融入粤港澳大湾区的桥头堡，将上饶、鹰潭、抚州、景德镇建成赣浙、赣闽、赣皖开放合作重点区域；其次是主动"北上""西出"，抢抓北京疏解非首都功能机遇，重点承接京津冀地区先进装备制造、新材料、商贸物流和服务外包产业转移。深度推进与武汉大都市圈、长株潭城市群融合，联通成渝经济区。同时应全面执行国家外资准入负面清单制度，加大出口型企业引进培育力度，扩大先进设备和高品质消费品进口。积极参与"一带一路"建设，充分农业、矿产、新能源、中医药等领域的特色优势，谋划实施一批国际产能合作、重大基础设施和产业园区项目，支持江西制造、产品、技术和品牌"走出去"，加快布局"海外仓"，建立产能协调的本地化供应链体系。加快发展会展经济，扩大江西的知名度和美誉度。

（六）优化和完善区域产业布局，做大做强区域产业特色，形成各省内部以及中部各省、跨区域协同发展、均衡发展、高质量的新局面

湖北省政府工作报告提出，湖北应着力完善区域和产业布局，开拓高质量发展重要动力源。加快推进"一芯驱动、两带支撑、三区协同"的区域和产业布局，推动区域协调发展向更高水平和更高质量迈进。深入实施区域和产业发展总体战略。强化武汉主中心和襄阳、宜昌省域副中心作用，加快建设综合性国家产业创新中心、"芯"产业智能创造中心、制造业高质量发展国家级示范区。提升武汉城市圈和其他城市群功能，支持各市州找准定位、全面对接，发展壮大更多新的区域增长极，打造高质量发展产业走廊。推动鄂西绿色发展示范区、江汉平原振兴发展示范区、鄂东转型发展示范区协同并进，加快形成全省东、中、西三大片区高质量发展的战略纵深。促进跨区域合作。对接京津冀协同发展、长三角一体化、粤港澳大湾区建设，广泛开展经常性协作交流。完善省际协商合作机制，探索长江中游城市群、汉江生态经济带、三峡生态经济合作区、大别山振兴发展等区域合作新路径。

湖南省政府工作报告提出，湖南应大力推进湘南湘西承接产业转移示范区建设。着力打造中西部地区承接产业转移领头雁、内陆地区开放合作示范区，加快推动湘南湘西有序承接、错位发展。完善承接产业转移推进机制，科学确定产业准入标准，优化产业承接布局，引进绿色发展、成长性好、有利于扩大就业的企业，坚决防止高耗能、高排放等落后生产能力转入。坚持区域联动，探索建立示范区与转出地无缝对接的合作机制，加强与东部沿海地区、"一带一路"沿线国家和地区的产能合作。推动示范区内符合条件的省级园区申报国家级园区。

江西省政府工作报告提出，江西应优化区域发展格局，提高全域发展整体效能。按照"一圈引领、两轴驱动、三区协同"要求，加快构建区域发展新格局。推进南昌综合交通枢纽、九江江海直达区域性航运中心等建设，提高基础设施支撑能力。加快南昌航空科创城、中国（南昌）中医药科创城建设，支持南昌创建国家VR创新中心，推进赣江新区国家"双创"示范基地建设，支持丰城循环经济产业基地、昌铜高速生态经济带等建设。深入推进昌九、昌抚一体化，加快丰樟高、鄱余万融入南昌进程，提高南昌都市圈人才、教育、医疗等公共服务同城化水平。高起点打造"驱动轴"，完善综合立体交通体系，加快建设京九高铁沿线电子信息、新材料产业带和沪昆高铁沿线新能源、新材料、装备制造产业带。加快南昌"米"字形、赣州九江上饶宜春"十"字形以及萍乡、吉安等高铁枢纽建设，促进城市交通站点与高铁枢纽站点无缝衔接。突出"产城融合"，培育发展现代商贸、智慧物流、文化创意、全域旅游等产业，释放高铁带来的集聚效应。推动"城际联动"，加快高铁沿线城市基础设施、公共服务等一体化进程，促进要素自由流动、高效配置，发挥高铁带来的同城效应。加快建设省域副中心城市和国际内陆港；支持吉安加快发展绿色食品、大健康产业，将吉泰走廊打造成全国重要的电子信息产业基地；推动向莆经济带发展升级，培育生物医药、绿色农业和文化旅游等产业。

参考文献

　　［1］易炼红：《2019年江西省政府工作报告》（2019年1月27日），江西省第十三届人民代表大会第三次会议。

　　［2］李国英：《2019年安徽省政府工作报告》（2019年1月14日），安徽省第十三届人民代表大会第二次会议。

　　［3］楼阳生：《2019年山西省政府工作报告》（2019年1月26日），山西省第十三届人民代表大会第二次会议。

　　［4］陈润儿：《2019年河南省政府工作报告》（2019年1月16日），河南省第十三届人民代表大会第二次会议。

　　［5］王晓东：《2019年湖北省政府工作报告》（2019年1月14日），湖北省第十三届人民代表大会第二次会议。

　　［6］许达哲：《2019年湖南省政府工作报告》（2019年1月26日），湖南省第十三届人民代表大会第二次会议。

创新开放背景下中部地区高质量发展
——2018 年中国中部发展学术年会简报

李 晶[①]

中部地区是我国具有重大战略地位的区域，是重要的能源、粮食、生态等国家战略区。长期以来，中部地区肩负着我国粮食安全、能源安全、生态安全以及重工业发展、农民增产增收、农村社会稳定和谐等重要国家责任。改革开放后，在优先开发开放东部沿海以及全面启动实施西部大开发的战略驱动下，中部地区一度处于"塌陷"境地。2009 年国务院编制并下发《促进中部地区崛起规划》。2010 年 8 月，国家发改委下发《促进中部地区崛起规划实施意见》和《关于促进中部地区城市群发展的指导意见》，旨在深入实施《促进中部地区崛起规划》，明确 2015 年中部地区崛起的 12 项主要量化目标和一系列任务要求。本着学习"十九大报告"和"五大发展理念"精神，通过理论探索、实证研究和新型智库建设，推动区域经济发展重大问题的理论研究和实践探索，南昌大学经济管理学院、南昌大学中国中部经济社会发展研究中心隆重召开了"2018 年中国中部中心经济社会发展研究中心学术年会"，为促进中部地区科学发展、快速崛起提供智力支持。顾海良教授、周绍森教授、吴传清教授和黄新建教授围绕中部发展这一主题分别进行了题为《"一带一路"的政治经济学理解》《2018 年诺贝尔经济学奖获得者保罗·罗默的新增长理论研究及其在中国经济发展中的应用》《推动长江经济带高质量发展的重点与难点》《我国中部和东部省域城市首位度与区域经济增长研究》的四场主题报告。

一、"一带一路"的政治经济学理解

"一带一路"倡议是"世界历史"的新发展。"一带一路"倡议的提

[①] 作者简介：李晶（1978～ ），女，湖北人，南昌大学中国中部经济社会发展研究中心助理研究员，博士。

出是基于对外开放和国际战略的角度，和西方的"马歇尔计划"的本质有根本的不同；同样，也与李嘉图提出的比较优势理论不同。"一带一路"是建立在人类命运共同体的理念之上的，不主张各国做整体中的部分，也不是低端、落后和高污染产业的转移，而是在合作共赢、共同发展，不依附别人、更不掠夺别人的基础上的政治、经济、文化和社会的交往——即是既要吸收资本主义文明成果，又要避免资本主义灾难性后果的一条可持续发展道路，并且还要尊重社会道路的多样性选择。

"增量改革"是"一带一路"倡议中不可忽视的一部分。"增量改革"核心在于实现政策沟通、设施联通、贸易畅通、资金融通和民心互通。中国在全球化过程中追求求同存异、兼容并蓄。给予各国平等参与全球事务的权利，为完善全球经济治理体系提供新思路新方案，但中国无意改变"二战"以后形成的规则和标准。中国努力提高整体国力，做自己的标准，为的是从中国制造走向中国智造。中国积极与各国制定增量标准，积极实现社会主义现代化。中国主张各国平等参与国际事务，例如亚投行的成立、人民币结算和石油贸易都体现了中国在全球新治理体系中所做的努力。

"一带一路"倡议体现了开放发展新格局。加强"一带一路"建设对于实现陆海内外联动、东西双向互济有着关键作用。顾海良教授对于江西省的发展前景也格外关注，认为江西省的发展应当与两大国家战略和四大版块联系在一起。

二、新增长理论研究及其在中国经济发展中的应用

2018年保罗·罗默（Paul M. Romer）获得诺贝尔经济学奖引发学术界对其新增长理论的广泛关注。新增长理论的贡献在于"将技术创新纳入长期宏观经济分析中"。新增长理论的形成具有两条线索，一条线是从古典经济增长理论出发，由索洛提出了技术进步的作用，而后丹尼森以经济增长因素分析法进一步完善了该理论；另一条线是从舒尔茨的经济增长余值分析法出发，提出了人力资本理论。新增长理论正是在这两者发展线索基础上形成的。在新增长理论中，罗默以收益递增与长期增长模型和四要素模型为基础，提出并建立了知识溢出模型。除新增长理论本身的贡献外，罗默将其理论用于发展中国家和地区取得了重要成就。罗默提出了"宪章城市"理论，认为发展中国家应以香港和深圳为样本进行改革。

周绍森教授介绍了自己对罗默新增长理论的研究历程。其研究历程主要分为两个阶段：第一阶段是在探讨科技、教育对现代经济增长作用时，开始了对罗默的新增长理论的研究，并于其著的《科教兴国论》一书中介绍了罗默关于现代经济增长四个主要因素；第二阶段是在罗默的新增长理论基础上，结合我国实际情况，采用拓展的 CD 函数，建立了"主因素分析模型"。运用该模型，周绍森教授进行了科技进步以及教育人力资本对我国经济社会发展作用的实证研究，并将其运用到全国、中部地区以及长江经济带的相关研究中。

三、推动长江经济带高质量发展的重点与难点

长江经济带横跨我国东中西三大区域，具有独特优势和巨大发展潜力。改革开放以来，长江经济带已发展成为我国综合实力最强、战略支撑作用最大的区域之一。2018 年 1 月，国务院副总理张高丽在安徽调研推动长江经济带发展工作会议中提出强调："以生态优先绿色发展为引领，推动长江经济带高质量发展。"同年 4 月，习近平总书记在武汉主持召开深入推动长江经济带发展座谈会提出"要使长江经济带成为引领我国经济高质量发展的生力军"。但当前推动长江经济带高质量发展依然面临诸多问题：（1）对长江经济带发展战略的认识还存在误区；（2）长江沿线生态环境问题依然严峻；（3）长江经济带生态环境协同保护机制亟待建立；（4）长江流域区域发展不平衡不协调问题依然突出。以上问题的解决有助于我国进一步推动长江经济带高质量发展，使之成为我国经济高质量发展的生力军。

四、我国中部和东部省域城市首位度与区域经济增长研究

从我国东、中部省域首位城市发展状况可知，将东部省域的首位城市石家庄、济南、南京、杭州、厦门、深圳与中部省域的首位城市郑州、南昌、长沙、武汉、合肥、太原按照首位城市竞争力评价指标体系进行竞争力排名，发现东部省域广东省无论是经济总量还是首位城市排名深圳都位居第一，中部省域河南省虽然经济总量第一，但其首位城市郑州市排名第三位。根据 1978～2010 年东部 6 个省份城市首位度变化情况的数据可知，第一大城市和第二大城市差距越小，省域发展速度越快，因此，降低城市首位度，对于区域经济发展是非常有利的。另外，在中部省域首位城市通常存在地域、政治、经济、文化等诸多优势，其发达程

度通常远高于同一省内其他城市，而排在三、四位城市则没有这些优势，或者说二者相比优势都不明显。东部地区城市首位度最优发展规模省份为山东省，城市首位度拉动效率最低的为海南省。前者用较低的城市首位度取得了较高的经济发展水平，实现了省域均衡发展；后者虽然城市首位度较高，但未能将其有效转化为经济发展的主要动力。

长江经济带专题

长江经济带城市群城市网络结构分析

王圣云　宋雅宁[①]

长江经济带城市密集,由东向西涵盖了下游的长三角城市群、中游的长江中游城市群和上游的成渝城市群及黔中、滇中城市群,共同支撑长江经济带成为我国东西走向的经济主轴带,对我国区域协调发展具有重要作用。目前,长江经济带相关研究主要集中在城市经济联系格局与城市网络两方面,在城市经济联系格局方面,吴常艳等分析了长江经济带经济联系空间格局及一体化趋势;冯兴华等分析了长江经济带城市体系空间格局演变;在长江经济带城市网络研究方面,王圣云等分析了长江经济带城市集群网络结构与空间合作路径,邹琳等分析了长江经济带的经济联系网络特征。此外,一些学者对长江上中下游地区的城市网络进行了研究,刘耀彬等分析了环鄱阳湖城市群城市网络结构;汤放华等分析了长江中游城市集群网络结构,宋琼等分析了长江中游城市群城市网络空间结构;张荣天分析了长三角城市群的城市网络结构时空演变。由上可知,已有城市网络研究多基于对城市之间经济联系强度测度,而测度城市之间经济联系强度矩阵的关键在于构建经济联系强度矩阵,学界通常采用引力模型,而在引力模型的距离指标选取方面,多数研究采用城市两两之间的空间距离,尤其是公路距离,认为城市之间经济联系强度与城市之间的空间距离成反比。本文首先综合公路、铁路两种主要交通方式确定城市两两之间的双向联系时间矩阵,然后应用双向时间距离修正城市之间经济联系的引力模型,在此基础上揭示长江经济带城市群城市之间的双向经济联系格局,运用社会网络分析方法进一步分析长江经济带城市群的城市网络结构、城市小团体和凝聚子群状况,以期为长江经济带城市网络一体化构建和区域协调发展提供参考。

---

① 作者简介:王圣云(1977~　),男,山西河曲人,博士,副研究员,硕士生导师,从事区域经济与福祉地理学研究。

一、研究方法

(一) 引力模型修正

应用双向时间距离对引力模型的距离指标进行修正，结合公路、铁路两种交通方式，将铁路分为普快、动车、高铁，对长江经济带城市群城市之间的双向时间距离进行测度，修正后的引力模型如下：

$$R_{ij} = K_{ij} \frac{\sqrt{P_i G_i} \sqrt{P_j G_j}}{T_{ij}^2}, \quad K_{ij} = \frac{G_i}{G_i + G_j}, \quad T_{ij} = (r_{ij} p_{ij} q_{ij} g_{ij})^{1/s}$$

$$R_{ji} = K_{ji} \frac{\sqrt{P_j G_j} \sqrt{P_i G_i}}{T_{ji}^2}, \quad K_{ji} = \frac{G_j}{G_j + G_i}, \quad T_{ji} = (r_{ji} p_{ji} q_{ji} g_{ji})^{1/s}$$

式中：R_{ij}、R_{ji} 分别为城市 i 对城市 j、城市 j 对城市 i 的经济联系强度；P_i、P_j 分别为城市 i、城市 j 的非农人口数；G_i、G_j 分别为城市 i、城市 j 的 GDP；T_{ij}、T_{ji} 是指城市 i 到城市 j、城市 j 到城市 i 的时间距离，r_{ij}、p_{ij}、q_{ij}、g_{ij} 与 r_{ji}、p_{ji}、q_{ji}、g_{ji} 分别为城市 i 到城市 j、城市 j 到城市 i 的公路驾车、普快、动车、高铁的最短时长；s 为开通列车类型数。

$$F_1 = \max(R_{ij}, R_{ji}) / \sum_{i,j=1}^{n=84} R_{ij}, \quad F_2 = \min(R_{ij}, R_{ji}) / \sum_{j,i=1}^{n=84} R_{ji}$$

式中：F_1、F_2 分别为每对经济联系中较大经济联系强度、较小经济联系强度占长江经济带城市经济联系强度总量的比重，n 为城市个数。

(二) 社会网络分析方法

1. 中心度

在社会网络分析中，主要通过中心度来衡量城市中心性，即从节点角度衡量城市在城市网络中的地位。计算公式分别为：

$$C'_{od}(i) = \sum_{j=1}^{n} X_{ij}/(n-1), \quad C'_{id}(i) = \sum_{i=1}^{n} X_{ji}/(n-1)$$

式中：$C'_{od}(i)$、$C'_{id}(i)$ 分别为外向程度中心度，内向程度中心度。X_{ij}、X_{ji} 分别表示城市 i 对城市 j，城市 j 对城市 i 是否有直接联系，无直接联系其值为 0、有直接联系其值为 1。

接近中心度根据城市网络中城市之间联系的最短路径距离来测度。本文选取外向接近中心度指标，其计算公式为：

$$C'_{oc}(i) = (n-1) / \sum_{j=1}^{n} d(i,j)$$

式中：$C'_{oc}(i)$ 为外向接近中心度，$d(i,j)$ 表示城市 i 对城市 j 产生联系的最短路径距离。

中介中心度表示城市网络中某城市作为联系节点使其他两个城市进行交往的能力，其计算公式为：

$$C'_b(i) = \frac{\sum_{j<k} g_{jk}(i)/g_{jk}}{(n-1)(n-2)}$$

式中：$C'_b(i)$ 为中介中心度，g_{jk} 为城市 j 对城市 k 产生联系的最短路径总数，$g_{jk}(i)$ 是指城市 j 对城市 k 产生联系的最短路径经过城市 i 的数量。

2. 网络密度

网络密度是整体反映城市网络中城市之间经济联系疏密程度的指标。网络密度越大，说明城市网络中城市之间经济联系越紧密，其计算公式为：

$$D = m / [n \times (n-1)]$$

式中：D 为网络密度，m 为城市网络中城市之间的实际联系数。

3. 小团体

小团体分析是指对城市经济联系强度二值矩阵提取强联系矩阵，从而聚类得出城市网络中具有紧密经济联系的城市小团体。

本文以长江经济带五个城市群为研究对象，研究范围依据《长江三角洲城市群发展规划》《长江中游城市群发展规划》《成渝城市群发展规划》《黔中城市群发展规划》《滇中城市群规划（2016～2049年）》。其中，长三角城市群包括上海市、合肥市、杭州市、南京市等26个城市；长江中游城市群包括武汉城市圈、环鄱阳湖城市群、环长株潭城市群3个城市群，由武汉市、南昌市、长沙市等31个城市组成；成渝城市群包括重庆市、成都市等16个城市；黔中城市群包括贵阳市、遵义市等6个城市；滇中城市群包括昆明市、曲靖市等5个城市。本文数据主要来源于百度地图、中国铁路客户服务中心网站、2017年《中国城市统计年鉴》和各省市统计年鉴。

二、长江经济带城市经济联系强度分析

基于城市双向经济联系强度矩阵,计算长江经济带 3486 对城际经济联系强度占比及排名,由于篇幅所限,本文根据 F_1 排名选取前 50 对经济联系,如表 1 所示。由表 1 可以看出:上海市、苏州市、重庆市、武汉市等城市与其他城市之间经济联系强度的方向性差异十分明显,这些城市对其他城市的经济联系强度与其他城市对其经济联系强度存在明显差异。长江经济带城市群城市之间的经济联系强度总量差距很大。根据笔者统计,长江经济带经济联系强度总量(即该城市与其他城市经济联系强度之和)前 10 位的城市有苏州市(17 552 万亿元×万人/h^2)、上海市(14 882 万亿元×万人/h^2)、无锡市(14 007 万亿元×万人/h^2)、常州市(5 567 万亿元×万人/h^2)、杭州市(5 328 万亿元×万人/h^2)、南京市(5 013 万亿元×万人/h^2)、嘉兴市(3 056 万亿元×万人/h^2)、武汉市(2 757 万亿元×万人/h^2)、镇江市(2 580 万亿元×万人/h^2)、绍兴市(2 360 万亿元×万人/h^2),而黔东南州、雅安市、红河州、楚雄州的经济联系强度总量均在 50 万亿元×万人/h^2 以下。

三、长江经济带城市中心性分析

从表 2 可知,长江经济带城市群城市网络的外向程度中心度为 67.08%,外向接近中心度为 80.01%,长江经济带城市对外辐射能力整体较强。其中重庆市、武汉市和上海市的外向程度中心度位列前三,表明重庆市、武汉市和上海市分别作为长江上游、中游和下游地区的中心城市,对外直接辐射能力很强。长江经济带城市群城市网络的内向程度中心度为 29.28%,表明长江经济带城市的吸引力整体低于辐射力。从内向程度中心度值的分布区间可知,长江中游城市群的吸引力最强,然后依次是长三角城市群、成渝城市群、黔中城市群、滇中城市群。武汉市、南昌市和长沙市的内向程度中心度位列前三,吸引力很强。长江经济带整体上仍十分依赖少数城市作为"媒介"来扩大城市之间经济联系,重庆市、武汉市和成都市的中介功能尤为突出,昆明市、贵阳市、长沙市、南昌市、合肥市、上海市也是十分重要的区域性中介城市,昆明市、贵阳市在黔中、滇中城市群中作为中介城市的联系功能尤其重要。

长江经济带城市群城际经济联系强度：前50对

表1 长江经济带城市群城际经济联系强度：前50对

经济联系方向	F1 %	F1 排名	经济联系方向	F2 %	F2 排名	F1/F2	经济联系方向	F1 %	F1 排名	经济联系方向	F2 %	F2 排名	F1/F2
苏州—无锡	10.66	1	无锡—苏州	4.55	1	2.34	重庆—成都	0.41	26	成都—重庆	0.29	14	1.42
上海—苏州	7.83	2	苏州—上海	4.10	2	1.91	南京—无锡	0.41	27	无锡—南京	0.36	10	1.13
上海—无锡	3.66	3	无锡—上海	0.69	4	5.29	苏州—镇江	0.39	28	镇江—苏州	0.10	36	3.75
上海—嘉兴	2.73	4	嘉兴—上海	0.33	12	8.29	上海—镇江	0.37	29	镇江—上海	0.05	62	7.53
无锡—常州	2.63	5	常州—无锡	1.67	3	1.57	上海—宁波	0.37	30	宁波—上海	0.10	37	3.57
杭州—绍兴	1.78	6	绍兴—杭州	0.68	5	2.61	宁波—绍兴	0.36	31	绍兴—宁波	0.19	22	1.91
上海—杭州	1.76	7	杭州—上海	0.68	6	2.60	南京—扬州	0.36	32	扬州—南京	0.15	27	2.41
苏州—常州	1.43	8	常州—苏州	0.67	7	2.12	武汉—鄂州	0.35	33	鄂州—武汉	0.02	133	16.29
南京—镇江	1.25	9	镇江—南京	0.42	8	2.96	武汉—咸宁	0.35	34	咸宁—武汉	0.03	97	11.33
上海—常州	1.19	10	常州—上海	0.24	18	4.99	无锡—镇江	0.35	35	镇江—无锡	0.16	25	2.21
杭州—嘉兴	1.02	11	嘉兴—杭州	0.33	13	3.12	苏州—嘉兴	0.35	36	嘉兴—苏州	0.07	53	4.77
长沙—株洲	0.91	12	株洲—长沙	0.22	21	4.11	武汉—黄石	0.33	37	黄石—武汉	0.03	88	9.67
武汉—黄冈	0.89	13	黄冈—武汉	0.11	35	8.33	杭州—宁波	0.33	38	宁波—杭州	0.26	16	1.26
杭州—湖州	0.84	14	湖州—杭州	0.17	24	5.07	南京—芜湖	0.33	39	芜湖—南京	0.08	45	3.91
南京—马鞍山	0.74	15	马鞍山—南京	0.11	33	6.80	苏州—南通	0.32	40	南通—苏州	0.15	26	2.13

续表

经济联系方向	F1 %	F1 排名	经济联系方向	F2 %	F2 排名	F1/F2	经济联系方向	F1 %	F1 排名	经济联系方向	F2 %	F2 排名	F1/F2
上海—南京	0.74	16	南京—上海	0.25	17	2.95	南京—合肥	0.30	41	合肥—南京	0.18	23	1.64
武汉—孝感	0.71	17	孝感—武汉	0.10	38	7.45	苏州—杭州	0.29	42	杭州—苏州	0.22	20	1.30
成都—德阳	0.64	18	德阳—成都	0.09	39	7.00	成都—眉山	0.27	43	眉山—成都	0.03	111	10.16
长沙—湘潭	0.61	19	湘潭—长沙	0.13	29	4.86	重庆—南充	0.27	44	南充—重庆	0.02	137	12.64
上海—南通	0.58	20	南通—上海	0.11	31	5.02	成都—绵阳	0.25	45	绵阳—成都	0.04	82	6.92
南京—常州	0.57	21	常州—南京	0.28	15	2.03	杭州—金华	0.25	46	金华—杭州	0.09	43	2.79
苏州—南京	0.54	22	南京—苏州	0.36	11	1.53	扬州—泰州	0.25	47	泰州—扬州	0.23	19	1.07
常州—镇江	0.53	23	镇江—常州	0.40	9	1.32	长沙—岳阳	0.24	48	岳阳—长沙	0.07	50	3.27
南京—滁州	0.53	24	滁州—南京	0.07	56	7.95	上海—湖州	0.23	49	湖州—上海	0.02	155	13.19
上海—绍兴	0.43	25	绍兴—上海	0.07	49	5.78	长沙—益阳	0.20	50	益阳—长沙	0.03	113	7.70

表2　　　　　　　长江经济带城市群城市网络指标

城市群名称	程度中心度（%）		外向接近中心度（%）	中介中心度（%）	网络密度	网络效率
	外向度	内向度				
长江经济带五个城市群	67.08	29.28	80.01	14.05	0.30	0.63
滇中城市群	7.23	10.36	39.93	0.93	0.85	0.17
黔中城市群	10.64	15.06	45.51	0.89	0.70	0.20
成渝城市群	23.19	20.11	57.04	1.67	0.79	0.20
长江中游城市群	28.68	37.31	57.10	1.03	0.57	0.34
长三角城市群	44.95	34.94	63.51	0.63	0.86	0.04

四、长江经济带城市网络结构分析

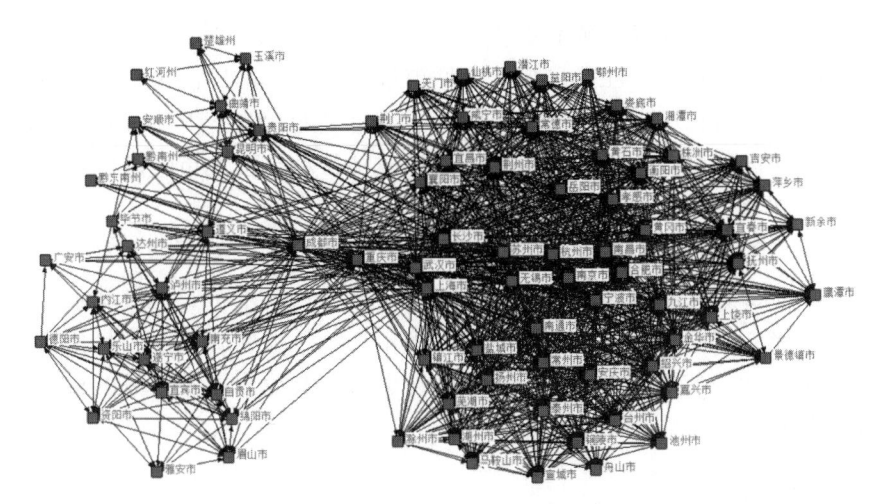

从图1可以看出，长江经济带城市群城市网络空间结构呈现"西疏东密"特征。滇中城市群、黔中城市群城市网络最为稀疏，成渝城市群城市网络略为密集，而长江中游城市群，尤其是长三角城市群的城市网络最为紧密。具体来看，长江上游地区主要依靠重庆市、成都市作为门户城市与长江中下游地区进行经济联系，但重庆市的"媒介"作用比成都市更为突出，而昆明市、贵阳市在长江上游与中下游地区联系中发挥的"媒介"作用则比重庆市和成都市弱得多。此外，从图1可以发现，长江中

图1　长江经济带城市群城市网络空间结构

游城市群与长三角城市群之间的城市网络趋于融合，上海市、武汉市、长沙市、苏州市、合肥市、杭州市、南京市、南昌市等城市位于长江中下游城市网络的核心。舟山市、池州市、景德镇市、鹰潭市、吉安市、湘潭市、鄂州市、天门市等城市主要分布在长江中下游城市网络外围。

五、长江经济带城市小团体分析

运用UCIENT6.2软件的Netdraw组件绘制长江经济带城市群城市小团体网络结构，长江经济带五个城市群已初步形成滇中、黔中，成渝以及长江中下游三个城市小团体。长江中下游城市小团体内部的城市网络最为密集，滇中、黔中城市小团体内部的城市网络较为稀疏。可以看出，成渝城市小团体与长江中下游城市小团体之间的经济联系比与滇中、黔中城市小团体之间的经济联系更多，也反映出32城市群之间经济联系的空间梯度关联特征。需要指出的是，遵义市等城市已经融入成渝城市小团体。与前文中介绍中心度分析结果一致，成渝城市小团体主要依赖重庆市、成都市对外展开经济联系，滇中、黔中城市小团体则主要通过昆明市、贵阳市等城市进行对外联系。

六、结论与讨论

上海市与苏州市、无锡市的经济联系较为紧密，上海市在长三角城市群的龙头地位仍十分突出。武汉城市圈经济联系强度的方向性差异十分明显，武汉市在武汉城市圈中"一枝独秀"，环长株潭城市群的经济联系格局较为均衡。长江经济带五个城市群各自内部的经济联系强度总量约占长江经济带城市群城市经济联系强度总量的95%，其中，长三角城市群内部的经济联系强度总量约占长江经济带城市群城市经济联系强度总量的77%。

长江经济带城市群城市网络"西疏东密"。滇中、黔中城市群城市网络最为稀疏，成渝城市群城市网络略为密集，长江中游城市群城市网络较为紧密，长三角城市群城市网络最为密集。长江中游城市群与长三角城市群之间的城市网络融为一体，趋向融合，有望成为世界级的长江中下游城市群。

参考文献

[1] 吴常艳、黄贤金、陈博文等：《长江经济带经济联系空间格局及其经济一体

化趋势》，载《经济地理》2017 年第 7 期。

［2］冯兴华、钟业喜、李峥荣等：《长江经济带城市体系空间格局演变》，载《长江流域资源与环境》2017 年第 11 期。

［3］王圣云、翟晨阳：《长江经济带城市集群网络结构与空间合作路径》，载《经济地理》2015 年第 11 期。

［4］邹琳、曾刚、曹贤忠等：《长江经济带的经济联系网络空间特征分析》，载《经济地理》2015 年第 6 期。

［5］刘耀彬、戴璐：《基于 SNA 的环鄱阳湖城市群网络结构的经济联系分析》，载《长江流域资源与环境》2013 年第 3 期。

［6］汤放华、汤慧、孙倩等：《长江中游城市集群经济网络结构分析》，载《地理学报》2013 年第 10 期。

［7］宋琼、谢志祥、李同昇等：《长江中游城市群城市网络空间结构研究》，载《地域研究与开发》2017 年第 3 期。

［8］张荣天：《长三角城市群网络结构时空演变分析》，载《经济地理》2017 年第 2 期。

［9］苗长虹、王海江：《河南省城市的经济联系方向与强度——兼论中原城市群的形成与对外联系》，载《地理研究》2006 年第 2 期。

［10］尹娟、董少华、陈红：《2004～2013 年滇中城市群城市空间联系强度时空演变》，载《地域研究与开发》2015 年第 1 期。

［11］王德忠、庄仁兴：《区域经济联系定量分析初探：以上海与苏锡常地区经济联系为例》，载《地理科学》1996 年第 1 期。

［12］刘军：《整体网分析讲义：UCINET 软件实用指南》，格致出版社、上海人民出版社 2009 年版。

国家战略视角下鄂湘赣新型显示制造业协同创新研究

黄新建 万 科[①]

一、引言

作为新一代信息技术产业6个主要细分领域之一，新型显示器件涉及光电子领域，是信息产业中电子信息产品的基础支柱之一，其发展速度和技术水平直接影响着整个信息产业的发展。目前我国新型显示的装备、零配件和材料领域的基础仍十分薄弱，核心工艺设备被少数国外厂商垄断，关键材料和核心装备方面的薄弱已成为制约我国新型显示产业发展的瓶颈。根据2010年10月国务院发布的《国务院关于加快培育和发展战略性新兴产业的决定》，新一代信息技术产业被确立为我国七大战略性新兴产业之一，目标到2020年将其发展成为国民经济的四大支柱产业之一，并明确提出"着力发展集成电路、新型显示、高端软件、高端服务器等核心基础产业"。2015年4月，国务院批复同意《长江中游城市群发展规划》（以下简称"规划"）。长江中游城市群以武汉城市圈、环长株潭城市群、环鄱阳湖城市群为主体形成，被定位为中国经济的新增长极。规划中明确将"产业协同发展"列为其六大重点任务之一，并将战略性新兴产业列为重点产业领域，其中新一代信息技术位列首位。同时，规划明文提出"协同开展产业技术创新"。实现光电子等领域的一批重大关键技术产业化、自主化。2015年5月，国务院正式印发《中国制造2025》（以下简称"纲领"），这是我国实施制造业强国战略的第一个十年行动纲领。纲领明确了9项战略任务和重点，其中包括提高国家制造业创新能力、全面推行绿色制造、推动十大重点领域突破发展。提高国家制造业创新能力强调加强关键核心技术研发、提高创新设计能力等；

---

① 作者简介：黄新建（1953~ ），男，江西抚州市人，南昌大学经济管理学院教授、博士生导师。

全面推行绿色制造中明确提出积极引领新兴产业高起点绿色发展，大幅降低电子信息产品生产、使用能耗及限用物质含量；十大重点发展突破领域中，新一代信息技术位列首位。

通过梳理研究可以发现，《国务院关于加快培育和发展战略性新兴产业的决定》《长江中游城市群发展规划》《中国制造2025》在区域产业发展方面的战略目标并非独立分化，而是存在统一性，三者都将新一代信息技术产业列为重点发展领域。其中，《长江中游城市群发展规划》和《中国制造2025》的产业发展战略之间存在着紧密的逻辑互通之处，只是两大国家战略在区域产业发展方面的核心战略目标的侧重点有所不同。虽然长江中游城市群战略的产业发展核心战略目标是产业协同发展，中国制造2025战略的产业发展核心战略目标是提升制造业创新能力和产业技术升级，但同时长江中游城市群战略也强调"协同开展产业技术创新"，中国制造2025战略也强调"积极推动京津冀和长江经济带产业协同发展"。只有在区域产业协同发展的良好基础上进行协同创新，才能真正提升我国制造业创新能力。《长江中游城市群发展规划》中明确将"产业协同发展"列为其六大重点任务之一，要求三大城市群联手打造优势产业集群、推进跨区域产业转移与承接、建立产业协同发展机制，这与《中国制造2025》纲领中提出的第一大战略任务和重点"提高国家制造业创新能力"相契合。

目前，国内学者对于我国区域产业协同的研究主要集中在京津冀、长三角、珠三角等产业发展较发达的区域，而对于定位为中国经济新增长极的长江中游地区的相关研究则相对缺乏。因此，基于以上国家战略的相关要求和学术研究价值，本文使用复合系统协同度模型，对长江中游城市群的区域主体鄂湘赣三省新型显示制造业的协同创新进行研究。

二、区域产业协同创新的形成机理

企业与顾客、竞争者、研究机构、政府机构之间的交互活动构成了创新主体。其中，企业作为以盈利为目的的基本经济单位，是产业技术创新的直接需求者和受益者，并始终在产业技术创新体系中处于核心地位。因此，本文选择基于企业这一核心创新主体进行区域产业协同创新的研究。从系统论角度分析，系统是由一定数量的相互联系和作用的要素组成的具备一定结构和功能的有机整体。具体而言，一个完整的系统须具备3个必要条件：第一，由一定数量的元素即系统的组成部分结合而成；第二，系统内各要素之间互相联系和作用，由此形成系统的结构和秩序；第三，任何系统都有特定的功能。区域产业协同创新系统并非一个静态的策略集合，而是一个开放的动态系统。从内容上看，区域产业创新系统受到诸多因素的影响，是一个包含多元化行为主体的交互性过程。在此过程中，企业需要通过横向、纵向的联结进行大量资金、人才、知识技术等不同资源的流动与协调配置，与其他组织（顾客、竞争者、研究机构、政府机构等）相互作用。从系统结构上看，区域产业协同创新体系主要包括两个子系统，即区域内产业协同创新和区域间产业协同创新。区域产业创新体系可划分为创新环境、创新主体两部分，所以这两个子系统都主要包含3个相互联系和作用的元素，即技术创新支撑环境、技术创新获取能力和技术创新应用能力。

立足于企业这一核心创新主体，本文将创新支撑环境定义为产业内部企业生产经营和研发投资的总体状况，是企业技术创新获取能力和技术创新应用能力的基础，并同时深刻影响着企业的创新获取和应用能力；技术创新获取能力主要刻画产业内部资金要素和人力要素等方面的投入，主要包含R&D活动人员情况、R&D经费情况、专利数量和企业研发机构情况，是产业技术创新能力的具体表现，并直接影响企业的技术创新应用能力；技术创新应用能力主要刻画企业产业技术获取改造以及转化为经济成果的情况。企业直接面向市场，将新技术转化为商品，市场又通过企业，有效地引导科技研究的方向。技术创新应用能力主要包含技术获取与改造能力和新产品开发和销售能力，是产业技术创新的最终目的。在区域产业协同创新体系的两个子系统（区域内产业协同创新、区域间产业协同创新）中，都存在技术创新支撑环境、技术创新获取能力和技术创新应用能力这3个元素的相互联系和相互作用（见图1）。

三、研究方法与研究设计

（一）研究方法

目前，学术界关于区域协同创新能力的测评方法较多，各个方法都存在各自优劣，因此需要根据具体研究内容和相关的条件从中筛选出有针对性的方法。本研究的对象是鄂湘赣新型显示制造业协同创新能力系统，其系统内部又由若干相互影响的子系统（鄂、湘、赣）构成，所以评测总系统的协同创新能力需要首先研究各子系统的有序化程度及变动趋

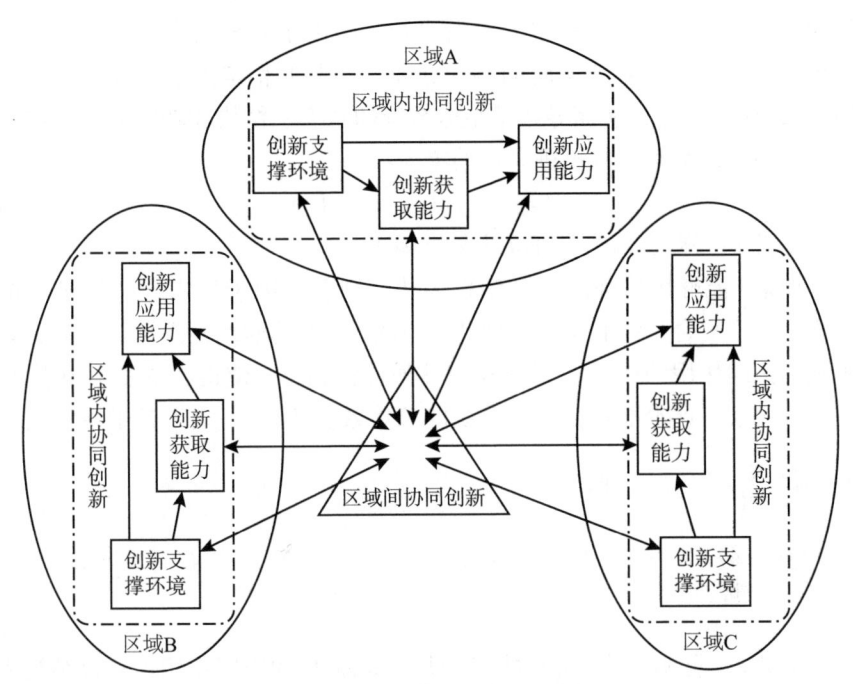

图 1　区域产业协同创新流程机理

势，在此基础上探讨区域整体的协同程度。参照德国物理学家赫尔曼·哈肯（Hermann Haken，1997）提出的协同理论，系统内部序参量之间的协同作用是系统由无序走向有序的关键。经过权衡比较，本文决定选用孟庆松、韩文秀（2000）提出的复合系统协同度评价模型进行研究。在运用该方法进行测度时，首先，构建复合系统并将其划分为数个子系统，并选择相应序参量及具体的要素指标；其次，测算出考察期内各个子系统的序参量及有序度；最后，计算创新系统的整体协同度。

考虑复合整体系统 $U = \{U_1, U_2, \cdots, U_i\}$，其中 U_j 为复合成 U 的第 j 个子系统，$j = 1, 2, \cdots, i$，且 $U_j = \{U_{j1}, U_{j2}, \cdots, U_{ji}\}$，即 U_j 又由"子系统"或若干基本元素组成。U_j 之间的相互作用及其关系形成了 U 的复合机制。在这种复合机制中，存在着本质确定的若干稳定因素，无论是系统的自组织或外部对系统的作用均不会对这类因素产生影响。在系统的演化进程中，这些因素也维持恒定状态，它们对系统的演化过程不产生影响。[10]因此，在研究协同管理以及探索系统演化规律时，可将这类因素视为常量。同时将整体系统的状态、结构和功能效应的波动变化视为由本质不确定的非稳定因素所决定,即由于系统的自组织或外部对系统的作用(如对系统实施的协同管理)引起非稳定因素的变化(如相空间大小的变化),从而导致了整体系统的状态、结构和功能效应的波动变化。系统的复合方式可进一步抽象为:

$$U = f(U_1, U_2, \cdots, U_i) \tag{1}$$

定义1:称式(1)中的 f 为复合因子。

如果 f 能够用精确的数学结构表达,则复合因子相当于"算子"的概念。对于复合系统而言,此种情况下的 f 一般为非线性算子。对复合系统施加协同作用的实质在于寻找一种外部作用 F,使得在 F 的作用影响下,按照某一评价准则,复合系统的总体效能 $E(U)$ 大于各子系统的效能之和 $\sum_{j=1}^{i} E(U_j)$,即:

$$E^g(U) = E\{F[f(U_1, U_2, \cdots, U_i)]\} = E[g(U_1, U_2, \cdots, U_i)] > \sum_{j=1}^{i} E(U_j) \tag{2}$$

定义2:称满足式(2)的 F 为复合系统 U 的协同作用,复合系统 U 的协同作用集合记为 S,称之为复合系统的协同机制。

定义3:如果 $\exists F^0 \in S$,使得式(3)在一定的评价准则下成立,则称 F^0 为最优创新协同作用。式(3)中,$g^0 = F^0 f$,opt 的含义为系统创新协同。

$$E\{F^0[f(U_1, U_2, \cdots, U_i)]\} = E[g^0(U_1, U_2, \cdots, U_i)] = optE^g(U) \tag{3}$$

对于子系统 U_j,$j \in [1, i]$,设定系统演变进程中的序参量变量为 $\varepsilon_j = (\varepsilon_{j1}, \varepsilon_{j2}, \cdots, \varepsilon_{jn})$,其中 $n \geq 1$,$\beta_{ji} \leq \varepsilon_{ji} \leq \alpha_{ji}$,$i \in [1, n]$。$\alpha_{ji}$、$\beta_{ji}$ 分别为系统稳定状态下序参量 ε_{ji} 的上限和下限。假定 ε_{j1},ε_{j2},…,ε_{jr} 的取值与子系统 U_j 的有序程度呈正相关关系,即其取值越大,系统的有序程度越高;其取值越小,系统的有序程度越低。假定 ε_{jr+1},ε_{jr+2},…,ε_{jr+2} 的取值与子系统 U_j 的有序程度呈负相关关系,即其取值越大,系统的有序程度越低;其取值越小,系统的有序程度越高。由此得出以下定义:

定义4:式(4)中,$u_j(\varepsilon_{ji})$ 表示子系统 U_j 的序参量分量 ε_{ji} 的系统有序度。

$$u_j(\varepsilon_{ji}) = \begin{cases} \dfrac{\varepsilon_{ji} - \beta_{ji}}{\alpha_{ji} - \beta_{ji}} & \text{当 } i \in [1, r] \\ \dfrac{\beta_{ji} - \varepsilon_{ji}}{\alpha_{ji} - \beta_{ji}} & \text{当 } i \in [r+1, n] \end{cases} \quad (4)$$

有序度表示序参量分（变）量对于子系统有序的贡献程度。由定义 4 可知，$u_j(\varepsilon_{ji}) \in [0, 1]$。当 $u_j(\varepsilon_{ji})$ 的取值越大，ε_{ji} 对于子系统 U_j 有序的贡献程度就越高；当 $u_j(\varepsilon_{ji})$ 的取值越小，ε_{ji} 对于子系统 U_j 有序的贡献程度就越低。实际系统中会存在某些 ε_{ji}，其取值只有围绕在某一特定数值时对于子系统 U_j 有序的贡献程度最高。对于此类 ε_{ji}，可以通过调整其取值区间 $[\alpha_{ji}, \beta_{ji}]$ 使其有序度满足定义 4。

总体而言，序参量变量 ε_j 对子系统 U_j 有序度的总体贡献可以通过 $u_j(\varepsilon_{ji})$ 的集成来实现。理论上，子系统 U_j 的总体性能除了取决于各序参量变量 ε_j 的数值，同时更关键的取决于各序参量变量 ε_j 之间的组合形式。系统的具体结构决定了其特定的组合形式，特定的组合形式又决定了具体的集成法则。一般而言，可以使用几何平均法或线性加权和法进行集成。

定义 5：式（5）和式（6）中，$u_j(\varepsilon_j)$ 表示子系统 U_j 的序参量变量 ε_j 的有序度。

$$u_j(\varepsilon_j) = \sqrt[n]{\prod_{i=1}^{n} u_j(\varepsilon_{ji})} \quad (5)$$

$$u_j(\varepsilon_j) = \sum_{i=1}^{n} w_i u_j(\varepsilon_{ji}), \; w_i \geq 0 \text{ 且 } \sum_{i=1}^{n} w_i = 1 \quad (6)$$

上式中，式（5）为几何平均法，式（6）为线性加权和法。由定义 5 可知，$u_j(\varepsilon_j) \in [0, 1]$。当 $u_j(\varepsilon_j)$ 的取值越大，ε_j 对于子系统 U_j 有序的贡献程度就越高，U_j 的有序程度就越高；当 $u_j(\varepsilon_j)$ 的取值越小，ε_j 对于子系统 U_j 有序的贡献程度就越低，U_j 的有序程度就越低。在线性加权和法中，权重系数 w_i 的选取应同时考虑系统在一定时期内的发展目标和系统的现实运行状态，从而有效反映 ε_{ji} 在促进区域创新系统有序运行中所起的作用或地位。

定义 6：假定整体复合系统 U 从初始时刻 t_0 发展演变至时刻 t_1，设各个子系统序参量变量在初始时刻 t_0 的有序度为 $u_j^0(\varepsilon_j)$，$j = 1, 2, \cdots, i$，各个子系统序参量变量在时刻 t_1 的有序度为 $u_j^1(\varepsilon_j)$，$j = 1, 2, \cdots, i$，则定义 t_0 至 t_1 时间段的复合系统协同度（Synergy Degree Method of Composite System) SCS 为：

$$SCS = \sqrt[\theta^i]{\left| \prod_{j=1}^{i} [u_j^1(\varepsilon_j) - u_j^0(\varepsilon_j)] \right|} \quad (7)$$

$$其中\ \theta = \begin{cases} 1 & 当\ \min[u_j^1(\varepsilon_j) - u_j^0(\varepsilon_j)] > 0 \\ -1 & 当\ \min[u_j^1(\varepsilon_j) - u_j^0(\varepsilon_j)] < 0 \end{cases}$$

由定义 6 可知，$SCS \in [-1, 1]$。SCS 的数值越大，表明复合系统 U 的协同发展的程度越高；SCS 的数值越小，则表明复合整体系统 U 的协同发展的程度越低。参数 θ 的设置使得当且仅当 $[u_j^1(\varepsilon_j) - u_j^0(\varepsilon_j)] > 0$ 时，$j \in [1, i]$，复合整体系统 U 才具备正的协同度。该定义综合考虑了子系统 U_j 的所有可能情况，如果某个子系统的有序度增长较快，而其他子系统的有序度增长较慢或下降，则整个复合系统 U 无法处于较好的协同状态甚至完全不协同，具体表现为 $SCS \in [-1, 0]$。利用定义 6 可以检验相对于考察基期而言，现实中复合系统内部协同程度的特征与发展趋势变化。

（二）研究设计

1. EGA 评价指标体系的构建

本文立足于鄂湘赣新型显示制造业产业创新发展的实际情况，基于区域产业协同创新的视角，借鉴国内外典型的区域产业协同创新能力评价指标体系，坚持系统性、科学性、动态性和可操作性的指标选取原则，选择从技术创新环境支撑能力（Environment，简称 E）、技术创新获取能力（Gaining，简称 G）、技术创新应用能力（Application，简称 A）3 个维度对鄂湘赣新型显示制造业的区域协同创新能力进行评测。将这 3 个维度列为一级指标，并依据上文中的区域产业协同创新形成机理逐步对相关指标进行细分、筛选和优化，最终得到 8 个二级指标、30 个三级指标。

在此基础上，依据上文中复合系统协同度模型的相关变量设置，将鄂湘赣新型显示制造业协同创新能力设置为总系统 U，将某省份（湖北、湖南、江西）新型显示制造业的域内协同创新能力设置为子系统 U_j，将协同创新能力评价一级指标设置为序参量变量 ε_j，将协同创新能力评价二级指标设置为序参量分量 ε_{ji}，将协同创新能力评价三级指标设置为细分指标，由此构建出鄂湘赣新型显示制造业的复合系统协同创新能力评价指标体系（简称 EGA）的理论框架（见表1）。

表1　鄂湘赣新型显示制造业的复合系统协同创新能力评价指标体系（EGA）

总系统	子系统	序参量变量	序参量分量	细分指标
鄂湘赣新型显示制造业的省域间协同创新能力	某省份（湖北、湖南、江西）新型显示制造业的省域内协同创新能力	技术创新环境支撑能力（E）	生产经营情况（E1）	E11　企业数（个）
				E12　从业人员平均人数（人）
				E13　资产总计（亿元）
				E14　主营业务收入（亿元）
				E15　利润总额（亿元）
			投资基本情况（E2）	E21　施工项目（个）
				E22　项目投产率（%）
				E23　投资额（亿元）
				E24　新增固定资产（亿元）
		技术创新获取能力（G）	R&D活动人员情况（G1）	G11　有R&D活动的企业数（个）
				G12　R&D人员数（人）
				G13　R&D人员折合全时当量（人年）
			R&D经费情况（G2）	G21　R&D经常内部支出中政府资金（万元）
				G22　R&D经常内部支出中企业资金（万元）
				G23　R&D经常外部支出（万元）
			专利（G3）	G31　专利申请数（件）
				G32　有效发明专利数（件）
			企业研发机构情况（G4）	G41　有研发机构的企业数（个）
				G42　研发机构数（个）
				G43　研发机构人员（人）
				G44　机构经费支出（万元）
		技术创新应用能力（A）	技术获取与改造（A1）	A11　引进技术经常支出（万元）
				A12　消化吸收经常支出（万元）
				A13　购买境内技术经常支出（万元）
				A14　技术改造经费支出（万元）
			新产品开发和销售情况（A2）	A21　新产品开发项目数（个）
				A22　新产品开发经常支出（万元）
				A23　新产品销售收入（万元）

2. 数据来源与处理

依据《国民经济行业分类代码表（GB－T4754－2011）》的产业分类标准，大致可以将新型显示制造业归并于通信设备、计算机和其他电子设备制造业，专用设备制造业2大类，其中主要与通信设备、计算机和其他电子设备制造业相关。根据上文中构建的区域复合创新协同度模型及指标体系，本文对单一省份（湖北、湖南、江西）区域内部的新型显示制造业协同创新协同度、鄂湘赣整体区域的新型显示制造业协同创新协同度分别进行实证分析。本文选取湖北、湖南、江西2010~2015年通信设备、计算机和其他电子设备制造业的相关创新能力数据为样本，细分指标数据来源于《中国高技术产业统计年鉴》《中国信息产业年鉴》《中国科技统计年鉴》及鄂湘赣三省相关年份的统计年鉴。

由于细分指标原始数据各个指标的计量单位不一致，导致其观测值相差悬殊。为保证结果的准确性，进行实证分析前需要对原始数据进行标准化处理。在原始数据标准化方法的选择上，本文采用Min－Max标准化法（Min－Max normalization）对原始数据进行标准化处理，原始数据经过处理后可以转化为同一水平的无量纲化指标测评值。

四、鄂湘赣省域内EGA体系协同创新能力比较

通过将细分指标的标准化数值进行平均赋权，加总得到序参量分量 ε_{ji} 的标准化数值。基于序参量分量 ε_{ji} 的标准化数值，根据公式（4）计算得到鄂湘赣三省新型显示制造业协同创新能力评价的序参量分量 ε_{ji} 的有序度 $u_j(\varepsilon_{ji})$。本文采用线性加权和法，根据公式（6）计算得到序参量变量 ε_j 的有序度 $u_j(\varepsilon_j)$，相关序参量分量 ε_{ji}、序参量变量 ε_j 的权重系数的计算本文采用标准离差法。

将子系统 U_j 内部视为一个复杂总系统，首先计算得到2010~2015年鄂湘赣三省序参量分量E、G、A的有序度（见表2）。选定2010年作为基期，计算得到子系统 U_j 内部EGA评价体系的复合系统创新协同度SCS，从而可以分析2011~2015年某一省份（湖北/湖南/江西）新型显示制造业的省域内技术创新环境支撑能力（E）、技术创新获取能力（G）、技术创新应用能力（A）三个维度之间，EGA协同、EG协同、EA协同、GA协同四个方面的协同能力及其变化趋势（见表3）。

表2　鄂湘赣新型显示制造业 EGA 评价体系序参量变量有序度

年份	鄂 E	鄂 G	鄂 A	湘 E	湘 G	湘 A	赣 E	赣 G	赣 A
2010	0.09	0	0	0	0	0	0.131	0	0.25
2011	0	0.313	0.151	0.181	0.198	0.613	0.048	0.096	0.535
2012	0.257	0.69	0.375	0.566	0.342	0.498	0.613	0.246	0.357
2013	0.381	0.806	0.86	0.717	0.581	0.435	0.714	0.595	0.328
2014	0.672	0.753	1	0.86	0.627	0.61	0.909	0.8	0.632
2015	1	0.79	0.91	1	0.929	0.985	1	1	0.571

表3　鄂湘赣新型显示制造业 EGA 评价体系省域内创新协同度

年份	鄂 EGA	鄂 EG	鄂 EA	鄂 GA	湘 EGA	湘 EG	湘 EA	湘 GA	赣 EGA	赣 EG	赣 EA	赣 GA
2011	0.118	0.098	0.038	0.221	0.319	0.189	0.375	0.401	0.052	0.007	0.02	0.148
2012	0.182	0.175	0.096	0.254	0.222	0.228	0.245	0.083	0.118	0.051	0.084	0.094
2013	0.204	0.154	0.143	0.275	0.178	0.215	0.149	0.086	0.137	0.084	0.077	0.129
2014	0.184	0.148	0.157	0.185	0.162	0.177	0.151	0.091	0.154	0.104	0.101	0.15
2015	0.158	0.156	0.145	-0.133	0.178	0.184	0.166	0.118	0.145	0.111	0.087	0.145

（一）鄂湘赣新型显示制造业省域内 EGA 协同度比较

对比分析鄂湘赣三省新型显示制造业技术创新环境支撑能力（E）、技术创新获取能力（G）、技术创新应用能力（A）之间的省域内创新协同度，可知 2011~2012 年，湖南的 EGA 协同度超过其他两省但趋于下降，同时鄂赣两省的 EGA 协同度则趋于上升；2012~2014 年，湖北的 EGA 协同度超过湖南但从 2013 年开始持续下降，湖南的 EGA 协同度则继续下降；2014~2015 年，湖南的 EGA 协同度回升并再次超过湖北；江西的 EGA 协同度在 2011~2014 年增长 196.1%，2014~2015 年下降 5.8%，始终排名垫底。

就总体而言，对比 2011~2015 年鄂湘赣三省新型显示制造业的省域内 EGA 协同度，湖北经历了明显"倒 U 型"发展轨迹（2011~2013 年增长 72.8%，2013~2015 年下降 22.5%），湖南下降趋势明显（下降

44.2%）且领先优势不断丧失，江西则基本保持明显上升趋势但增速有所放缓，同时鄂湘赣三省的省域内 EGA 协同度之间差距不断缩小。除江西新型显示制造业的省域内 EGA 协同度变化幅度较小外，其他两省均波动幅度较大。

（二）鄂湘赣新型显示制造业省域内 EG 协同度比较

对比分析鄂湘赣三省新型显示制造业技术创新环境支撑能力（E）、技术创新获取能力（G）之间的省域内创新协同度，可知 2011~2015 年，鄂湘两省的省域内 EG 协同度均经历了 2011~2012 年上升（湖北上升 78.5%，湖南上升 20.6%）、2012~2014 年持续下降（湖北下降 15.4%，湖南下降 22.3%）、2014~2015 年再次回升的起伏波动（湖北上升 5.4%，湖南上升 3.9%）；2011~2015 年江西的省域内 EG 协同度则保持上升趋势（增长 148.5%）但始终排名垫底。

就总体而言，对比 2011~2015 年鄂湘赣三省新型显示制造业的省域内 EG 协同度，鄂湘两省的省域内 EG 协同度变化趋势相近，但湖北的变化幅度相对湖南更大。湖南、湖北始终分别居于第一、二位，江西则一直落后于其他两省，同时鄂湘赣三省省域内 EG 协同度之间的差距不断缩小。除江西新型显示制造业的省域内 EG 协同度保持明显上升趋势外，其他两省均波动幅度较大，其中湖南总体处于下降，湖北则增长停滞（2013 年后基本围绕 0.15 数值小幅上下波动）。

（三）鄂湘赣新型显示制造业省域内 EA 协同度比较

对比分析鄂湘赣三省新型显示制造业技术创新环境支撑能力（E）、技术创新应用能力（A）之间的省域内创新协同度，可知 2011~2013 年，鄂湘两省的省域内 EA 协同度均经历了巨幅波动，其中湖南从 0.375 下降至 0.149（降幅为 60.2%），湖北从 0.038 上升至 0.143（升幅为 276.3%）。2013~2015 年，鄂湘的省域内 EA 协同度变化曲线基本重合且变化幅度较小；2011~2015 年江西的省域内 EA 协同度在起伏波动中有所上升，但始终排名垫底且自 2013 年起与其他两省之间的差距未有明显缩小。

就总体而言，对比 2011~2015 年鄂湘赣三省新型显示制造业的省域内 EA 协同度，鄂湘两省明显不断趋同，江西则一直落后于其他两省。与江西相比，鄂湘新型显示制造业的省域内 EA 协同度的波动幅度均较大，其中湖南总体处于下降，湖北则增长不断放缓。

（四）鄂湘赣新型显示制造业省域内 GA 协同度比较

对比分析鄂湘赣三省新型显示制造业技术创新获取能力（G）、技术创新应用能力（A）之间的省域内创新协同度，可知 2011~2013 年，湖北保持上升趋势（上升幅度为 24.4%），但 2013~2015 年开始下降且下降幅度不断加大（2014 年下降 32.7%，2015 年下降 171.8%），甚至于在 2015 年达到负值 -0.133；2011~2012 年，湘赣两省均下降（湖南下降了 79.3%，江西下降了 36.4%）。2012~2015 年，湘赣两省均基本保持上升趋势（湖南上升了 42.1%，江西上升了 12.4%）。

就总体而言，对比 2011~2015 年鄂湘赣三省新型显示制造业的省域内 GA 协同度，湖北的变化趋势迥异于其他两省，从 2013 年起持续下降且降速逐年加快，最终在 2015 年达到省域内 GA 不协同（GA 协同度为负值）；湖南与江西两省的变化趋势相似但湖南的波动幅度相比江西更大。与江西相比，其他两省新型显示制造业的省域内 GA 协同度的波动幅度均较大，其中江西 5 年间基本维持 2011 年水平，鄂湘两省则下降趋势明显。

五、鄂湘赣省域间 EGA 体系协同创新能力比较

将表 1 鄂湘赣新型显示制造业的复合系统协同创新能力评价指标体系中的总系统 U（鄂湘赣新型显示制造业的省域间协同创新能力）划分为四种情况进行具体分析，即鄂湘赣协同、鄂湘协同、鄂赣协同、湘赣协同。选定 2010 年作为基期，计算得到鄂湘赣新型显示制造业技术创新环境支撑能力（E）、技术创新获取能力（G）、技术创新应用能力（A）2011~2015 年的省域间创新协同度（见表 4）。

表 4　鄂湘赣新型显示制造业 EGA 评价体系省域间创新协同度

年份	鄂湘赣 E	鄂湘赣 G	鄂湘赣 A	鄂湘 E	鄂湘 G	鄂湘 A	鄂赣 E	鄂赣 G	鄂赣 A	湘赣 E	湘赣 G	湘赣 A
2011	0.003	0.195	0.337	0.048	0.255	0.348	-0.086	0.193	0.186	0.048	0.142	0.506
2012	0.037	0.206	0.109	0.124	0.257	0.166	-0.189	0.221	0.148	0.151	0.145	-0.262
2013	0.056	0.218	0.134	0.129	0.228	0.191	-0.159	0.228	0.197	0.142	0.184	-0.153
2014	0.077	0.167	0.145	0.146	-0.078	0.181	-0.177	0.18	0.194	0.149	0.17	-0.167
2015	0.092	0.17	0.128	0.161	-0.092	0.163	-0.182	0.168	-0.163	0.141	0.183	-0.178

（一）鄂湘赣省域间 EGA 协同创新能力比较

对比分析鄂湘赣三省新型显示制造业技术创新环境支撑能力（E）、技术创新获取能力（G）、技术创新应用能力（A）之间的省域间创新协同度，可知鄂湘赣的 G 省域间创新协同度在 2011~2013 年保持增长（增幅为 11.8%），但在 2013~2015 年有明显下滑（降幅为 22%）；鄂湘赣的 A 省域间创新协同度则从 2011 年的峰值 0.337 在 2012 年骤降 67.6%，此后维持在区间（0.1，0.15）起伏波动；鄂湘赣的 E 省域间创新协同度虽在 2011~2015 年巨幅增长（增幅为 296.66%）但数值仍未超过 0.1 且一直排名垫底。

就总体而言，对比 2011~2015 年鄂湘赣三省新型显示制造业的省域间 EGA 协同度，鄂湘赣三省之间的 G 协同度最高，其次依次为 A 协同度和 E 协同度。其中，G 协同度和 A 协同度均有明显下降，且 3 个协同度数值之间的差距不断缩小。

（二）鄂湘省域间 EGA 协同创新能力比较

对比分析鄂湘两省新型显示制造业技术创新环境支撑能力（E）、技术创新获取能力（G）、技术创新应用能力（A）之间的省域间创新协同度，可知 2011 年至 2015 年鄂湘的 E 省域间创新协同度和 A 省域间创新协同度基本维持相反的变化趋势。E 协同度不断上升但在 2012 年后增速放缓，A 协同度则总体下降但 2012 年后降速减慢。二者之间差距不断缩小，最终在 2015 年基本重合；鄂湘的 G 省域间创新协同度在 2012 年后开始下降，2013~2014 年骤降至负值（降幅达 134.2%），2015 年继续下降 17.9%。

就总体而言，对比 2011~2015 年鄂湘新型显示制造业的省域间 EGA 协同度，除鄂湘之间的 E 省域间创新协同度外，G 省域间创新协同度和 A 省域间创新协同度均有明显下降，其中 G 省域间创新协同度自 2014 年开始不协同且协同能力持续弱化。

（三）鄂赣省域间 EGA 协同创新能力比较

对比分析鄂赣两省新型显示制造业技术创新环境支撑能力（E）、技术创新获取能力（G）、技术创新应用能力（A）之间的省域间创新协同度，可知鄂赣的 E 省域间创新协同度持续为负值，且在 2011~2012 年骤降119.7%，此后维持在区间（-0.15，-0.1）起伏变化；鄂赣的G省域间创新协同度在2011～2013年保持增长（增幅为18.1%），但在2013～2015年持续下降（降幅为26.3%）；鄂赣的A省域间创新协同度在2011～2014年基本维持在区间（0.15，0.2）起伏变化，2014～2015年骤降至负值（降幅为184%）。

就总体而言，对比2011～2015年鄂赣新型显示制造业的省域间EGA协同度，除鄂赣之间的G省域间创新协同度变化发展相对较为稳定，E省域间创新协同度和A省域间创新协同度均有明显下降，且后二者均在2015年不协同。鄂赣E省域间创新协同度持续不协同且协同能力不断弱化。

（四）湘赣省域间EGA协同创新能力比较

对比分析湘赣两省新型显示制造业技术创新环境支撑能力（E）、技术创新获取能力（G）、技术创新应用能力（A）之间的省域间创新协同度，可知湘赣的E省域间创新协同度和G省域间创新协同度的变化趋势相近，且二者保持着较高的重合度。2012～2015年，湘赣的E省域间创新协同度和G省域间创新协同度均维持在区间（0.1，0.2）起伏变化；湘赣的A省域间创新协同度骤降至负值（降幅达151.7%），此后虽有回升但仍维持在区间（-0.2，-0.1）起伏变化。

就总体而言，对比2011～2015年湘赣新型显示制造业的省域间EGA协同度，湘赣之间的G协同度最高，其次依次为E协同度和A协同度。其中，G协同度和E协同度发展较为稳定但无显著增长，A协同能力则较差且持续弱化。

六、结论与建议

（一）主要结论

第一，有序度反映系统内要素的联动机制，故可以根据有序度分析区域新型显示制造业内部参与技术创新活动的各个资源要素在系统内部的动态联动和有效协作的过程。鄂湘赣三省新型显示制造业的E、G有序度均呈现上升趋势，A有序度则均出现增长放缓或明显波动，说明鄂湘赣三省的技术创新环境支撑能力内部协同效应、技术创新获取能力内部协同效应总体较好，技术创新应用能力内部协同效应则不足。

第二，鄂湘赣三省的 EGA 体系省域内创新整体协同度较低，基本维持在区间（0.1, 0.2）变化。其中，湖北新型显示制造业的 EGA 体系省域内创新整体协同度较高，但 EGA、GA 省域内创新协同度从 2013 年起均出现明显下降，其原因在于其 G、A 有序度在 2013~2015 年均出现起伏波动；湖南新型显示制造业的 EGA 体系省域内创新整体协同度最高，但 EGA、EA、GA 省域内创新协同度均呈现下降后回升，其原因在于其 A 有序度下滑后重新增长；江西新型显示制造业的 EGA 体系省域内创新整体协同度最低，但基本保持上升趋势，其中 EA、GA 省域内创新协同度增幅较小。其原因在于其 E、G 有序度基本呈现持续上升趋势，但 A 有序度的波动幅度则一直较大。

第三，鄂湘赣三省的 EGA 体系省域间创新整体协同度较低，2014 年后基本低于 0.2，且多项协同度为负值。鄂湘赣的 G 省域间创新协同度 2013 年后下降；鄂湘 G 省域间创新协同度 2014 年开始不协同；鄂赣 E 省域间创新协同度和 A 省域间创新协同度均有明显下降，且后二者均在 2015 年不协同；湘赣的 E 省域间创新协同度和 A 省域间创新协同度均无明显增长，G 省域间创新协同度自 2012 年起持续不协同。

（二）对策建议

第一，由于鄂湘赣区域各子系统的协同创新能力之间存在较大差异且整体创新协同度较低，因此建议未来三省政府应共同研究制定鄂湘赣新型显示制造业区域协同创新的整体规划，搭建跨区域科技创新的合作平台，打造区域协同创新的"软环境"，加深科技创新各领域的深度合作，建设区域协同发展创新共同体。在中部区域，湖北省具备新型显示制造业人才、光电技术、资金和国家政策等方面的显著优势，仅武汉东湖新技术开发区（"武汉·中国光谷"）就拥有 4 000 多个海内外研发团队，其光电子信息产业园在 2015 年的申请专利达到 1.6 万件（为 2010 年的 3.02 倍），产值高达 4 420 亿元。根据《长江中游城市群发展规划》中明确提出的战略规划，国家"支持以武汉东湖国家级高新技术开发区为龙头、促进长沙、南昌电子信息产业集聚发展，整合周边地区资源，构建光电子信息产业集群。"同时，国务院对于湖北自由贸易试验区的战略定位为"成为中部有序承接产业转移示范区、战略性新兴产业和高技术产业集聚区"。因此，鄂湘赣三省制定的鄂湘赣新型显示制造业区域协同创新整体规划应以鄂为核心、湘赣为辅助，结合三省的自身优势，进行优势互补,不断增强整体协同创新的程度和能力。

第二,鄂湘赣三省应着重加强新型显示制造业的新产品应用方面的协同能力,扩大政府的资金和政策扶持力度,加强高校、研究机构和企业之间的合作,不断增加新产品开发项目数量,为新产品的推广和销售拓宽渠道,从而提升技术创新应用的协同能力。具体而言,在获取与改造方面,鄂湘赣企业应加大引进技术资金和渠道,在重视从国内外其他高校、研究机构和企业引进先进技术或与之建立长期合作交流关系,增加研发投入资金占企业主营业务收入比例,不断提升企业自身研发水平的基础上,重点不断加强与长江中游其他两省的协作互补。同时,应重视政府在产业技术创新支撑环境建设方面对于产业协同创新发展中的显著作用,鄂湘赣三省应采用经济手段为新型显示制造业企业提供直接的资金支持和间接的激励与扶植性政策,如建立包含多元化风险投资体系的金融制度、减免税收等,尤其要重视知识产权保护的制度建设,切实维护企业与科研人员的合法权益,营造氛围良好的创新环境,进而推进高新技术产业良性发展;在新产品销售方面,按照中国(湖北)自由贸易试验区三大片区的功能划分,武汉片区为其核心片区(占湖北自贸区总面积的58%),新一代信息技术位列武汉片区的重点发展产业之首。因此,鄂湘赣三省未来应重点以湖北自由贸易区为主要依托,深化投资领域改革,推动贸易转型升级,培育新型贸易方式,共同合作提升三省新型显示制造业创新产品的销售收入。

第三,应建立并不断完善鄂湘赣新型显示制造业跨区域科技创新资源的共享机制,推动行业科技创新资源的自由扩散和优化配置,尤其要积极发挥湖北科技创新和研发资源向湖南、江西两省的溢出效应,提高湘赣两省新型显示制造业的基础创新能力。同时,应在培育更新创新观念,提高鄂湘赣新型显示制造业区域创新环境的支撑能力,加大行业创新基础设施的建设力度的同时,重点在创新人才培养、资本集聚、创新平台建设等重点领域形成有利于鄂湘赣新型显示制造业区域协同创新的统一制度安排。湖北省武汉市、湖南省长株潭衡4市均获工信部批复同意创建首批"中国制造2025"试点示范城市,意味着长江中游城市群有5座城市入选,这对于鄂湘赣三省新型显示制造业的协同创新无疑将产生重大推动作用。湖北省以武汉东湖新技术开发区("武汉·中国光谷")为典型代表,在人才培养("光谷人才特区"专项政策)、资本集聚(推动3 000余家企业通过创新产品融资超过800亿元)、创新平台建设(已建成国家级技术创新平台 216 个,并投资 1 500 万美元在美国硅谷设立了创新中心)方面具有长期积累的巨大优势和先进经验,而湘赣两省在这三个方面则存在明显不足,因此未来应着力建立鄂湘赣三省新型显示制造业技术创新经验交流与共享长效机制,使得湘赣两省在创新协同的制度建设上不断推进。

参考文献

[1] 国务院:《国务院关于加快培育和发展战略性新兴产业的决定》,2010 年 10 月 10 日。

[2] 国务院:《国务院关于长江中游城市群发展规划的批复》,2015 年 4 月 5 日。

[3] 周正祥、张桢稹:《长江中游城市群可持续发展对策研究》,载《中国软科学》2016 年第 11 期。

[4] 国务院:《国务院关于印发"中国制造 2025"的通知》,2015 年 5 月 8 日。

[5] 何剑、王欣爱:《区域协同视角下长江经济带产业绿色发展研究》,载《科技进步与对策》2017 年第 1 期。

[6] 顾菁、薛伟贤:《高技术产业协同创新研究》,载《科技进步与对策》2012 年第 22 期。

[7] 刘志迎、谭敏:《纵向视角下中国技术转移系统演变的协同度研究——基于复合系统协同度模型的测度》,载《科学学研究》2012 年第 4 期。

[8] Haken. Visions of synergetics [J]. *Journal of the Franklin Institute*,1997,334 (5 – 6).

[9] 孟庆松、韩文秀:《复合系统协调度模型研究》,载《天津大学学报》2000 年第 4 期。

[10] 胡晓瑾、解学梅:《基于协同理念的区域技术创新能力评价指标体系研究》,载《科技进步与对策》2010 年第 2 期。

[11] 鲁继通:《京津冀区域协同创新能力测度与评价——基于复合系统协同度模型》,载《科技管理研究》2015 年第 24 期。

[12] 欧光军、刘思云等:《产业集群视角下高新区协同创新能力评价与实证研究》,载《科技进步与对策》2013 年第 7 期。

[13] 国务院:《国务院关于印发中国(湖北)自由贸易试验区总体方案的通知》,2017 年 3 月 15 日。

[14] 艾志红、谢藤:《产学研协同创新的知识转移演化博弈及仿真分析》,载《南昌大学学报(人文社会科学版)》2015 年第 4 期。

[15] 刘雪芹、张贵:《京津冀区域产业协同创新能力评价与战略选择》,载《河北师范大学学报(哲学社会科学版)》2015 年第 1 期。

人口研究专题

"新时代"江西人口发展问题与对策探析

钟无涯[①]

一、引言

十九大从宏观层面明确新时代下我国的人口发展战略，要求促进生育政策和相关经济社会政策的配套衔接，加强人口发展战略研究。应当积极应对人口老龄化，构建养老、孝老、敬老政策体系和社会环境，推进医养结合，加快老龄事业和产业发展。相比过去，新时代聚集的人口问题集中于"人口发展"和"老龄化"等领域。

人口生育政策和人口发展战略对于任何一个国家、地区和民族而言都极其严肃和谨慎。由于叠加生产持续、产业发展、国民素质和文化传承等因素，人口发展的长周期性质又决定了人口政策牵一发而动全身的系统性、结构性、持续性和辐射性等特征，因此必须具备前瞻性的审视与权衡。从整体上看，我国的人口政策长期具有宏观一致性，各地方政府主要以执行宏观人口政策为主，但在具体执行的微观层面，存在一定弹性。

长达30余年的计划生育政策对我国社会产生深层次、全方位的影响。围绕家庭伦理、价值取向和文化传承等社会核心因素，人口政策的多重影响正逐渐交叉、呈现和释放。现有人口统计数据和城镇化数据存在统计口径和统计标准的差异，叠加中部地区长期的劳动力输出特征，使中部省份对人口发展趋势存在一定程度的误判。近年国家层面对以往生育政策进行持续调整，目前已实施"全面二孩"生育政策。就江西的人口发展现状而言，既存在过去政策的惯性，也具有新形势下的问题，同时面临中长期视角下人口发展的政策取舍。基于相关统计数据，在对江西人口发展的现状并针对若干问题提出对策与建议。

---

① 作者简介：钟无涯，博士，南昌大学中国中部经济社会发展研究中心劳动经济研究所副所长。

二、相关研究回顾

人口问题的深入研究通常无法脱离社会学、经济学、政治学等视角。人口转变的完成，需要工业化的经济基础才得以实现。人口转变是人口发展问题的一个重要通道。西汉初年贾谊在《论积贮疏》中阐明积贮与国计民生的关系，强调了人口、生产和消费的辩证关系。对于人口发展的系统深入研究，则是进入工业革命之后。在生产力得到高速发展之后，学者关注到社会发展与人口发展之间存在关联。通过考察社会经济发展，以出生率、死亡率、自然增长率的变动为线索剖析国家和地区人口发展阶段的关系，尤其是综合相关因素对欧洲人口再生产动态特征进行微观化分析和宏观性概括后，发现人口再生产与经济社会现代化进程存在密切的、显著的内在联系。

人口演进路径通过人口出生率、死亡率和自然增长率三个维度刻画，可以表达为由高位静止状态（即高出生率、高死亡率、低增长率）向低位静止（即低出生率、低死亡率、低增长率）转变，通常称为"人口转变"。人口转变理论20世纪30年代形成并兴起，代表性研究者包括法国人口学家兰德里（A. Landry）、英国人口学家布莱克（C. P. Blacker）、美国人口学家汤普森（W. Thompson）、诺特斯坦（F. W. Notestein）和随后的科尔（A. J. Coale）等，提出后得到较快的发展和完善。

人口学家卢茨提出"低生育陷阱"，认为生育率持续下降到一定程度时候，由于生育观念、生活压力、社会价值观等因素的共同作用，生育率将继续下跌，形成惯性后很难或将不能再逆转，通常总和生育率低于1.5是个临界值。阿尔基玛、拉夫特里和格兰等（Alkema, Raftery and Gerland et al., 2011）对世界主要国家进行了一个分类，发现工业化国家的低生育现象非常普遍。吴帆（2016）在对德国、西班牙、塞浦路斯、英国、法国等欧洲17个国家的家庭政策与生育率之间的关系进行深入研究时候发现，欧洲大多数国家居民的理想子女数一般都在2.5左右，即使希腊、意大利、西班牙这样处于极低生育率的国家，居民理想子女数也超过了2.1；大样本数据显示中国居民的理想子女数不到1.9，与传统认知有很严重的冲突。后续问题是，中国在目前缺乏家庭政策支持的背景下，是否已跌入低生育率陷阱。

陈卫和张玲玲（2015）利用国家统计局的人口普查和人口变动抽样调查数据，在假设2010年普查漏报率与1990年普查漏报率相同的条件下，重估 2005 年之后的我国生育率。估计结果表明，虽然中国近期的生育水平不会低于 1.5，但估计值在 1.6 左右的水平上，接近临界点位置。郭志刚（2011）以"六普"人口年龄结构为标准，然后与其他来源的人口指标进行了比较和分析，认为 1990~2010 年间的人口估计和预测存在的普遍问题是高估了出生人口数量、生育水平和人口增长，低估了人口老龄化程度，认为当前我国的总和生育率已经低于 1.5。

老龄化已成为全球性问题，我国也不例外。党的十九大关于积极应对人口老龄化提出明确要求，社会各界也积极推动，深入研究新时代社会主要矛盾变动的背景下人口老龄化趋势特征及对经济社会发展影响。进入 21 世纪后，虽然我国的计划生育政策仍在严格执行，但许多学者已经意识到我国的老龄化趋势不可避免，长期的"一胎化"政策加剧了人口结构的失衡，但并非促成人口结构失衡的唯一因素。

彭希哲和胡湛（2011）从公共政策视角下对我国人口老龄化进行了全面的思考。他们认为人口老龄化在后工业化时期将成为人类社会常态。在应对这些问题上，应该认识到，问题本质是源于老化的人口年龄结构与现有社会经济体制之间的不协调所产生的矛盾，这使公共政策调节成为必须。仅仅调节人口政策、仅仅调节针对老年人的政策或某一部门的政策都不足以全面应对人口老龄化，而应当以社会整合和长期发展的视角来重构当前的公共政策体系。在重构过程中，不仅要统筹人口系统与其他社会系统的关系，而且要统筹短期目标与中长期战略的联系。因此，应建立一个权威的常态统筹机构，并结合中国的国情，重新定位老年人的社会角色、解决老年人养老的现实问题、支持老龄化社会的可持续发展。

汪伟（2017）构建一个考虑双向代际转移的三期世代交替模型，讨论了人口老龄化如何影响中国家庭的储蓄、人力资本投资决策与经济增长，并对当前的生育政策调整的经济影响进行了模拟与政策评价。在当今中国的现实参数下，人口老龄化已经对家庭储蓄、人力资本投资与经济增长产生负面影响；提高向老年一代的代际转移比率不但无法应对人口老龄化，反而会使家庭储蓄率、教育投资率以及经济增长率大幅下降；放松计划生育政策后，如果生育率不出现大幅度反弹，将有利于经济增长。他认为，当前的生育政策调整虽然能够在一定程度上减缓但无法根本扭转人口老龄化对经济增长的不利冲击，要应对人口老龄化的挑战，行之有效的办法是提高人力资本的积累速度和人力资本在生产中的效率。

钟无涯（2018）对中部地区的人口发展情况进行了归纳性和探索性的思考，其研究视角主要是从生育率、城镇化和老龄化的结合，核心逻辑是"人口—就业和产业"，以此探索在当前人口政策背景下中部地区的人口发展现状，认为即使进一步放松人口政策，没有社会公共服务的提升，生育率下降和老龄化加速所形成的人口结构失衡，或有可能加剧。

三、我国人口认识深化与发展战略演进

我国自1949年迄今已累计八次较大的人口生育政策调整。分别是在1949~1953年鼓励生育，促进人口增长；1954~1959年从节制生育到鼓励生育；1960年开始提出"计划生育"，采取"宽松控制"；1970年明确要控制人口增长，推出"晚、稀、少"政策；1980年严格生育条件，提倡"独生子女"政策；1984年开始统筹解决人口问题，稳定低生育生平；2013年开始推行"单独两孩"，2015年则进一步放松为"全面二孩"。人口政策更替体现了决策层对人口发展认识的深化，调整的内容和过程已对人口发展的许多因素产生冲击，如人口结构、教育资源配置、文化传统演进等。梳理八次人口生育政策调整的内容，可大致将人口发展思路归纳为递进的三个层面，即规模调控、结构优化、质量导向。

（一）规模调控思路的人口战略

人口发展战略的初始阶段基本都以规模为诉求。历史上处于生存竞争、发展竞争和资源竞争等，人口规模是国家实力的客观载体，因此，古今中外都重视人口规模的扩展；进入工业化社会之后，尤其是马尔萨斯等基于资源承载力视角的观点，人口发展战略一度转化为从规模扩展转为规模控制。部分亚洲国家和地区，如韩国、日本、新加坡等，曾推行人口规模缩减政策。我国的"独生子女"政策既属此类。规模调控政策源于属于机械的人口控制思想，可供短期的应急措施，但长期中必然形成人口结构失衡，从而对人口均衡发展形成有害冲击。

（二）结构优化思路的人口战略

人口规模控制在长期视角下，弊端显而易见。一方面，规模控制的价值、效率和意义在学术界仍未达成共识；另一方面，经济、社会、文化的发展，尤其是男女平等等背景下，发达国家普遍人口出生率下降。在这一背景下，人口规模控制从缩减转向规模稳定和扩张。生活水平和

科技水平提升在增加人口预期寿命,叠加人口出生率下降,因此,老龄化社会的持续加重成为人口结构失衡的重要特征。就中国目前人口结构情况来看,劳动力年龄结构、人口抚养比例、代际关系已发生重大变化,必然对中国经济、政治、社会发展带来深刻影响。

(三) 人口质量思路的人口战略

人口发展演进为人口质量导向是社会发展的客观要求。人口规模导向侧重于人口整体,人口结构导向虽然强调人口群体、年龄、性别等指标间比例,但其本质仍源自整体范畴。与此不同,人口质量思路在规模基础上强调"人"的个体质量,包含身体健康、精神健康、教育水平、能力素质等多维度评价。从发展视角看,人口生育率下降和收敛具有必然性。社会生产力的发展导致社会对个体综合素质要求日渐提高,客观上个体成长所需的时间成本、物质成本等大大增加;社会发展对人口发展的另一重要作用是不断提升和重视个体价值。具体表现为日益重视个人价值、个人体验、个人尊严等,客观上促使社会个体更加强调个人生活质量。这种转变不断冲击单纯以生育目标牺牲个人价值的传统思想和生活方式。长期的"人口规模"思想逐渐演进为"人口质量"发展,这显然是一种人口战略思想的提升。

四、江西人口发展现状与主要问题分析

人口发展的长周期特点,使政策调整过程中必然伴随高昂社会成本,因此,客观要求人口政策必须具备审慎性和前瞻性。随着对人口、社会和经济发展相互关系认识的深化,尤其是随着科技发展,适度人口规模、提升人口质量和强化人口教育等日益为社会所认可和重视。国家层面下我国现阶段的人口发展已显现生育率过低的信号。基于2016年统计数据推算的0~16岁人口,占总人口之比已不足7%。"少子化"趋势明显,老龄化程度日益加重。江西是汉族人口占绝对比例的省份,"非平衡"式人口生育政策对人口发展形成较大冲击。近年来江西的人口发展,总体上具有以下特征。

(一) 人口出生率: 在中部有优势, 或有发展风险

统计公报数据显示,江西的人口出生率近年相对稳定。2011~2015年分别是13.48‰、13.46‰、13.19‰、13.24‰和13.2‰。中部六省范

围内低于湖南，但比中部地区人口出生率最低的山西和湖北高出2‰左右。我国近年全国平均的人口出生率为12‰~13‰，山西和湖北低于此，安徽与河南则基本维持在此区间，部分省份如辽宁等则大大低于平均水平。需要指出的是，全国人口出生率的平均值已叠加未执行生育控制的少数民族省份数据，实际的汉族人口出生率更低。江西的人口出生率在中部地区具有一定优势，且高于全国平均水平。2016年江西人口出生率为13.45‰，比上年提高0.25个千分点。从统计学角度判断，江西的生育率未体现生育政策从"单独二孩"和"全面二孩"政策的冲击。

虽然生育政策从"一胎"到"单独二孩"和"全面二孩"逐渐放松，但目前人口统计数据显示，江西的人口出生率并未达到预期规模，生育数据也未能体现政策变化。从政策时间窗口和多年累积生育意愿的释放节奏考虑，江西的真实人口出生率仍需持续跟踪1~2年。现有统计数据来看，客观上存在人口发展风险。

（二）人口结构：多种失衡并存，或将持续加剧

人口结构通常覆盖性别结构、年龄结构、城乡结构等，能综合反映目前和未来时期人口发展的趋势。总体来看，性别结构、年龄结构与人口规模存在较强相关性。统计公报显示，2016年江西总体人群的男女性别结构比为105.3∶100，处于正常区域；中部地区河南（103.2∶100）的总体人群男女性别比相对均衡。江西略高于全国总体人群的男女性别比104.98∶100。山西和湖北则失衡情况较为严重。由于上述性别比是总体人群，并未区分年龄，客观上育龄人口和劳动人口的性别比存在失衡现象。2000年和2010年的人口普查数据显示，初生人口的男女性别比超过115∶100，国内大部分专家和学者认为我国当前育龄人口性别比在110∶100以上，失衡情况严重。根据各年统计数据估计，江西的育龄人口与青少年性别比应该在115∶100左右。

从年龄结构观察，2013~2016年我国16~59岁的人口数量和比重逐年下滑；60岁及以上的人口比重逐年增加，2016年60周岁及以上人口占总人口的16.7%，人口老年化的问题突出。江西老龄化程度优于全国水平，2016年为14.3%。江西是人口输出省份，老人留乡而年轻人外出的情况极其普遍，因此实际生活中老龄化程度超过统计数字。中部地区现阶段最年轻省份是河南和江西，老龄化最严重的省份是山西和湖北。值得注意的是，人口规模最小的山西出生率也最低。由于老龄化与低生

率等多重因素叠加,山西和湖北面临东北式人口塌陷的风险较大。

2016年全国流动人口2.45亿人,比上年末减少171万人。流动人口的最高规模出现在2014年的2.53亿人。2016年城镇人口占总人口比重(城镇化率)为57.35%。江西的城镇化率为53.1%,但流动人口仍保持增势。以农民工监测数据为例,2016年规模为1 181.6万人,增长1.1%。其中外出农民工813.3万人,下降1.1%;本地农民工368.3万人,增长6.5%。这些数据中有两点值得特别注意:其一,江西外出人口趋减,本地就业趋增,就地就近城镇化趋势走强;其二,外出务工峰值已过,劳动力规模将缩小,劳动力结构分化趋势加剧。

(三)人口死亡率:总体趋势稳定,存在省际差异

2014~2016年我国人口死亡率增速逐年下滑,2016年人口死亡率为7.09‰,与2014年基本持平。江西2016年人口死亡率为6.16‰,低于全国水平。总体水平上,中部地区人口死亡率相对较高的省份有河南、湖南和江西;从时间序列看,河南呈走高趋势;江西相比过去,2018年出现一定波动。在生活水平和医疗水平逐渐改善的今天,人口死亡率的微增变化,不排除统计数据的出入,也可能存在诸多其他因素的干扰。但是,持续的统计数据具有一定程度事实的反映,近年人口死亡率波动具体细节原因仍依赖微观数据,但这给出一个人口发展过程中的异常信号。

五、推动江西人口均衡发展的若干对策建议

(一)积极引导与鼓励"全面二孩"的多样化

全面两孩政策正式推行后地区的差异效应显现。江西的人口出生率并未体现"单独二孩"和"全面二孩"的政策冲击。科学的人口发展观已从单纯规模控制的"只生一个好"演进为人口规模合理和人口结构优化等宏观层面。结合我国老龄化程度日趋加深的趋势分析,适度增加人口规模是缓解人口结构问题的必由之路。

随着社会生产力的发展,尤其是经济、社会和文化等多重因素的作用叠加,一定程度削弱社会生育意愿:这种趋势一方面是社会发展的必然,已在国外诸多先发国家和地区得到印证;另一方面是目前国情因素的叠加放大,如经济压力、金字塔形家庭结构、城镇化演进等,客观上促成人口规模扩张面临较大时空压力。因此,引导和鼓励"全面二孩"

迫在眉睫。

迫切需要更新原因的人口发展理念，深刻认识到人口发展问题对于国家未来发展的重要性。紧随政策精神，弱化"只生一个好"的舆论，多种渠道鼓励和推进"全面二孩"。建议从宣传渠道增加提倡和鼓励"全面二孩"；在医疗服务方面，增加对"全面二孩"的孕、育、护的关怀和指导，相关部门酌情给予物质支持。

（二）重视幼儿教育，激活引导投入多元化

教育的日益重视是社会发展的一个重要标志，也是家庭理性选择生育数量的重要参考。从宏观层面看，提升人口质量是人口规模硬约束条件下的必然选择。斯坦福大学罗斯高教授、清华大学李强教授等都就我国幼儿教育与人口素质问题提出建议。由于多种因素的约束，之前我国教育投入主要集中于高等教育层面，幼儿教育的重视和投入相对有限。近年来围绕幼儿教育、学期教育的公共性事件层出不穷，一定程度反映出幼儿教育资源的紧张，更反映出相关部门对幼儿教育领域的重视不够。建议江西省在现有基础上提升幼儿教育的关注度，引导社会多方力量、尝试多种形式、吸收多类资本进入幼儿教育领域。既从规模、分布和密度等方面达到量的夯实，也从类型、风格和内容等方面实现质的提升。通过管理部门的关注、引导和投入，实现幼儿教育的发展，其本质是长期视角下提升人口质量的有效措施。

（三）就地就近城镇化与老龄化缓解和优化

我国城镇化演进过程中，以往大范围的东向聚集，目前正分化为"东向聚集"和"就地就近"等多种类型。江西是传统的人口输出大省，近年外流人口增速趋缓。相比中部其他省份，如山西、湖北等，江西的老龄化程度较轻，但仍需正视我省老龄化的绝对深度。现阶段家庭养老仍是我国主要的养老形式，显然"就地就近"的就业是解决家庭养老问题的有效路径。

从江西的城镇发展趋势看，以南昌、赣州、九江等城市为核心的省内区域集聚趋势已处于形成过程。建议在就地就近城镇化的战略方针下，对相关城市的人口聚集进行一定程度的引导、规范和激励。人口规模是经济活力的重要基础，通过人口集聚，激活经济活力，从而形成相应的就业活力，最终实现区域经济发展与老龄化以及养老问题的贯通。

此外，随着老龄化程度加深，老年人口比例增加，空巢老人群体已形成规模。重视老年人口心理需求，鼓励社区、组织和机构与相应老人群体进行互动交流，从多个维度和多个层次介入老龄化问题。江西的生态绿色资源在全国具有较强优势，具备在养老领域形成产业、品牌和规模的潜力。合理利用、适度引导、经济激励等多种手段，促成老龄化产业的江西特色形成。

六、结 语

客观上，江西的人口发展问题并无东北严重，在中部地区也比山西等乐观。但现实的挑战依然迫切，核心理由有三点：其一，人口低出生率与工业化进程中后期的经济增长强相关。江西经济增长在未来时期具有确定性，江西现有的人口规模优势是否能够保持具有较大不确定性。其二，个人意识强化，尤其是女权意识上升，是总体人口出生率的不利因素。人口统计数据已经给出确切数据，近10年的离婚率持续攀升，结婚率持续下降，各地初婚年龄均不同程度推迟，北京、上海、深圳等均超过30岁。个体意识的强化的结果，是个体利益和个体体验排位提前。其三，江西是劳动力输出地区，青壮年流出所形成的事实老龄化程度超过统计数字，于区域经济发展极其不利。如果劳动力持续外流、人口出生率不能稳定上升，老龄化必然加重，这将与其他诸多因素一起成为江西崛起的不利因素。

当前迫切需要更新人口发展的观念。过去那种"人口过多""生育率过高""控制人口增长"的思维不仅偏颇，在当前发展背景下甚至有害。根源于管理效率偏低、公共设施与公共服务不足所衍生的"人口多"偏见，显然任何时候都存在。这一方面要求我们要加强"婚""育""孕""教"的指导，增加公共服务供给；另一方面也需要做好人口发展规划，从容面对老龄化、少子化和结构失衡等多种调整，以"十九大"指明的人口均衡发展理念为方向，落实和推进江西的人口健康发展。

参考文献

[1] Alkema L, Raftery A E, Gerland P, et al. Probabilistic projections of the total fertility rate for all countries [J]. *Demography*, 2011, 48 (3): 815–839.

[2] 吴帆：《欧洲家庭政策与生育率变化——兼论中国低生育率陷阱的风险》，载《社会学研究》2016年第1期。

[3] 陈卫、张玲玲：《中国近期生育率的再估计》，载《人口研究》2015年第

2 期。

［4］郭志刚：《六普结果表明以往人口估计和预测严重失误》，载《中国人口科学》2011 年第 6 期。

［5］党的十九大报告辅导读本编写组：《党的十九大报告辅导读本》，人民出版社 2017 年版。

［6］彭希哲、胡湛：《公共政策视角下的中国人口老龄化》，载《中国社会科学》2011 年第 3 期。

［7］汪伟：《人口老龄化、生育政策调整与中国经济增长》，载《经济学（季刊）》2017 年第 1 期。

［8］钟无涯、颜玮：《中国中部地区人口发展报告》，经济科学出版社 2018 年版。

江西人口老龄化背景下的老年体育事业发展研究

肖元安[①]

党的十八大提出"积极应对人口老龄化,大力发展老龄服务事业和产业",十九大提出实施健康中国战略。为贯彻中央大政方针,落实省委省政府部署,江西省老年人体育协会和老年体育科学学会对"十三五"以及今后一个时期,江西应对人口老龄化和发展老年体育事业的相关问题开展了研究。

一、江西人口老龄化趋势及积极应对人口老龄化的重大意义

(一)我国及江西人口老龄化的严峻形势

按照国际通行标准:在一个国家或地区,60岁以上的老年人口占人口总数的10%以上;或65岁以上的老年人口占人口总数的7%以上,即为老龄化社会。目前为止,全世界包括我国已有90多个国家和地区进入了老龄化社会,积极应对人口老龄化是一个世界性课题。1982年、2002年,联合国先后召开了两届世界老龄大会,通过了《维也纳国际老龄行动计划》《老龄问题马德里国际行动计划》《联合国老龄问题宣言》等重大决议,提出了"积极老龄化"和"健康老龄化"理念。

中国是全世界老年人口最多的国家。我国在2000年就进入了老龄社会。当年全国60岁、65岁以上人口达到了1.26亿人、8600万人,分别占全国总人口的10%和7%。2016年,全国60岁以上的老年人口已达2.31亿人,约占全球老年人口的1/4。

江西则是在2005年进入老龄社会,当年60岁以上、65岁以上的老年人有472.08万人、316.88万人,占全省总人数的10.95%、7.35%。

[①] 作者简介:肖元安,江西省老年人体育协会副主席。

据预测，到2020年，即江西全面建成小康社会的时候，60岁以上的老年人将增加到694.35万人，占全省总人口14.87%；65岁以上老年人口将增加到471.31万人，占全省总人口的10.09%。到2030年，60岁、65岁以上老年人口将占全省总人数的20.54%和13.62%。由此可见，在未来的15年，江西人口老龄化的形势将越来越严峻。

（二）积极应对人口老龄化的重大意义

党中央国务院高度重视应对人口老龄化工作。2000年8月，中共中央、国务院作出了《关于加强老龄工作的决定》。2011年4月和2016年5月，中央政治局先后两次集体学习专题研究"人口老龄化"问题。2012年，全国人大修订《中华人民共和国老年人权益保障法》，提出"积极应对人口老龄化是国家一项长期战略任务"。近年来，习近平总书记对应对人口老龄化问题，作了一系列重要指示。应该说，积极应对人口老龄化，在国际上完成《国际老龄化行动计划》的任务，是我国承担的一项重大和应尽的国际义务。

在国内，是关系到我国实现两个一百年"中国梦"的大事，是涉及全面建成小康社会的重大战略，惠及全体民众的民生工程、民心工程；也是继承、发扬中华民族尊老敬老孝亲的传统美德，提升社会文明水平的重大举措。在江西对与全国同步建成全面小康社会，建设富裕幸福秀美江西具有重大的战略意义。

二、实施"积极老龄化"和"健康老龄化"

（一）江西人口老龄化的特点及对经济社会的影响

江西人口老龄化的特点是：人口老龄化速度呈加快趋势；老年人口高龄化、空巢化日益明显；农村老龄人口高于城镇等。但最主要、最突出的特点是："未富先老""未备先老"，超前于经济社会现代化进程。发达国家如瑞典、日本、英国、德国、法国等进入老龄化社会时，人均国内生产总值都达到了1万~3万美元。而江西在2005年进入老龄化社会时，人均国内生产总值刚刚突破1 000美元，2015年为5 898美元，只占发达国家当年经济实力的1/2或不到1/2。这种"未富先老"的人口老龄化，给江西经济社会发展带来了较为突出的负面影响。一是养老开支增加，政府负担加重；二是老年人口增多，医疗费用增加；三是抚养系数上升，家庭负担加重；四是人口老龄化导致劳动力资源短缺；五是增加了社会养老服务的压力。

（二）树立积极的老龄观，发挥老年人的正能量

"积极老龄化"，是联合国世界卫生组织 1999 年提出的全球应对人口老龄化的一个重大战略思维。其基本内涵是："健康、参与、保障"。就是要求老年人在整个生命周期中，在机体、心理、社会适应等方面保持良好的状态，继续为社会作出有益的贡献。同时，政府、社会和家庭，则为老年人的"健康""参与"提供"保障"。

"积极老龄化"的实质，就是要积极挖掘老年人群中的内存潜力，充分发挥老年人的正能量。老龄人口蕴藏着诸多的正面效应或正能量：一是人口老龄化的另一面是年轻人口下降而缓解了人口过快增长对资源环境的巨大压力，而且由于老年群体消费迅速增加有利于推动服务业发展。二是老年人退休后有继续参加工作的愿望和能力，是促进经济社会发展的重要人力资源。如一些老教师、老艺术家、老医务工作者，他们在繁荣教育、文化、卫生事业中发挥了重要作用。三是老年人是促进经济社会发展的重要智力资源。如一些离退休的老干部、老专家可以成为向党政领导建言献策的高参、智囊。一些老专家、老技术人员是经济建设的重要技术力量。四是健康长寿老人是一张含金量很高的综合性社会名片，是当地宝贵的无形资产，是招商引资的靓丽名片。五是许多老英雄、老模范是新时代精神文明建设的道德模范。如全国道德模范开国将军甘祖昌的夫人龚全珍老人，"井冈山上的活雷锋"毛秉华老人，孝老爱亲模范范宏昌。荣获国际"南丁格尔奖"的章金媛老人等。还有许多老年人退休以后，热心社会公益事业，是关心、教育年青一代的良师益友。六是促进社会稳定、和谐的推动力量。如在基层社会中，很多离退休老人，担任了维护社会秩序和调解工作。在城镇，有"老年综治队""老年宣传队""老年调解组""老年交通管理队"等。在农村，老年人中德高望重的长者，在调解民事纠纷、开展邻里互助、维护家庭和睦等方面，发挥了积极的作用。七是维护家庭和美的凝聚力量。很多老年人在家中为上班的子女做后勤、看小孩，一家人和睦相处，互敬互爱，其乐融融。八是全民健身的骨干力量。老年人积极参加健身体育活动，不仅提高了自身的健康水平，也带动和促进了全民健身运动，是全民健身的骨干力量和排头兵。

因此，我们完全不必对老龄化社会的到来过度恐慌，必须树立"积极老龄观"，充分发挥老年人的正能量。

（三）充分发挥老年人的正能量是世界各国积极应对人口老龄化的成功经验

世界各国采取有效措施积极应对人口老龄化。如 2010 年英国政府决定，最早在 2016 年将男性领取养老金的年龄提高到 66 岁，并计划进一步将退休年龄延迟到 70 岁。女性退休年龄也将提高到 66 岁。美国 1990 年制定了《反老年人就业歧视法》鼓励老年人就业。日本 1995 年拟定了《高龄社会对策大纲》，着力将一些老当益壮的老年人重新推向工作岗位。韩国 1997 年把"老年人工作银行"改名为"老年就业中心"，75 岁以上老人就业率达 17.9%。

我国也采取了一些切实措施，学习国外积极应对人口老龄化的经验。一是正在逐步推迟老年人退休年龄。二是制定实施支持老年人创业政策。如贯彻中央办公厅文件精神，鼓励老年人创办公益性或经营性经济实体，支持离退休专业技术人才、管理人才，创新创业。三是开辟老年人才市场，为离退休老人创造就业条件。四是办好老年教育，为老年人发挥正能量加油充电。五是组建老年人志愿服务队伍，开展老年人之间递补式的志愿服务。六是充分发挥老年人党组织的战斗堡垒作用和老党员的先锋模范作用。江西省各地创造了很好的经验。如乐安县开展了建设"五好"离退休干部党支部活动，开展以"四比四看"和"献余热、争十星"为内容的创先争优活动。七是建立老有所为激励机制，鼓励老年人充分发挥正能量为社会作贡献。如每年评选、表彰、奖励各条战线上"老有所为"的先进人物，通过各种媒体，大力宣传"老有所为"的先进事迹等。

（四）实现"积极老龄化"，要以"健康老龄化"为目标

1987 年，联合国世界卫生大会提出"健康老龄化"概念。1990 年，联合国世界卫生组织正式提出了实现"健康老龄化"发展战略。"健康老龄化"是指老年人在身体、心理、智力、社会适应和生活自理等五种功能都保持正常状态，能较长时期参与有价值的社会活动。2013 年，中国医学会老年医学分会，根据"健康老龄化"的要求，制定了中国老年人健康的五条标准：（1）重要脏器的增龄性改变未导致功能异常；无重大

疾病；相关高危因素控制在其年龄相适应的达标范围内，具有一定的抗病能力。（2）认识功能基本正常；能适应环境；处事乐观积极；自我满意或自我评价好。（3）能恰当处理家庭和社会人际关系；积极参与家庭与社会活动。（4）日常生活活动正常，生活自理或基本自理。（5）营养状况良好，体重适中，保持良好生活方式。"健康老龄化"要求大多数老人的健康状况能达到以上五条标准。

必须正确认识"健康老龄化"的意义和作用。"健康老龄化"是实现"积极老龄化"的前提和保证，是发挥老年人正能量的先决条件；"健康老龄化"是老年人的最大幸福，老年人的共同心愿和期盼；"健康老龄化"能为全面建成小康社会创造更多的物质财富，能为国家节约大量的医疗卫生费用作出重要贡献；"健康老龄化"是国家富强、民族振兴、人民幸福的象征，具有重要的政治意义。新中国成立前夕，我国人均预期寿命还不到35岁。新中国成立以后，劳动人民翻身做主，经济社会发展，健康水平不断提高，人均预期寿命持续上升。2010年，我国人均预期寿命已达74.83岁，不仅明显高于中等收入国家和地区，也大大高于世界平均水平。2015年，我国人均预期寿命已达到76.34岁。因此"健康老龄化"是国家富强、民族振兴、人民幸福的象征，是国家综合实力的重要体现，是经济社会发展进步的重要标志。

（五）大力发展老年体育事业，是实现"健康老龄化"、积极应对人口老龄化的关键性措施

"积极老龄化"必须建立在"健康老龄化"的基础上，以"健康老龄化"为前提、作保证；而"健康老龄化"的实现，又必须以老年体育为基础，建立在老年体育基础之上。发展老年体育事业是实现"健康老龄化"、积极应对人口老龄化最经济的措施；是实现"健康老龄化"、积极应对人口老龄化最便捷的措施；是实现"健康老龄化"、积极应对人口老龄化最有效的措施。必须充分发挥老年体育的基础性支撑作用，把发展老年体育纳入应对人口老龄化的系统工程。

三、江西老年体育事业发展的成就

江西的老年体育事业，自1983年建立老年人体育协会以来，已有30多年的发展历史，老年体育科学学会的建立也有20多年。在省委、省政府和全省各级党委政府的关心、重视下，全省的老年体育事业得到了蓬

勃发展，已经具备了为应对人口老龄化作贡献的基本条件。

（一）组织网络建设覆盖全省城乡

江西老年体育组织有三套机构：一是老年人体育协会，主要任务是动员、组织、指导广大老年人开展经常的、科学的健身体育活动；二是老年体育科学学会，主要任务是向老年人进行科学健身和科学保健的宣传教育，提高老年人的自我保健能力，并开展老年体育科研工作；三是老年人健身体育辅导站，主要任务是向老年人传授各种健身活动项目的技能，提高老年人的体育健身水平。目前三套机构的组织网络建设，已覆盖全省城乡，全省设区市和县（市、区）百分之百建立，98.9%乡镇、85.8%的行政村、96.3%的街道、97.8%的社区、70.3%的省、市、县直属单位，建立了老年体育协会组织，有的行政村，还将老年体协延伸到了村民小组，称之为老年体育小组。老年体育科学学会和老年体育辅导站的机构，也随着老年体育协会的发展和延伸，基本上覆盖到城乡基层。

（二）场地设施建设已形成规模

江西已有九江、景德镇、上饶、萍乡、抚州5个设区市和75个县（市、区）建有功能比较齐全的老年人活动中心。乡镇、街道、行政村、社区和机关单位，大多数都有老年人活动室。老年人室外的主要活动场地设施，有门球场2 409片，其中人工草皮和风雨门球场1 099片；有地掷球场474个，气排球场640个。城乡众多的广场、公园、空地都成为了老年人开展健身活动的场地。婺源县还把老年体协场地设施变成"产业"，投资将婺源中学搬迁后的老校舍改造成为设备、功能齐全的老年人活动中心，获得了中国老年体协授予的"全国老年人健身示范基地"荣誉称号。截至2015年底，承办了6次全国性的门球赛、7次全国性的地掷球赛和3次全国性的老年体育方面的会议，不仅成为老年体协自我创收的一条重要途径，而且扩大了婺源知名度，为县里创造了1亿多元的旅游收入。

（三）建立了较强的老年体育骨干队伍

江西有经过培训的老年体育一级社会指导员496人，二级3 602人，三级10 129人。有经过培训的各类项目的一级教练员1 713人，二级3 463人，三级7 562人。有经过培训的、但不评定级别的老年体育辅导员共 22 470 人。有经过培训的各种健身项目的国际级裁判员 5 人，国家级 30 人，一级 1 750 人，二级 4 296 人，三级 5 926 人。有经过培训的老年体育科普宣传员 39 462 人，《康乐寿》及自办刊物写作者 3 000 多人。这批骨干力量，为江西省开展老年健身体育活动、开展老年体育科普和科研活动、办好《康乐寿》杂志等方面，发挥了重要作用。

（四）老年健身体育项目形式多样、丰富多彩

江西现有各种传统的和现代的老年体育活动项目共 40 多项。其中已形成规模的有：门球队 3 991 个，队员 43 683 人；柔力球队 2 903 个，队员 50 839 人；地掷球队 1 157 个，队员 8 599 人；气排球队 895 个，队员 10 997 人；太极拳（剑）队 3 296 个，队员 75 333 人；健身球（操）队 2 009 个，队员 40 127 人；健身舞（操）队 8 236 个，队员 278 933 人；健身腰鼓（秧歌）队 4 964 个，队员 96 337 人；健身气功队 2 295 个，队员 61 291 人；木兰拳（剑）队 1 326 个，队员 30 754 人；垂钓队 2 977 个，队员 50 815 人；广场舞队 17 313 个，队员 555 740 人；老年艺术团 1 135 个，团员 35 342 人。除参加以上团队集体活动的老年人以外，还有数以万计的老年人分散单独进行活动，以健步行的人数最多。

各级老年体协举办运动会的时间都已经形成了制度。截至 2015 年底，江西县以上，包括省、设区市、县（市、区），共举办了老年人运动会 3 035 次，各种单项比赛 3 344 次，各种展示活动 2 158 次，参加比赛和展示的老年人共计 104 万余人次。县以下，包括乡镇、街道、行政村、社区，共举办老年人运动会 1 488 次，各种单项比赛 15 614 次，各种展示活动 11 216 次，参加比赛和展示的老年人共计 194.8 万余人次。除此以外，还要组织老年人参加全国性的老年人运动会和单项比赛，参加省里的全民健身运动会。省与省之间、设区市之间、县（市、区）之间、乡镇、街道之间、行政村、社区之间的友谊赛、邀请赛经常开展。

江西现在的老年体育人口已达到 300 多万人，占全省老年人总人口的 50% 以上，达到了"十二五"期间《全民健身条例》对老年体育人口的要求。

（五）开展老年体育科学研究，创办《康乐寿》杂志

为了提高老年人的健康水平和老年体协的工作水平，江西老年体育科学学会每两年举办一次老年体育科学工作研讨会，每四年组织一次论

文作者撰写论文。1996年，江西老年体育"两会"又创办了《康乐寿》杂志，深受老年人欢迎，到2017年，发行量已达11.4万份，被评为全国老年体育优秀刊物。

（六）协助党政领导开展工作，发挥重要"帮手"作用

江西各级老年体育"两会"，还在积极动员、组织老年人为社会服务，协助党和政府做一些力所能及的社会工作，如宣传党的方针政策，维护社会治安，调处社会、家庭矛盾，对青少年进行帮教等。瑞昌市建立了中共瑞昌市老年体育党委，要求"老体两会"的会员，特别是党员会员，要当好"六员"，即当好党的政策和国家法制的宣传员、党政部门开展工作的助理员、维护社会稳定的协调员、青少年工作的辅导员、社会公益事业的服务员、留守儿童的抚育员。他们还承担了市政府交办的一项艰巨任务——对亡故老年人推行"火葬""殡葬改革"。由于瑞昌市老年体育"两会"建立了党组织，在老年人中有很高的威望，他们发挥党组织和老年党员的作用，圆满地完成了这项任务。2004年，中共瑞昌市委向全市党员发出了《关于开展向老年体协学习活动的通知》，瑞昌市80岁的老年体协主席丁显松同志，荣获国家老龄委授予的"全国老有所为楷模"称号。

（七）具有广泛的群众基础，在老年人群中具有强大的凝聚力

老年体育"两会"具有多功能的效应：一是老年人锻炼身体的最好场所；二是老年人寻求欢乐、展示才华的娱乐场所；三是老年人的学习场所，不仅有书报阅览，还可定期听取老年体育科普宣传员宣讲科学保健知识；四是老年人广交朋友的社交场所；五是老年人的温馨之家；六是老年人权益的维护者；七是"老有所为"的组织者、支持者。

由于"老体两会"的多功能效应，因而受到广大老年人及其家人的特别欢迎。南昌县曾出现了村民敲锣打鼓放鞭炮，披红挂彩欢送老年人参加村老年体协的热闹场面。2013年，武宁县"老体两会"召开全县行政村以上的老年体协主席会议，动员部署建立老年体育科普工作长效机制，全县所有行政村的老年体协主席，无论远近，全都按时到会，没有缺席、没有迟到。这些事例充分说明了江西省的老年体育事业，具有广泛的群众基础；老年体育组织，在老年人群中具有强大的凝聚力。

(八) 老年体育事业发展受到了主管部门的表彰、新闻媒体的好评

从1996年开始,江西老年体协先后11次获省体育总会授予"体育先进单位"称号,2004年获"体育工作突出贡献奖",2012年、2016年先后两次获"全民健身特殊贡献奖"。1996~2000年度、2001~2004年度、2009~2012年度、2013~2016年度,先后四次获国家体育总局授予"全国群众体育先进单位"称号。2016年经省民政厅评估,被评为中国4A级社会组织。早在2005年、2006年还先后获江西省老龄委和全国老龄委授予"江西省老龄工作先进单位"和"全国老龄工作先进单位"称号。从1998年开始,江西老年体育科学学会先后10次获省社联授予"江西省社会科学先进单位"称号。2012年、2014年连续两次评为"品牌学会"。2015年、2017年评为全国先进学会。

省委、省政府及全省各级党政领导对江西的"老体两会"给予了很高的赞扬。原省委书记舒惠国,曾在一次会议上赞扬省老年体协是:"组织最健全、队伍最庞大、活动最经常、效果最显著的群众性社会团体"。原江西省省长吴新雄,在2009年江西省第六届老年人健身体育运动会开幕式上说:"老年体育组织为推动全民健身活动、促进城乡精神文明建设做出了重要贡献,赢得了社会的高度评价,党和政府感谢你们!人民群众不会忘记你们!"

新闻媒介对江西"老体两会"在应对人口老龄化方面所作的贡献,也进行了重点宣扬。2011年9月1日江西《人民报》头版头条,以《村里有个"老干局"》为题,报道了江西省萍乡市上栗县东源乡新益村老年人协会和老年体育协会,协助村干部做了许多工作,受到群众赞扬的典型事迹。2011年12月29日,国家体育局官方网站,以《老年体育科普典型化常态化》为题,报道江西省宜丰县开展老年体育科普活动,促进老年人健康快乐的实效。2013年12月21日,《江西日报》以《庆祝江西省老年体协成立30周年》的通栏标题,制作了整个版面的照片,介绍江西省老年体协和老年体育科学学会的光辉历程和辉煌事迹。

江西老年体协工作在全国老年体育系统有较大影响。2014年全国老年体协工作会议"和"全国老年体育创新项目展示会",改在江西婺源县召开,充分肯定了江西的做法,并向全国推广,会议的主题是"寻梦江西,婺源启航"。会后当年,有湖北、安徽、浙江、江苏、上海、山东、

海南、陕西、辽宁、广东、深圳 11 个省市，共 18 个团队来婺源和江西省参观学习，充分显示了江西的老年体育工作，在全国老年体育系统中的影响。

（九）走出国门，与国际同行开展友好交流活动

2010 年和 2013 年，江西"老体两会"先后两次应韩国首尔有关部门的邀请，组团赴韩国进行友好访问，与韩国的老年人开展门球友谊赛和文艺联欢活动。江西省萍乡市老年体协主席简木根，曾先后两次应邀赴瑞士、日本参加"国际元老杯乒乓球赛"。南昌市老年体协的老干部艺术团，于 2009 年，与上海等地的老干部艺术团联合，应邀到韩国开展了联谊演出活动。

四、当前江西老年体育工作存在的困难和问题

为了切实把握全省老年体育工作的现实情况，课题组向 11 个设区市、100 个县（市、区）和 3 个县级经济开发区，发出了 114 份调查问卷，从调研和问卷反馈的情况来看，当前老年体育工作存在的问题和困难，主要有以下几方面：

（一）党政领导对老年体育工作重视的程度不平衡

各级党政领导对老年体育工作总体上是很重视的。30 多年来，省、市、县（市、区）三级党委和政府，以党政"两办"或政府办公室的名义，为老年体育工作发过文件 536 件次，批示 644 次。全省已有 50% 的县（市、区）、53.7% 的乡（镇、场）、92.5% 的街道，已将老年体育工作列入了分管领导的政绩考核内容。但是，在反馈的问卷调查中，也有 24.3% 的问卷直接或间接地认为，党政领导对老年体育工作重视不够，对执行"党政主导"的老龄工作方针不到位，没有把老体工作看成是一项重要的社会事业和民生工程，没有切实帮助老年体育组织解决工作中的实际困难问题。还有在反馈意见中列举了一些党政领导不重视的事例。某县的老年体育工作，由于党政领导不重视，已 3 年没有主席主持工作，加上活动经费短缺，在编人员的实际问题没有得到解决，因而工作长期处于瘫痪状态。

（二）城乡老年体育工作的发展不平衡

江西城乡老体工作的发展状态是城市好于农村。在组织网络建设方

面，城市已建老年体育组织的社区为 97.8%；农村已建老年体育组织的行政村为 85.8%，社区比行政村高 12 个百分点。从开展活动方面来看，在已建老年体育组织的社区中，活动开展得好得多，占 65.6%；活动开展一般化的少，占 33.8%，还没有开展活动的只占 0.6%；而农村则相反：活动开展得好的少，占 39.9%，比社区低 25.7 个百分点，活动开展一般化的多，占 43.9%，比社区高 10.1 个百分点，没有开展活动的占 16.2%，比社区高 10.29 个百分点。从老年体育科普情况来看，在已建老年体育科学学会组织的社区和行政村中，有 78.2% 的社区建立了老年体育科普长效机制；而农村行政村建立了老年体育科普长效机制的只占 52.3%，社区比行政村高 25.9 个百分点。从老年体育人口数量的比例来看，城市的老年体育人口已达到 60% 以上，而农村不少地方还在 30% 以下。

（三）经费不足是制约老年体育工作快速发展的最大瓶颈

江西省、市、县三级列入财政预算的经费总体偏低。近年来，江西省财政每年给省老年体协拨款 40 万元，在全国属较低水平。11 个设区市的老年体协，财政年拨款 20 万元及 20 万元以上的只有 6 个市，还有 5 市在 20 万元以下；区域面积最大、人口最多的赣州市，财政年拨款只有 13 万元。全省 100 个县（市、区）的老年体协，财政年拨款在 10 万元及 10 万元以上的占 45%；10 万元以下的占 55%；其中还有 10 个县（市、区）的老年体协，财政年拨款仅 5 万元及 5 万元以下；全省人口最多的第一大县鄱阳县，财政对老年体协的年拨款仅 2 万元，可谓"杯水车薪"，难以为继。城乡基层的老年体育活动经费没有全部得到解决。全省还有 37% 已建立老年体育组织的街道、12.9% 的乡镇、36% 的社区、44.8% 的行政村没有活动经费。而目前尚未建立老年体育组织的街道、社区、乡镇和行政村，其主要原因也是没有解决经费问题。

体育彩票公益金用来支持老年体育事业的政策未能全面落实。《中共中央国务院关于加强老龄工作的决定》规定："在国家发行的彩票收益中，要有一定比例用于老龄事业的投入。"国务院公布的《全民健身条例》也有相应规定。山东省政府每年从体育彩票公益金中拨给省老年体协 200 万元，用于资助老年体育工作和站点建设。河南省安阳市委、市政府规定：体育、福利彩票公益金，每年 10% 用于老年体育事业。而江西省对这块资金用于老年体育事业则没有得到全面落实。省老年体协没有得到这块资金的支持，设区市有两个未得到，57 个县（市、区）未得到这块资金支持。而且只有一个设区市和 11 个县（市、区）明确了分配比例或每年的固定金额，其余都是协商性的一次性支付。

（四）场地设施建设尚不能满足老年人开展活动的需要

江西有 4 个市的老年体协没有老年人活动中心，有 2 个市老年体协没有门球场，5 个市老年体协没有气排球场，4 个设区市的老年体协没有地掷球场，只有 1 个市的老年体协安装了健身路径器材。条件最差的是南昌市和新余市，室内外活动场地设施一无所有（南昌市正在准备兴建）。

江西还有 26 个县（市、区）的老年体协没有活动中心，9 个县（市、区）的老年体协没有门球场，43 个县（市、区）的老年体协没有气排球场，54 个县（市、区）的老年体协没有地掷球场，38 个县（市、区）的老年体协没有安装健身路径器材。已建立老年体育组织的 1 486 个乡（镇、场），11% 没有活动室，62.4% 没有门球场，20.9% 没有安装健身路径器材。已建立了老年体育组织的 1 619 个城市社区，还有 22.6% 没有活动室，94% 没有门球场，29% 没有安装健身路径器材。

（五）老年体育组织工作条件有待进一步改善

江西 11 个设区市，还有 5 个市的老年体协没有工作用车。全省 100 个县（市、区）老年体协，没有工作用车的占 76%，没有电脑的占 19.2%，没有会议室的占 18.2%。江西已建立老年体育组织的 1 486 个乡（镇、场），有 2.7% 的老年体协没有办公室。已建立老年体育组织的 415 个城镇街道，有 17.2% 的老年体协没有办公室。

五、"十三五"及今后一个时期江西做好老年体育工作的指导思想与目标任务

（一）指导思想

以党的十八大、十九大精神和习近平总书记重要讲话精神为指导，围绕江西省委提出的"决战五年，与全国同步全面建成小康社会"的奋斗目标，认真贯彻落实《全民健身条例》和国家体育总局、国家发改委等 12 个部门下发的《关于进一步加强新形势下老年人体育工作的意见》和江西省委、省政府"两办"2016 年 69 号文件，按照"党政主导、部门

尽责、协会组织、社会支持、重在基层、面向全体"的老年人体育工作格局，动员和组织更多的老年人开展健身体育活动，更好地对老年人进行健康教育，使老年人的健康水平和生活质量与全面建成小康社会目标相适应，为应对人口老龄化和建设健康中国作出更大贡献。

（二）目标任务

1. 老年体育人口逐年递增

江西省城乡经常参加体育健身活动的老年体育人口占老年人总数的比例，比"十二五"提高 3~5 个百分点，到 2020 年，城市达到 2/3 以上，农村不低于 1/3。城乡老年人体育健身和科学保健意识普遍增强，参加体育健身和学习健康知识成为更多老年人的日常生活内容。

2. 老年体育组织网络实现全省城乡全覆盖

老年体协组织网络建到基层，老年体育科学学会组织网络和老年健身辅导站组织网络也要建到基层。目前尚未建立老年体育组织的地方，要求在"十三五"期间都建立起来。基础好的社区要延伸到居民楼院，基础好的行政村要延伸到村民小组。实现"一网带双网，三网齐发展"。

3. 老年体育场地设施进一步完善提高

设区市和县（市、区）要全面建立老年体育活动中心。街道、社区、乡镇、行政村也要有老年人活动中心或活动室。可规划新建，也可以调整划拨，如将机关、学校迁移后的旧址，划拨给老年体协改建为老年人活动中心。在农村要充分利用祠堂或其他闲房建老年人活动室。设区市和县（市、区）都应该有能适应省、市和县（市、区）开展比赛的风雨门球场、地掷球场和气排球场。乡镇一级和有条件的行政村，也要逐步建立门球场、地掷球场和气排球场。

4. 老年体育骨干队伍的数量和质量较大提升

大力发展老年体育社会指导员、各类活动项目的教练员、辅导员、裁判员，发展老年体育科学学会的科普宣传员和科研人员。老年体育社会指导员必须由当地的体育行政部门培训、定级和晋级，或者由体育行政部门授权，由老年体协培训、定级和晋级。老年体育各种活动项目的教练员、辅导员、裁判员均由老年体协组织力量进行培训，并对教练员、裁判员进行定级、晋级（辅导员不定级）。老年体育科普宣传员和科研人员由各级老年体育科学学会进行培训。《康乐寿》杂志通讯员由《康乐寿》杂志编辑部进行培训。各级老年体协都要主动会同体育行政部门和组织社会力量，培训足够数量和较高质量的老年体育骨干队伍，使"老体两会"的各项活动在骨干力量的推动下顺利开展。

5. 老年体育项目更加丰富多彩，活动形式更加多种多样

在现有活动项目的基础上，积极学习推广外来的新鲜项目，挖掘、整理、加工当地民间的传统文体项目和积极创编适合老年人活动的新项目。积极倡导当前流行的健步行、广场舞等健身项目，开展多种形式的老年人健身活动。充分利用全民健身日、节假日、纪念日、庆典日，积极组织老年人开展健身项目比赛和展示活动；定期举办全省性和区域性的老年人运动会和单项比赛，开展联谊性的交流活动；把老年健身活动开展得更加生动活泼、多姿多彩。

6. 广泛深入开展老年体育科普宣传

进一步健全以深入化、常态化、制度化为内涵的老年体育科普工作长效机制。要求全省各地分期分批将《建立老年体育科普宣传长效机制实施方案》的内容落实到城乡基层单位，努力提高全省城乡老年体育科普工作长效机制的覆盖面。

7. 鼓励、支持更多的健康老人为社会作贡献

鼓励支持更多的健康老年人留任、应聘和从事力所能及的老年体育事业社会公益工作，充分发挥正能量，为应对人口老龄化和全面建成小康社会作出更大贡献。

六、做好今后一个时期江西老年体育工作主要措施

（一）深入学习、宣传、贯彻国家体育总局、国家发改委等十二部委和省委、省政府"两办"关于加强老年体育工作的两个重要文件精神

江西各级老年体育"两会"，要进一步深入把这两个重要文件学习、

宣传、贯彻、落实好。对于两个文件中已经明确的政策，要充分用好、用足；对两个文件中尚不明确、但实际工作中急需解决的实际问题，则要按"两办"文件中关于"各市、县（市、区）要制定具体实施意见"的精神，通过设区市和县（市、区）下发具体的实施意见，使问题得到解决。

（二）进一步争取党政领导的重视和支持，更好地实现"高位推动"

江西30多年老年体育工作的实践证明：做好老年体育工作，必须紧紧依靠党委和政府的正确领导，取得党政领导的重视和支持，实现"高位推动"，一切困难才能迎刃而解。各级老年体育"两会"的主要领导，都要努力做好争取党政领导的重视和支持的工作，实现"高位推动"，才能把工作做好。要主动向党政领导汇报请示工作，要通过努力做好本职工作来取得领导的重视，以"有为"争取"有位"。在党政领导的高度重视支持下，持续发展，再登新台阶。

（三）建立老年体育"两会"党组织，充分发挥党组织的战斗堡垒作用和党员的先锋模范作用

认真落实中共中央办公厅《关于加强社会组织党的建设工作的意见（试行）》文件的精神。本着"应建尽建"的原则，在江西老年体育"两会"中，实现党的组织建设全覆盖，为保证"十三五"规划的全面实现，充分发挥党组织的战斗堡垒作用和党员的先锋模范作用。

（四）进一步加强各级老年体育组织的领导班子建设

各级老体"两会"换届时，一定要选好老年体协主席兼老年体育科学学会会长这个一把手。要尽最大努力，把有能力、有水平、有威望、身体健康、热心为老年体育事业作奉献的老领导选配到老年体协担任主席（会长），同时配齐配强领导班子成员，特别是要注意选配好"能文能武"的秘书长。要加强思想建设、作风建设、制度建设，把"老体两会"建设成为解放思想、开拓创新、民主和谐、合作共事、积极进取的优秀集体。省"老体两会"要继续坚持对各级"老体两会"换届后的新班子成员逐级进行培训上岗，要建立"老体两会"领导班子考核制度。对成绩突出的进行表彰，并向当地党政领导报告；对工作不力的进行耐心帮

宣传、贯彻、落实好。对于两个文件中已经明确的政策，要充分用好、用足；对两个文件中尚不明确、但实际工作中急需解决的实际问题，则要按"两办"文件中关于"各市、县（市、区）要制定具体实施意见"的精神，通过设区市和县（市、区）下发具体的实施意见，使问题得到解决。

（二）进一步争取党政领导的重视和支持，更好地实现"高位推动"

江西 30 多年老年体育工作的实践证明：做好老年体育工作，必须紧紧依靠党委和政府的正确领导，取得党政领导的重视和支持，实现"高位推动"，一切困难才能迎刃而解。各级老年体育"两会"的主要领导，都要努力做好争取党政领导的重视和支持的工作，实现"高位推动"，才能把工作做好。要主动向党政领导汇报请示工作，要通过努力做好本职工作来取得领导的重视，以"有为"争取"有位"。在党政领导的高度重视支持下，持续发展，再登新台阶。

（三）建立老年体育"两会"党组织，充分发挥党组织的战斗堡垒作用和党员的先锋模范作用

认真落实中共中央办公厅《关于加强社会组织党的建设工作的意见（试行）》文件的精神。本着"应建尽建"的原则，在江西老年体育"两会"中，实现党的组织建设全覆盖，为保证"十三五"规划的全面实现，充分发挥党组织的战斗堡垒作用和党员的先锋模范作用。

（四）进一步加强各级老年体育组织的领导班子建设

各级老体"两会"换届时，一定要选好老年体协主席兼老年体育科学学会会长这个一把手。要尽最大努力，把有能力、有水平、有威望、身体健康、热心为老年体育事业作奉献的老领导选配到老年体协担任主席（会长），同时配齐配强领导班子成员，特别是要注意选配好"能文能武"的秘书长。要加强思想建设、作风建设、制度建设，把"老体两会"建设成为解放思想、开拓创新、民主和谐、合作共事、积极进取的优秀集体。省"老体两会"要继续坚持对各级"老体两会"换届后的新班子成员逐级进行培训上岗，要建立"老体两会"领导班子考核制度。对成绩突出的进行表彰，并向当地党政领导报告；对工作不力的进行耐心帮

助或建议当地党政领导对其进行调整。

(五) 继续坚持"两转"方向,把工作重点放在农村

全面建设小康社会,难点重点都在农村,发展老年体育事业也一样,难点、重点都在农村。要进一步推进"两个转变",即把老年体育的工作重点,从机关转向城市社区和农村;将服务对象,从单一为老干部服务转向为全体老年人服务。"十三五"期间,要在继续搞好城市老年体育工作的同时,用更大、更多的精力把农村老年体育工作搞上去。省市县三级"老体两会"要从指导思想上、工作安排上、经费投入上体现以农村为重点,使农村的老年体育工作得到更大、更快地发展。

(六) 进一步搞好老年体育"三个示范"建设

江西"老体两会"在全省城乡开展评选老年体育示范乡镇(街道)、示范社区、示范辅导站的活动,制订了"三个示范"的试行标准,有效地促进和推动了全省城乡基层老年体育事业的发展。"十三五"期间要持续搞好这项活动,发挥对老年体育工作更大、更好的作用。

(七) 切实解决各级老年体育组织必需的经费问题

必须保障老年体育发展的必需经费,如建造体育场所,添置活动器材和服装道具,培训骨干队伍和开展辅导活动,特别是开展经常性的比赛和展示活动的经费;老体"两会"办公费用、会议费用、差旅费用,以及正式工作人员的工资福利,兼职人员的合理津贴等方面的经费。要按照省委、省政府2016年69号文件的精神,坚持老年人体育工作经费以"财政投入为主,社会赞助为辅的原则,实现经费来源多渠道、多元化",把大力发展老年体育事业的经费问题切实解决好。一是适度增加各级财政对同级老年体育组织的活动经费。省财政对省老年体育组织每年的拨款,要带头执行省政府办公厅1999年69号文件精神:随着经济发展,对老年活动经费逐年增加。设区市财政对设区市老年体育组织每年的拨款,要求已达到20万元的要随着经济发展逐年有所增加,低于20万元的,要尽快达到20万元。县(市、区)财政对县(市、区)老年体育组织的拨款,要求每年达到10万元以上,并随着经济发展逐年有所增加。二是城乡基层,包括乡(镇、场)、街道、行政村、社区的老年体育活动经费,要统一列入县(市、区)的财政预算。要求乡(镇、场)和街道每年达

到1万元到1万元以上,行政村和社区,每年达到3 600元或3 600元以上。三是落实福利彩票和体育彩票部分公益金用来发展老年体育事业的政策。请省、市、县分管老年体育工作的领导主持,召集有关部门进行协商,按照老年人口在总人口中的比例,合理确定这两笔彩票公益金用于发展老年体育事业的分配方案,并按年度持续执行,改变目前对这两笔"支老"彩票公益金没有完全到位和分配原则无章可循的局面。四是增加老年体育场所设施建设的投入。按照2016年省委、省政府"两办"69号文件要求:"'十三五'期间,要努力实现设区市、县(市、区)老年体育活动中心全覆盖"。"到2020年力争50%以上的乡镇建有老年人活动中心"。建议各地现有的"老干部活动中心",一律改为"老年人活动中心",产权仍属老干部局所有。

(八)改革老龄工作领导与管理体制

将江西老干部管理局升格为省委老龄工作委员会,将江西省现有的老龄办由虚变实,并入老龄委,使成为省委领导管理全省老龄工作的一个职能部门,对其原来管理老干部的工作职能不变,但赋予领导管理全省老龄工作的重任。全省上下按照这种体制进行改革,有利于各级党委加强对老龄工作的领导,改变现在的老龄办对32个正厅级委员单位的有关老龄工作进行"综合协调、检查督促",由于规格和体制的局限形成的困难。省老龄委成为省委一个职能部门以后,统揽老龄工作全局,统管全省所有"老"字号和做老年人工作的机关、企事业单位和群众团体,真正形成上下左右协同联动的老龄工作大格局。

以上改革方案如果一时不能实施,我们则建议:将省老科技工作者协会、省关心下一代工作委员会和省老年体育"两会"这几个涉老社团,也吸纳为省老龄委的成员,这几个社团的主要领导,也吸纳为省老龄委委员。

改革老年干部大学办管体制。对现有的老干部大学做两个方面的改革:一是改"老干部大学"为"老年人大学",使所有愿意学习的老年人都能入校学习;二是学习内容增加为老年人再就业服务的技能再教育、再培训。发挥老年人大学对全社会老年人的服务和再教育、再培训的作用。由于"健康老龄化"是"五个老有"的基础和保证,我们还建议将"老有所康"载入《老年人权益保障法》,作为政府依法行政的依据。

区域发展专题

从国家支持政策导向变化看江西中小企业高质量发展路径

王圣云　谭嘉玲　单梦静[①]

根据2018年国家新修订《中华人民共和国中小企业促进法》以及国家和江西省关于中小企业发展的重大战略部署、相关政策意见和管理办法,在国内外中小企业发展趋势分析基础上,结合江西省中小企业发展实际情况,本文深入分析国家促进中小企业长期健康发展的政策取向变化,并提出促进江西省中小微企业高质量发展的对策建议。

一、国内外中小企业发展趋势

(一)新一轮工业革命给中小企业发展带来深刻变革和激烈竞争

继机械化、电气化、自动化等产业技术革命浪潮之后,以信息网络技术加速创新与渗透融合为突出特征的新一轮工业革命正在全球范围内孕育兴起,数字经济正成为全球经济增长的重要驱动力。全球已进入新技术革命时代,互联网+、人工智能等新技术越来越成为中小企业关注的重点,并且新一代信息技术与制造业的深度融合,为中小企业带来了重大发展机遇。基于此背景,中小企业需加快自己工业化和信息化的融合,以快速进入集成阶段,从而实现收益指数化的增长,在新技术革命时代占据自己的位置。

(二)世界各国重新聚焦制造业"实体经济"

在国际金融危机发生后,制造业已经重新成为全球经济竞争的焦点,世界各国重新聚焦实体经济,纷纷实施"再工业化"战略,集中发力高

---

① 作者简介:王圣云(1977~　),男,山西河曲人,博士,副研究员,硕士生导师,从事区域经济与福祉地理学研究。

端制造领域，力图重振制造业并不断扩大竞争优势。同时，一些新兴经济体依靠低成本优势，出台一系列吸引外资的政策，积极承接国际产业转移，加快工业化步伐，致力于打造新的"世界工厂"。应对"双重挤压"的局面，我国已经把发展实体经济摆在突出重要的战略位置。中部地区在我国占据着重要的地位，打造中部制造业中心也是中部地区十三五规划的重要内容，江西省可同样将重心转移到制造业中，为打造中部制造业中心贡献力量。

（三）供给侧结构性改革为我国中小企业转型升级带来新机遇

供给侧结构性改革正是中小企业顺应当前经济发展新常态，转变经济发展机制的积极应对和必然选择。中小企业需坚持"加减乘除"的原则，减少低端供给和无效供给，扩大有效供给和中高端供给，以创新为导向开拓新空间，为企业降成本、清障碍。

（四）我国中小企业提质升级越来越朝着"专精特新"方向发展

我国中小企业提质升级是必然趋势，"专精特新"是我国中小企业"十三五规划"的关键工程，是实现中小企业转型升级，提高企业发展质量和效益的重要途径，也是实现我国中小企业与《中国制造2025》战略、制造强国战略有效对接的重要抓手。工信部和各省市高度重视中小企业的发展，通过发布支持政策性文件，开展专项行动，制定认定办法，多渠道宣传展示等方式，对"专精特新"中小企业的发展予以规范和引导。从长远来看，在政府的扶持下，中小企业将越来越朝着"专精特新"的方向发展。

二、国家支持中小企业发展政策的导向变化

（一）制度建设政策将更加重视中小企业促进工作协调机制与配套制度的长期建设

（1）促进中小企业发展将作为长期战略。国家在原《中小企业促进法》的基础上全面梳理党中央、国务院及各部门和各地出台的促进中小企业发展的政策措施，结合各方意见，将近年来行之有效的政策上升为《新促进法》，逐步健全促进中小企业发展法律保障体系。（2）将建成中

小企业促进工作协调机制。原《中小企业促进法》"由国务院负责企业工作的部门对全国中小企业工作进行综合协调、指导和服务"修订为"由国务院中小企业促进工作综合管理部门，牵头组织实施促进中小企业发展政策"，进一步落实责任主体，明确政府部门职权，确保促进工作有效开展。（3）将推进相关配套制度建设。规定国家统计部门应当加强对中小企业的统计调查和监测分析，定期发布有关信息；规定组织建立中小企业的信用信息征集与评价体系，实现中小企业信用信息查询、交流和共享的社会化。规定建立比较完善的事前参与、过程监督和事后评估机制，在执行层面督促政策贯彻落实并及时评估政策实施效果；规定县级以上人民政府定期组织对中小企业促进工作情况的监督检查，针对违法行为，及时纠正并对直接负责的主管人员和其他直接责任人员依法给予处分。

（二）财税支持政策将重点帮扶小微企业降低企业成本

（1）中小企业发展专项资金将向小型微型企业倾斜。规定安排国家中小企业发展专项资金，县级以上地方各级人民政府应当根据实际情况进行安排，重点支持中小企业公共服务体系和融资服务体系建设，并向小型微型企业倾斜。（2）将设置中小企业发展基金重点支持初创期中小企业。规定国家设立中小企业发展基金，县级以上地方各级人民政府应当根据实际情况进行安排，应遵循政策性导向和市场化运作原则，引导和带动社会资金支持初创期中小企业。（3）将进一步提升小微企业税收优惠力度。对符合条件的小型微型企业按照规定实行减征、免征企业所得税、增值税，对小型微型企业行政事业性收费实施减免等优惠政策，减轻小型微型企业税收及行政事业性收费负担。

（三）融资促进政策将加快构建中小企业普惠金融体系

（1）将进一步完善金融组织体系。规定国家推动中小银行、非存款类放贷机构和互联网金融有序健康发展，引导银行业金融机构向县域和乡镇等小型微型企业金融服务薄弱地区延伸网点和业务；规定国有大型商业银行应当设立普惠金融机构，为小型微型企业提供金融服务。（2）将进一步健全多层次资本市场。多渠道推动股权融资，发展并规范债券市场，建立中小企业政策性信用担保体系，促进中小企业利用多种方式直接融资。完善担保融资制度，支持金融机构为中小企业提供以应收账款、知识产权、存货、机器设备等为担保品的担保融资，鼓励各类担保机构为中小企业融资提供信用担保服务。重点支持应收账款担保融资模式，鼓励中小企业及付款方通过应收账款融资服务平台确认债权债务关系，提高融资效率、降低融资成本；支持各类金融机构产品创新。规定在信用担保、风险补偿和征信评级等方面鼓励各类金融机构开发和提供适合中小企业特点的金融产品和服务。（3）将进一步明确金融机构差异化监管政策。规定国务院银行业监督管理机构对金融机构开展小微型企业金融服务应当制定差异化监管政策，采取合理提高小微型企业不良贷款容忍度等措施，引导金融机构增加小型微型企业融资规模和比重。

（四）创业扶持政策将大力培育创业土壤，持续激发创新活力

（1）将进一步做实服务工作。优化创业审批流程、简化中小企业注销登记程序；规定县级以上人民政府及其有关部门应免费提供法律政策咨询和公共信息服务；鼓励各类服务机构提供创业信息、创业指导、创业培训等专业化服务。（2）将进一步减轻企业负担。规定由高等学校毕业生、退役军人等创办的小型微型企业享受税收优惠和收费减免；规定投资初创期科技创新企业的投资机构和个人，享受税收优惠。（3）将进一步搭建创业载体。国家鼓励建设和创办小型微型企业创业基地、孵化基地，为小微企业提供生产经营场所和服务。规定地方各级人民政府根据中小企业需要规划安排必要用地及设施，支持利用闲置商业用房、工业厂房等建筑物为创业者低成本办公场所。国家鼓励互联网平台向中小企业开放技术、开发、营销、推广等资源，加强资源共享与合作，为中小企业创业提供服务。

（五）创新支持政策将十分重视中小企业的科技创新能力提升和科技成果转化

（1）政策支持：保护与支持企业知识产权。国家在技术设备加速折旧和研发费用加计扣除方面减轻企业负担；无偿资助新技术研究开发。建立中小企业发展专项资金科技创新项目和科技性中小企业基础创新基金以支持新技术新产品开发；支持开展军民融合与产学研合作项目。鼓励科研院校高校与企业开展产学研合作以及军民两用项目，推动中小企业科技成果的转化和应用。（2）人才支持：明确规定政府有关部门应采用各种措施引导高校毕业生到中小企业就业；启动国家百千万人才工程国家级任选、国家千人计划、"635"工程等人才项目帮助中小企业引进和培育创新人才。鼓励科研机构、高等学校支持本单位的科技人员到中小企业从事产学研合作和科技成果转化活动，获取相应劳务报酬，补充人才质量。（3）技术支持：鼓励发挥互联网平台作用。国家鼓励互联网平台向中小企业开放技术、开发、营销、推广等资源，加强资源共享与合作，为中小企业创业提供服务。支持中小企业提高信息化应用水平。明确鼓励中小企业在生产、销售等环节应用互联网、云计算、大数据等现代技术手段提高生产效率。（4）平台支持：建造国家重大创新基地、国家小型微信企业创业示范基地、国家级电子商务示范基地等各类国家级创新平台，为创业创新中小企业提供有效服务和载体。

（六）市场开放政策将纵深国内市场，拓宽国际市场

（1）将纵深国内市场：规定实行统一的市场准入和市场监管制度，推进电力、电信、民航、铁路、石油天然气、邮政、金融、教育、文化和医疗等领域有序开放，消除各种隐性壁垒；支持大型企业与中小企业建立以市场配置资源为基础的、稳定的协作关系，带动和促进中小企业发展。规定国务院有关部门应当制定中小企业政府采购的相关优惠政策，提高中小企业在政府采购中的份额。（2）将拓宽国际市场：鼓励中小企业引进境外资金、技术、人才、管理经验，促进中小企业融入全球产业链和价值链；规定国家有关政策性金融机构应当开展进出口信贷和出口信用保险业务，支持中小企业开拓境外市场；规定县级以上有关部门应当为中小企业产品和服务出口提供指导和帮助，并在用汇和出入境方面提供便利。

（七）公共服务政策将继续健全社会化的中小企业公共服务体系

（1）将进一步强化政府服务效能。规定各级政府根据实际需要建立和完善中小企业公共服务机构、建立跨部门的政策信息互联网发布平台、安排资金有计划地组织实施中小企业经营管理人员培训工作来为中小企业提供便捷公益性服务。（2）将进一步强调市场作用。支持各类中介服务机构提供涉企业务的咨询服务；支持高等学校、职业教育院校和各类职业技能培训机构开展针对中小企业经营管理及生产技术的培训工作、共建实习实践基地。（3）将进一步规范行业组织管理。规定中小企业有

关行业组织应当依法维护中小企业的合法权益，反映会员诉求，加强自律管理，为中小企业提供服务。

（八）权益保护政策方面将建立专门维权机制，维护中小企业合法权益

（1）更为重视中小企业权益保护。规定任何单位和个人不得侵犯中小企业财产及其合法权益；国家保护中小企业依法平等使用生产要素、公平参与市场竞争和同等受到法律保护的权利；县级以上地方各级人民政府有关部门对中小企业实施监督检查及其他管理工作应当依法进行，不得强制或变相强制企业参加活动。（2）将进一步保护合法收款权益。国家设立拖欠货款解决条款，明确规定机关、事业单位和大型企业不得违约拖欠中小企业的货物、工程、服务款项。中小企业有权要求拖欠方支付拖欠款并要求对拖欠款造成的损失进行赔偿。（3）将进一步规范涉企收费项目。规定建立和实施涉企行政事业性收费目录清单制度，并将其实施情况向社会公开；严禁行业组织依靠代行政府职能或利用行政资源擅自设立收费项目，提高收费标准。（4）将建立专门维权机制。规定县级以上人民政府负责中小企业促进工作综合管理部门应当建立专门渠道；规定明确各级人民政府或者有关协会、商会中小企业维权服务机构向中小企业提供维权服务等公共服务。

三、进一步促进江西中小企业高质量发展的几点建议

（一）调整市县一级中小企业行政管理架构，理顺中小企业行政组织体系

在调研中发现，不少县的中小企业管理和工信局存在权责不清的显现，有的县中小企业管理局和工信局已经合并，有的则还没有，针对这一现象，再根据《新促进法》政策导向，为了加强对江西省中小企业的有效管理和全省中小企业的高效治理。建议：（1）省政府成立中小企业促进委员会，市县层面要尽快做好中小企业局和工信局的合并工作，有助于凝集资源，整合力量，促进全省中小企业发展，对中小企业的持续健康发展起到组织保障作用；（2）江西省统计局和各地市统计局应当加强对中小企业的统计调查和监测分析，和省中小企业管理部门建立定期联合发布信息制度；（3）建议建立中小企业的信用信息征集与评价电子

系统，实现中小企业信用信息查询、交流和共享。加强对县区一级政府依法进行定期组织中小企业促进监督检查的督察工作。

（二）加大财政支持和引导社会资金投入，改善小微企业创新创业服务质量，大力降低小微企业发展初期的成本

（1）建议省财政中小企业发展专项资金将向小型微型企业倾斜，安排1亿元资金成立江西省小微企业发展专项资金，重点支持初创和成长期的小微企业发展，解决其发展初期的运营成本。尤其是要做好中小企业服务平台建设，以完善平台建设为抓手，切实做好全省小微企业在融资、产品检测、专利申请、品牌创建、协同创新、加入行业协会等方面的支持和服务工作，将小微企业将精力尽最大可能投入到产品研发、精益生产和开辟市场等环节，减轻小型微型企业税收及行政事业性收费负担。（2）建议分3年按计划、分批次、认定和评定相结合，培育100家智能制造省级"专精特新"省级示范企业，对全省小微企业发展起到积极的带领和辐射带动作用。（3）大力优化中小企业创业审批流程、简化中小企业注销登记等程序。江西省县级以上政府部门应免费提供法律政策咨询和公共信息服务，鼓励各类专业服务机构为江西省中小企业在创业信息、创业指导、创业培训等方面提供咨询服务。（4）进一步出台创新支持政策，设立专项基金和合作项目，提升江西省中小微企业的科技创新能力。建议建立中小企业发展专项资金科技创新项目和科技性中小企业基础创新基金，支持江西省中小微企业的新技术新产品开发。建立军民融合与产学研合作项目。鼓励江西省科研院校高校与企业开展产学研合作以及军民两用项目，推动中小企业科技成果的转化和应用。

（三）进一步创新中小企业融资方式，优化中小企业贷款担保和审批程序，着力化解中小微企业融资难题

（1）建议除"财园信贷通""创业信贷通"等形式外，进一步鼓励金融行业创新金融产品，为中小微企业提供适合的金融产品和服务。（2）进一步针对小微企业融资难，资金缺等突出问题，政府和银行应建立协商机制，在税收减低、贷款担保方式、风险补偿等方面尽快建成和完善有利于现阶段全省小微企业融资的机制和体制。（3）建议进一步健全建立中小企业政策性信用担保体系，提高中小企业贷款审批效率和融资效率，完善担保融资制度，促进中小企业利用多种方式直接融资，降低融资成本。尽可能降低中小微企业的融资交易成本。（4）引导江西省银行业金融机构向县域和乡镇等小型微型企业金融服务薄弱地区延伸网点和业务。

（四）完善园区生活服务配套建设，加强园区人才继续教育培训，着力解决中小微企业人才引不来和留不住难题

（1）建议各级政府加强对工业园区在教育、医疗、日常生活等方面的协作配套建设，想方设法让引来的人才能留下来。（2）要加大宣传，做好对园区人才继续教育的培训，提高园区人才的业务水平和综合素质。加大对中小微企业经营管理人员培训和家族企业管理人员的培训，培育新时代的企业家。可以对中小企业中的创新人才在继续教育等方面提供学费减免，导师一对一服务和中小微企业配置专家顾问等方式，推进学校、科研院所与企业的多方面合作。（3）要在职称评聘、落户、保险、社会保障和住房补贴等方面给以中小微企业一定的照顾和政策倾斜。鼓励江西省各科研机构、高等学校支持科技人员和大学教师到中小企业从事产学研合作和科技成果转化活动，获取相应劳务报酬，补充人才质量。（4）建议每年评选100名中小企业创新人才，设立创新人才奖励基金，并且将此与人才晋级和职场评定等结合起来，激发园区人才的工作积极性，切实解决园区人才困境。（5）鼓励在中小微企业设定高职院校学生实习基地，探索建立一种有效的合作机制，以破解江西省中小微企业的人才难问题。由高等学校毕业生、退役军人等创办的小型微型企业享受税收优惠和收费减免；投资初创期科技创新企业的投资机构和个人，享受税收优惠。联合建造国家级和省级创新基地、创业示范基地、电子商务示范基地，为中小企业发展提供有效平台服务。

时空维度下江西城镇化内部协调性研究

黄新建　朱越浦　樊晗露[①]

一、城镇化内部协调性的内涵及意义

（一）城镇化内部协调性的内涵

通常城镇化是指随着经济社会发展农村剩余劳动力有序转移至城镇的一个过程，很大一部分研究也仅用对应的人口比例来代替或衡量城镇化率。但深究其本质，可以发现城镇化是一个具有动态性、综合性和复杂性的系统工程，是每一个国家都会经历的一个发展过程，与经济、社会、土地空间等方面紧密相关。大多数研究将城镇化发展系统分为人口与土地城镇化、人口与经济城镇化两类；或者人口、经济与土地城镇化三类。由于现实中，伴随着城镇化过程，诸如人口会由农村向城镇集中、产业结构会发生改变、城区面积不断扩大、社会公共服务不断完善等现象会产生。这里，本文将城镇化发展系统归纳总结为一个具有人口城镇化、经济城镇化、土地城镇化、社会城镇化四个子系统的动态系统。

由于城镇化是一个动态的系统，其中，任何一个子系统的缺失或者滞后，都会造成城镇化的不协调发展，影响城镇化的发展效率及进程。详细地，这里可以将人口城镇化视为城镇化发展的基础、经济城镇化视为发展的推动机遇、空间城镇化视为发展的载体、社会城镇化视为发展的催化剂。这四个子系统相互影响，共同促进，一起推动着城镇化发展系统的运作。继而，可以将城镇化系统内部协调性定义为人口—经济—土地—社会城镇化四者间发展水平的一致性或者同步性。任何一个子系统发展的滞后或者片面地发展都会造成城镇化系统内部的不协调；使得一个地区城镇化发展过程中出现诸如城乡发展割裂、农民工市民化进程

[①] 作者简介：黄新建（1953~　），男，江西抚州市人，南昌大学经济管理学院教授、博士生导师。

缓慢、城市过于拥挤等问题；或使得诸如两个城镇人口相当的地区，经济水平差距巨大等类似问题出现。因此，一个国家或地区城镇化发展应遵循子系统统筹规划、协调发展的原则，保障城镇化内部的协调发展，实现城镇化发展系统的可持续运作。

（二）城镇化内部协调性的意义

前文通过说明城镇化内部协调性的内涵，表明了城镇化内部协调性的重要性。科学发展观下新型城镇化发展质量不再仅仅关注人口城镇化水平，而是涉及人口、经济、社会以及土地多方面，唯有这些方面同步发展，才能实现高水准的发展质量。但在实际发展中，很多地区未实现城镇化内部的协调发展，继而出现城镇化的整体质量较低的问题。这是因为，例如，一个地区如果人口城镇化快于经济、社会城镇化，则可能出现城镇人口众多，但人均GDP较低，公共服务覆盖率较低的现象，影响城镇化发展的质量。又如，如果一个地区土地城镇化快于人口城镇化，则会出现大量"空城""鬼城"，形成土地资源浪费，城市基础设施建设滞后，继而影响城镇化的发展质量。还如，如果一个地区人口城镇化快于土地、社会城镇化，则会出现城市拥堵、城市公共服务资源紧缺等城市病出现。因此，只有经济、社会、人口与土地城镇化协调发展才是城镇化健康发展的道路，城镇化内部协调是良好城镇化发展质量的必要条件。

二、城镇化内部协调度模型建立

首先，本文在四类城镇化各自范畴内选取3~5项代表性指标；其次，基于这些指标分别测算出四类城镇化的综合指数；最后，基于人口、经济、土地以及社会四类城镇化的综合指数，运用协调度测算模型，得出四类城镇化间的协调度。

（一）评价指标体系建立

首先，人口城镇化方面。由于人口城镇化主要涉及的是人口数量和分布的变化，呈现出人口迁移、数量增加、工作性质转变、空间分布改变等特征。因此，人口城镇化选取人口城镇化率、非农就业人口比重和市辖区从业人员期末人数比重三项指标，共同测算人口城镇化的综合指数。

其次，经济城镇化方面。经济城镇化主要反映的是城镇化发展过程中，有关经济类的特征要素的改变，通常表现为 GDP 总量增加、人均 GDP 增加、居民收入增加、GDP 增速加快、产业结构调整等特征。因此，经济城镇化选取非农产业产值比重、人均 GDP 增速、人均 GDP、居民收入四项指标，共同测算经济城镇化的综合指数。

再次，土地城镇化方面。土地城镇化主要反映的则为城镇化发展过程中，有关土地、空间类的特征要素的改变，通常表现为建成区面积扩大、道路面积与长度增加、城镇基础设施增强、居住环境改善、人均居住面积增加等特征。因此，在土地城镇化水平评价指标——建成区面积比重的基础上，基于评价的客观性和数据的可得性，再选取建成区绿化覆盖率、燃气普及率、城市人口密度、人均道路面积四项指标，共同测算土地城镇化的综合指数。

最后，社会城镇化方面。社会城镇化主要反映的为城镇化过程中，有关社会体系方面的特征要素的改变，通常表现为政府公共服务支出增加、社会保障水平提高、文教卫等社会服务机构增加、公共交通服务改善等特征。因此，社会城镇化选取人均公共财政支出、职工养老保险参保率、每万人拥有卫生人员数、人均馆藏图书数量、每万人拥有公交车数五项指标，共同测算社会城镇化的综合指数。

综上所述，本文城镇化协调度评价指标体系如表 1 所示。

表 1　　　　　　　　城镇化协调度评价指标体系

一级指标	二级指标
人口城镇化子系统	人口城镇化率
	市辖区从业人员期末人数比重
	非农就业人员比重
经济城镇化子系统	非农产业比重
	人均地区生产总值
	人均地区生产总值增长率
土地城镇化子系统	建成区面积占比
	建成区绿化覆盖率
	燃气普及率
	用水普及率

续表

一级指标	二级指标
土地城镇化子系统	人均城市建设用地面积
	人均道路面积
社会城镇化子系统	人均公共财政支出
	职工养老保险参保比率
	每万人拥有公交车数
	每万人拥有卫生人员数
	人均馆藏图书数量
	中小学师生数占比职工医疗保险参保比率

注：表1中所有指标的数据均来自《中国城市统计年鉴》（2001~2014）、《江西省统计年鉴》（2001~2014）。

同时，由于指标单位及绝对值大小差异较大；故本文利用 SPSS 软件，运用极差法对各二级指标进行标准化处理，具体的标准化处理公式为：正向相关的指标 $\bar{\chi}_i = \frac{\chi_i - \chi_{\min}}{\chi_{\max} - \chi_{\min}}$；负向相关的指标 $\bar{\chi}_i = \frac{\chi_{\max} - \chi_i}{\chi_{\max} - \chi_{\min}}$；这里，$\chi_i$ 为 i 指标的实际值，$\chi_{\max}$、$\chi_{\min}$ 分别为该指标的最大值和最小值，$\bar{\chi}_i$ 为标准化后的值。

（二）内部协调度模型建立

1. 城镇化水平的综合指数方面

由于主观赋权类方法确定的各指标权重通常体现的是赋权或决策人的个人意志和想法。最常见的方法如层次分析法、德尔菲法等，通常采取专家组多人联合确定的形式，但通常赋权结果在一定程度上还是具有变动性、人为性等特征；另外，客观赋权类方法常见的有主成分分析法、加权平均法等。这些方法虽然建立于数据或者数据分析处理结果上，具有较强的逻辑性和推演性，但通常赋权结果在一定程度上难与实际有效结合。因此，这里本文采用的组合评价方法，充分利用主客观方法的优点，尽可能避免各方法的缺陷和不足，从而提高研究结果的科学性和准确性。详细地，本文基于标准化后的数据。主观法主要为层次分析法等方法，客观法常见的包括加权平均法、因子分析法、熵值法，由于本文最终的综合指数是基于多种方法为一体的,而因子分析法会出现负值,故本文客观方法采用加权平均法和熵值法。综上所述,本文运用加权平均法、层次分析法及主成分分析法三种方法测算出城镇化的综合指数分别为 A、B、C(三类方法的计算公式略)。由于三种方法涵盖主客观类方法两大类,优缺点各异。最后本文基于相同权重得出最终城镇化水平的综合指数 D 的计算公式为 D = 0.3333A + 0.3333B + 0.3333C。

2. 城镇化协调系数方面

关于协调度的研究,从 20 世纪开始就有众多专家开始研究不同事物间的协调度关系,如吴跃明等(1996)将协调度函数定义为:$CE = \sqrt{\prod_{i=1}^{n} U_A(U_i)}$,来测算环境与经济两者间的协调度;同样地,张晓东等(2001)将协调度定义为:$CE_{xy} = \frac{x+y}{\sqrt{x^2+y^2}}$,来测算经济与环境两者间的协调度;钱丽等(2012)将多种事物间的耦合度模型定义为:$CE = \sqrt{\frac{(U_1, U_2, U_3, \cdots, U_n)}{[\prod(U_i + U_j)]}}$,测度了城镇化、农业现代化与工业化间的内部协调度;杜傲等(2014)将协调度模型设为:$C = 2 * \{(U_1 * U_2)/[(U_1 + U_2) * (U_1 + U_2)]\}^{\frac{1}{2}}$,测度了城市与旅游业发展两者间的协调水平。近年来,随着城镇化成为经济发展的主要推动力,城镇化协调度研究方面也逐步成为了热点,如曹文莉等(2012)将协调系数公式设为:$CE = \frac{x+y+z}{\sqrt{x^2+y^2+z^2}}$,测度了人口、经济与土地城镇化在我国发达地区的协调性;刘娟等和陈凤桂等的研究方法基本类似,都用 $D = \sqrt{CE * T}$,这里 $CE = \left\{\frac{f(x) * g(y)}{\left[\frac{f(x)+g(y)}{2}\right]^2}\right\}^k$、$T = af(x) + bg(y)$,然后基于 D 测算土地与人口城镇化两者间的协调度。本文在相关参考文献的研究基础上,将测度四类城镇化之间协调度系数模型定为:$CE = \frac{U_P + U_E + U_L + U_S}{\sqrt{U_P^2 + U_E^2 + U_L^2 + U_S^2}}$;这里,$CE$ 是四类城镇化间的协调系数;U_P、U_E、U_L、U_S 分别为人口、经济、土地以及社会城镇化水平的综合指数。根据相关的数学推导可以发现,CE 的取值范围在 [0, 2],CE 的值越大说明协调度越高,反之 CE 的值小说明协调度越低;这里,当且仅当 U_P、U_E、U_L 及 U_S 四者相等时,CE 达到最大值,也即协调度达到最高,人口、土地、社会以及经济城镇化均衡发展,城镇化发展达到协调发展状态。

3. 城镇化内部协调度指数方面

城镇化水平综合指数 D 测度的是发展水平,也即城镇化发展的程度;而城镇化协调系数测度的是内部协调性,也即四类城镇化间的协调性。故本文将两者相结合,测度城镇化的内部协调度或称发展协调度,即统筹考虑发展和协调性两方面的内部协调发展指数 F。这里,F 的计算公式为 $F = \sqrt{D * CE}$,不难证明 F 的取值范围为 [0, 2.8284];当且仅当 U_P、U_E、U_L 及 U_S 四者相等且同时达到最大值 1 时,D 达到最大值 2.8284。

由于大多数研究文献集中于两个或三个变量间的协调度问题,涉及四者间的协调度研究极少,尚无统一的协调度水平划分标准。故基于数学方法推理,联系本文研究的实际问题——城镇化的内部协调度发展指数,参照研究地区实际发展水平,将城镇化内部协调发展的类型划分为以下几类(见表2)。

表2　　　　　　　　城镇化内部协调发展的类型划分

类型	内部协调发展指数	细分类型
协调型	2.40~2.83	高度协调发展型
	2.00~2.40	中度协调发展型
	1.60~2.00	轻度协调发展型
中性型	1.20~1.60	中性过渡型
失调型	0.80~1.20	轻度失调发展型
	0.40~0.80	中度失调发展型
	0.00~0.40	高度失调发展型

三、结果分析

(一)时间序列分析

2000~2014 年江西省 11 设区市城镇化内部协调发展指数变化情况如表3、图1所示,可以发现 11 设区市 15 年期间均实现了不同幅度的增长,

表3　江西省11设区市城镇化耦合协调发展指数

地区	2000年	2001年	2002年	2003年	2004年	2005年	2006年	2007年	2008年	2009年	2010年	2011年	2012年	2013年	2014年
南昌	1.8110	1.8300	1.8458	1.8695	1.9569	1.9672	2.0002	2.0538	2.1136	2.1909	2.2900	2.3701	2.4472	2.4906	2.5112
景德镇	1.6055	1.6220	1.6713	1.7102	1.7688	1.8283	1.9098	1.9551	2.0415	2.0780	2.1438	2.2118	2.2475	2.2635	2.3132
萍乡	1.6316	1.5628	1.6393	1.7408	1.7649	1.8252	1.8297	1.8345	1.8851	1.8984	1.9788	2.0299	2.0654	2.0965	2.1067
九江	1.5553	1.5567	1.5580	1.5576	1.6271	1.6472	1.7265	1.8085	1.8790	1.8887	1.9779	2.0443	2.1280	2.1587	2.1728
新余	1.5456	1.5345	1.5994	1.6504	1.7093	1.7567	1.7899	1.8450	1.9919	2.0083	2.1237	2.2087	2.2521	2.2502	2.2511
鹰潭	1.4950	1.4159	1.4403	1.4929	1.5713	1.6162	1.6268	1.7350	1.8000	1.8158	1.9116	1.9864	2.0381	2.1029	2.1330
赣州	1.2331	1.1610	1.2365	1.2843	1.3481	1.4169	1.4634	1.5350	1.5643	1.5957	1.6837	1.7484	1.8175	1.8837	1.9315
吉安	1.1667	1.1106	1.1449	1.1871	1.2490	1.3384	1.4453	1.4566	1.5546	1.5915	1.6630	1.7306	1.7874	1.8357	1.8904
宜春	1.0977	1.1464	1.1960	1.3141	1.3446	1.4123	1.4451	1.4762	1.5155	1.5643	1.5888	1.7561	1.7612	1.7843	1.8002
抚州	1.0754	1.1943	1.2197	1.2723	1.3233	1.4000	1.3990	1.5048	1.5276	1.5656	1.6247	1.6672	1.7300	1.7916	1.8239
上饶	1.4546	1.1589	1.2952	1.3459	1.3413	1.4306	1.4761	1.4970	1.5765	1.4813	1.6916	1.7590	1.7702	1.8618	1.9014

区域发展专题

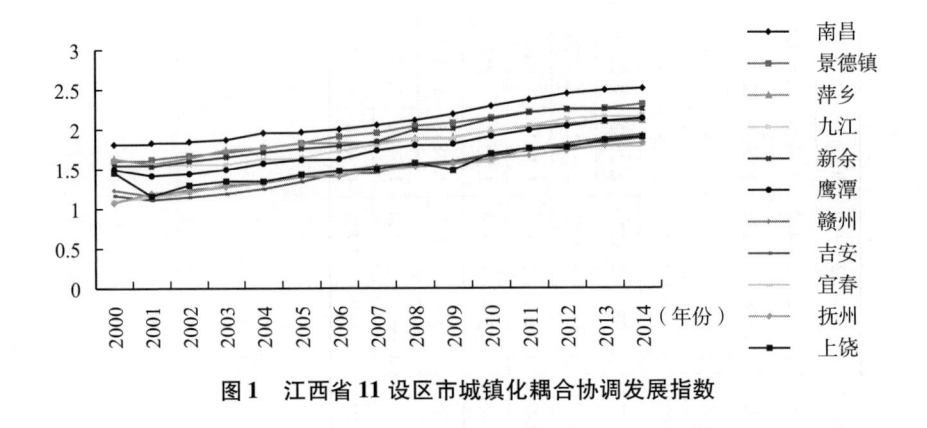

图1　江西省11设区市城镇化耦合协调发展指数

且城市间的差异实现了有效缩小，这有利于地区间城镇化协调发展。详细地，2000年南昌市的城镇化耦合协调发展水平最高，达到1.8110，率先进入轻度协调发展阶段；景德镇、萍乡两市也均达到1.60以上，也进入轻度协调发展阶段；说明上述三座城市城镇化协调性与城镇化水平实现了低水平的耦合协调发展。处于中性过渡阶段的城市也达到了五座，分别是九江、新余、鹰潭、赣州、上饶。剩余城市则均处于轻度失调阶段，分别是吉安、宜春、抚州三市。2004年协调性和水平耦合协调发展最好的城市依旧为南昌市，其耦合协调发展指数已达1.9569；处于轻度协调阶段的城市新增九江市，其指数达到1.6271。而剩余城市则全部处于中性过渡阶段，处于失调阶段的城市数为零。2008年南昌市依旧保持第一位，其指数增至2.1136，成功升入中度协调发展阶段；协调指数超过2.0的城市达到两座，另外一座是景德镇，指数达到2.0415；处于轻度协调阶段的城市依次为萍乡、九江、新余、鹰潭；剩余城市则全部处于中性过渡阶段，但耦合协调发展指数均超过1.50，其中最高的为上饶市，指数达到1.5765，最低的为宜春市，指数为1.5155；可以发现2008年首末位指数差为0.5981，较2004年首末位差0.7079缩小了0.1098，全省城镇化耦合协调发展水平差异正逐步缩小，这有利于地区间城镇化平衡发展。2013年，协调指数最高的南昌市已升至2.4906，成为全省第一座进入高度协调发展类型的城市。同时指数超过2.0的城市还有景德镇、萍乡、九江、新余、鹰潭，总数量较2008年有明显的提升。剩余城市也升至1.70以上，其中最低的为宜春市，指数为1.7843；2014年，所有城市指数均升至1.80以上，最高的南昌市指数达到2.5112。2008~2014年江西省内各市协调水平上升较快，但首末位差异扩大到0.711，这是因为首位城市在2011年开始加速增长,拉开了与其他城市的差距;整体上城市间的差异正在逐步缩小。

(二) 空间异化分析

空间分异反映江西省11设区市历年城镇化耦合协调发展水平空间分布变化情况。根据实证结果,2000年,赣北地区城市和赣南地区城市耦合协调发展水平高于赣中地区城市,且赣中这三座城镇化耦合协调发展水平较低城市相互接壤,分别是宜春、吉安、抚州市。2002年,随着所有城市耦合协调发展水平全面提高,赣中地区逐步缩小与其他地区的差距。且全省空间分布也呈现出新的特征,赣东地区整体强于赣西地区,即城镇化耦合协调发展水平较高的城市大部分在江西东部地区,分别是九江、南昌、景德镇、萍乡、新余、鹰潭、抚州、赣州。2004年空间分布格局则体现为赣北地区强于赣南地区,南昌、九江、景德镇、萍乡、新余五市成功进入城镇化轻度耦合协调发展阶段,说明这五座城市城镇化内部协调性与城镇化水平在一定程度上实现了同步协调发展。2006年,"北高南低"的整体空间分布格局进一步强化,赣北城市鹰潭也进入到轻度协调阶段,赣南城市则全部处于中性过渡阶段。2008年保持着和2006年一样的空间分布格局,但南昌和景德镇进入中度协调发展阶段。2010年基本维持了2008年的分布格局,除宜春市外,其余城市全部进入轻度协调阶段,但赣北地区有三座城市进入到中度协调发展阶段。2014年全省全面进入轻度耦合协调及以上发展阶段,但5座进入中度协调发展阶段的城市均处于赣北地区,同时省会南昌市已率先进入高度耦合协调发展阶段。

四、提升城镇化内部协调性的措施

江西省11地市城镇化质量与水平的协调关系差异性较大;而"多规合一"通过将经济城镇化的国民经济总体规划、土地城镇化的土地利用总体规划和城市空间发展规划、人口和社会城镇化的引导和布局规划有机统一,实现四类城镇化协调发展,推进城镇化水平与质量共同发展。具体地,未来江西省应从机制、技术、规划等方面入手,全面落实"多规合一",推动区域协调发展,提高城镇化内部协调性。

(一) 机制方面

尽快建立相关部门沟通平台和协调机制,在政府部门层面上支撑

"多规合一"施行。首先是建立部门联席会议制度,将负责四类城镇化中的各项部门囊括进来;并在这些部门之上,成立更高一级的联合组织,这样可有效避免各部门的利益冲突、责任模糊等问题出现。通过这个联合组织开展"三规合一"的规划工作,在市级和县级之间以及部门与部门之间搭建一个定期沟通、决策的平台,加强部门沟通的同时,引入自下而上的决策机制,实现政策执行的有效监督,同时也为后续信息数据平台的定期更新提供支持。

(二) 技术方面

搭建"多规合一"的信息平台,采用"综合图"模式,技术上实现四类城镇化统筹规划。"多规合一"施行的支持基础既是将各项规划的数据进行统一,通过统一的信息数据标准编制整体的综合性规划,这就需要搭建"多规合一"的信息平台。首先,统计局均有覆盖社会经济绝大多数领域数据的统计年鉴、公报等,环保厅、国土厅、水利厅也均有各自的关于土地、资源方面的统计公报,建设厅则有城乡建设各类用地数据,发改委则有每年重大项目发展的各项数据,同时财政厅、民政厅也都有各自领域的数据;这些数据的衔接和共享是"多规合一"的技术基础。这就需要打造共建共用共享的规划数据平台,为统筹规划及建设效果评价提供支持。

(三) 规划方面

坚持科学合理的规划原则,通过"多规合一"的落实;实现整体上四类城镇化协调发展、城镇化水平有效提高、城镇化水平与质量协调发展;实现地区间城镇化协调发展、发展差异缩小。一方面通过人口落户、产业升级、基础设施、民生等方面的科学、合理规划和加速建设,全面推进全省特别是城镇化进程滞后城市的城镇化水平提升,全面提升各市综合承载能力。在城镇化水平提高的同时通过其他措施有效保障城镇化发展的质量,确保建设质量同步提高,最终实现江西省及省内各市在高水平城镇化上实现两者间的协调。另一方面,应着力缩小省内各市间城镇化发展的差异,协调赣北赣南城镇化发展步伐,构建城市群体系,主抓南昌一个核心增长极,赣南等原中央苏区、鄱阳湖生态经济区两个发展片区,昌九、昌抚、新宜萍三个一体化,协调省内城镇化发展,优化城镇化空间布局,消除"北高南低"的发展空间特征(朱越浦等,2015)。

参考文献

[1] 吴跃明、朗东锋、张子珩、张翼:《环境—经济系统协调度模型及其指标体系》,载《中国人口资源与环境》1996年第2期。

[2] 张晓东、池天河:《90年代中国省级区域经济与环境协调度分析》,载《地理研究》2001年第4期。

[3] 钱丽、陈忠卫、肖仁桥:《中国区域工业化、城镇化与农业现代化耦合协调度及其影响因素研究》,载《经济问题探索》2012年第11期。

[4] 杜敖、刘家明、石惠春:《1995~2011年北京市旅游业与城市发展协调度分析》,载《地理科学进展》2014年第2期。

[5] 曹文莉、张小林、潘义勇、张春梅:《发达地区人口、土地与经济城镇化协调发展度研究》,载《中国人口·资源与环境》2012年第2期。

[6] 刘娟、郑钦玉、郭锐利、李美荣:《重庆市人口城镇化与土地城镇化协调发展评价》,载《西南师范大学学报(自然科学版)》2012年第11期。

[7] 陈凤桂、张虹鸥、吴旗韬、陈伟莲:《我国人口城镇化与土地城镇化协调发展研究》,载《人文地理》2010年第5期。

[8] 朱越浦、黄新建:《新形势下江西城镇化发展质量评估及建议》,载《江西社会科学》2015年第2期。

"十三五"后期江西发展若干重要问题

王志国[①]

当前,我国经济发展正处于"新常态"和深入推进高质量发展的重要时期。"十三五"已过去大半时间,正在进入"十四五"规划谋划期。近年来,我国经济发展以及与世界主要经济体的关系发生了重大变化,对今后江西经济社会发展产生重大影响。本文对江西今后3~5年乃至稍长一个时期的发展问题,如江西"十三五"前期的发展成效、目前的发展阶段、发展潜力、主要矛盾和今后一个阶段的重要经济领域工作等问题做一些粗浅分析。

一、"十三五"前期江西发展的成效

"十三五"开局以来,在世界经济复苏缓慢不定,中国与世界各大经济体如美、欧、俄、日、印等经济政治关系正在重构和开展多边博弈,我国经济进入中速运行的新常态大背景下,江西省坚定贯彻执行中央宏观调控,坚持科学发展,深入推进高质量发展,统筹做好稳增长、促改革、调结构、优环境、降成本、优生态、惠民生等各项工作,有力推动全省经济社会保持良好发展态势。经济规模、结构、效益有了很大提升,工业化、城镇化以及产业转型升级快速推进,社会事业全面进步,改革开放、生态文明建设取得重大进步。根据目前经济社会运行总体趋势,预计全省主要经济指标可达到、部分指标可超过"十三五"规划期末的预期目标。

(一)发展速度高于全国平均水平,经济总量迈上新台阶

2017年,全省生产总值由2015年的16 780.89亿元增加到20 006.31亿元,年均增速达8.9%,生产总值跨越两万亿元门槛,预计2018年增

[①] 作者简介:王志国,江西省政府文史研究馆员、南昌大学中国中部经济研究中心客座研究员。

长8.6%；财政总收入由3 021.5亿元增长到3 447.72亿元，年均增长6.8%，预计2018年增长10%；全社会固定资产投资从17 388.1亿元增长到22 085.34亿元，年均增长12.7%，预计2018年增长11%；社会消费品零售总额从5 896.0亿元增长到7 448.09亿元，年均增长12.39%，预计2018年增长11%。主要经济指标年均增长速度高于全国平均水平，居全国前列。

（二）经济结构发生巨大变化，工业化水平大大提升

2017年，全省三次产业结构已从"十二五"末的10.6∶50.8∶38.6变化为9.4∶47.9∶42.7，一产继续下降了1.2个百分点，二产下降了2.9个百分点，三产上升了4.1个百分点。民间投资占全社会投资的比重提高到71.8%；非公经济增加值占GDP的比重提升到59.5%。高新技术产业快速发展，2017年增加值达到2 468.6亿元；超千亿的优势产业增加到12个。新经济模式蓬勃兴起，电子商务、互联网+、移动物联网、现代物流等新兴产业、现代服务业快速发展。以工业化为核心的发展战略取得重要进展，工业化水平进一步提升。

（三）经济增长质量提升，发展方式转变取得重要成效

发展方式转变与产业转型升级加快进行，战略性新兴产业领先增长，传统高耗能、高污染产业比重下降，规模以上工业企业综合经济效益提升。2017年，全省高新技术产业增加值占全部工业增加值的比重达到30.4%；全省财政总收入占GDP比重，已由2015年的13%提高到17.23%。以电子信息产业、生物医药产业、新能源、新材料产业、航空、汽车制造为代表的新兴产业、先进装备制造业快速发展，引领全省产业加速转型升级。

（四）开放型经济迅速发展，区域经济格局进一步完善

2017年，全省海关进出口总值达到3 020亿元，比2015年增长14.33%；实际利用外资达到114.6亿美元，增长21.01%。开放平台建设取得重要进展，国家级开放开发园区增长到17个，主营业务收入200亿~500亿元的园区30个，超500亿~1 000亿元的园区15个，超1 000亿元的园区达4个。以南昌核心增长极、赣江新区、九江沿江开放为核心的鄱阳湖生态城市群领先发展，赣东北开放合作区建设取得重要进展，

赣西城镇转型发展迅速推进，赣南原中央苏区振兴和吉泰走廊建设取得重要成效。全省区域发展格局进一步完善提升，融入长江经济带、"一带一路"建设取得重要进展。

（五）新型城镇化快速推进，城乡面貌发生深刻变化

全省城镇常住人口于2015年实现首次超过农村人口的历史性突破，城镇化水平达到51.6%，2017年提高到54.6%，初步形成"一群两带三区四组团"城镇体系发展格局。中心城市发展框架拉大，分区组团发展趋势明显，城镇基础设施能力增强，绿化、美化、亮化，城市品位、形象提升，城镇化进入一个新阶段、新境界。社会主义新农村建设扎实推进，农村面貌发生深刻变化。

（六）社会事业全面进步，城乡居民生活水平显著提升

科技创新能力提升，科技综合进步水平进位；教育卫生事业蓬勃发展，文化产业进入千亿产业行列。民生社会保障进一步健全完善，2016~2017年两年新增城镇就业人数111万人，农村外出就业劳动力年均873万人；2017年城镇职工基本养老保险参保人数1 005.24万人，两年增长了71%；参加基本医疗保险人数4 762.4万人，全省基本全覆盖。2017年，全省城镇居民人均可支配收入31 198元，农村居民人均可支配收入13 242元，两年平均增长8.5%、9.03%。年末城乡居民储蓄存款余额达15 503亿元，比2015年增长25%，人民群众生活水平显著提升。

（七）加快政府职能转变，全面深化改革取得重要进展

全面深化改革取得阶段性成效，加快政府职能转变，先后多批次取消和下放行政审批事项，行政效率、服务质量提高。深化财税、金融、投融资、价格改革，省直县体制改革取得重要进展；国资国企改革加快推进，大力推进混合所有制改革，创造国企改革"江西样板"。

（八）基础设施重大突破，发展后劲极大增强

2017年，全省高速公路由2015年的5 058公里增长到5 916公里，实现县县通高速；铁路营运里程由3 909公里增长到4 137公里，其中高铁近926公里；民航旅客运输量从985万人增长到1 415万人次，年均增长了19.9%；发电量从982.05亿千瓦小时增长到1 157.83亿千瓦小时，

年均增长了 8.6%。基础设施快速发展,水平提升,极大地增强了江西省产业发展后劲。

(九) 生态文明建设取得重大成效,生态优势空前凸显

成功争取全省纳入国家首批生态文明先行示范区试点,率先实行河长制、实施区域生态补偿试点,重点领域先行先试开局良好。一批生态工程加快推进,节能减排完成规划目标,生态优势进一步巩固,创造生态文明建设"江西样板",在全国生态文明建设中的地位和作用进一步彰显。

二、江西发展存在的主要问题与矛盾

当前影响江西省经济社会发展的几个主要问题与矛盾有:

(一) 发展不足、经济运行难以回复较高增长

主要表现为经济规模不足、产业规模不足、人均量较小、收入提升困难。2017 年,江西省主要经济指标占全国的比重,生产总值 2.52%、财政总收入 2%、全社会固定资产投资 3.08%、工业增加值 3.45%、社会消费品零售 2.03%、出口 1.45%、金融机构存贷款余额为 1.97%、2.14%,均低于江西省人口占全国的比重 3.32%。以人均量与全国比较,2017 年江西人均生产总值为 43 424 元,只占全国平均水平 59 660 元的 72.78%,城乡人均可支配收入水平为全国平均的 85.7%、98.6%。今后一个时期,世界贸易摩擦增多、国内消费市场难以大幅提振、基础建设投资逐步减弱;而江西省产业转型升级较慢,老的支柱产业如钢铁、有色、建材、化工等产业升级面临较多的困难,新兴支柱产业正在培育之中。因此,经济运行难以回复过去的较高速度增长,城乡居民收入保持较高增长也难度较大。总量不足、人均量差距大,就是发展不足。今后一个阶段,必须把加快发展、稳定发展作为最紧要的任务。

(二) 结构滞后、发展阶段滞后

主要表现为三产结构滞后、城乡结构滞后、制造业产业层次不高、民营经济滞后。全国已于 2013 年整体进入第三产业占主体地位和领先发展的阶段。而江西省三产发展迟缓,追上全国 2017 年 7.9∶40.5∶51.6 的结构水平,大体需要 4~5 年。城镇化水平我省滞后 3.92 个百分点,追上

全国目前水平大体需要 3~4 年。江西省工业结构呈偏重工业、偏原材料、粗加工、偏中间产品型"三偏"现象。制造业以产业链中低层次产业为主，如支柱产业钢铁、有色金属、化工、建材、纺织等产业以中低层次产品为主；中高端产业如高新技术产业比重不高，高加工度、整机、终端产品较少。民营经济是江西省"短腿"，近几年为抗击经济下行压力，政府投资力度加大，对民间投资产生了一定的挤出效应。目前全省民间投资增速减缓，占总投资比重为 71.8%，比 2013 年低 3.2 个百分点。结构滞后性总体上反映我省发展阶段的滞后。目前江西省大体处于工业化中后阶段、城市化加速阶段，以及正处于产业转型升级阶段和新常态经济转换阶段。

（三）创新能力较弱、竞争压力加大

主要表现为缺少高水平大学，没有一所"985"学校；国家级科技平台较少，科技领军人才和创新团队较少。2015 年，每万人口 R&D 人员折合全时当量江西省为 10 人年，全国为 27 人年；每万人口拥有发明专利江西省为 1.25 件，全国为 6.3 件；2017 年 R&D 支出与生产总值之比我省为 1.28%，全国为 2.12%。目前全国各经济板块、各省市区都摆开了以人才争夺为核心的新一轮区域竞争态势，创新能力薄弱将使我省在新常态经济里面临的竞争压力加大。

（四）加快发展与资源环境矛盾突出

江西省资源禀赋特征是缺煤、少水电、无油贫气，大宗矿产品少、品位低；近几年土地、水电气资源价格上升，特别是劳动力成本上升，要素价格优势正在减弱。在加快发展中，这些问题将可能导致江西省原材料及加工业和开放型经济优势逐步削弱甚至丧失；而可持续发展要求，尤其是生态文明试验区的建设要求，将对江西省节能减排、"三偏"产业结构调整形成很大的压力。

（五）同步建成全面小康社会压力巨大

2020 年全面建成小康社会是中央的重大战略部署和必须完成的目标任务。据江西省"十二五"中期监测报告，35 个监测指标中，已达到目标的 10 个；预计在 2020 年可实现目标的 17 个；按照目前趋势，2020 年实现难度较大或不确定性的指标有 8 个，主要有人均 GDP、第三产业比

重、R&D 支出占 GDP 比重、平均受教育年限、环境质量指数和主要污染物排放强度等。这些指标对实现全面小康意义重大。如按目前江西省经济增长实际水平 9% 计算，2020 年人均 GDP 实现程度为目标值的 88% 左右；第三产业比重大致为 42%，实现程度 89.4%。若要全面达到人均 GDP 目标值，要求今后五年 GDP 增长速度在 11% 左右，这是艰难任务。而环境质量指标按江西省产业结构现状，增长速度越高，节能减排的压力就越大。同时，经济增长放缓，公共财政面临的压力也很大。

（六）经济发展环境出现一些新情况、新问题

一是经济发展软环境方面：21 世纪以来，江西省发展硬环境大大改善，过去数十年来制约发展的基础设施障碍基本消失，高速公路、高速铁路、航空交通四通八达，拉闸限电、等电生产的现象成为历史。但经济软环境在新形势下出现一些新情况：如一些地方存在一些"不作为、缓作为"现象；民间投资仍然遭遇一些"玻璃门、旋转门"现象。二是创新创业精神方面：表现在靠近江浙、湖南的一些县市群众创新创业劲头足，民营经济发展势头旺；而其他区域相对弱一些。一些村落群众打麻将成风，甚至拿土地补偿款打麻将；一些农村基层组织软弱涣散，集体意识缺失，一些公共事务存在无人管、无人问现象。部分科技人员创新创业劲头不足，只满足评职称要求，而不愿意花大力气、大功夫搞科研、做课题、搞创新。三是企业成长环境方面：江西省大企业、大集团少，2017 年进入全国 500 强企业仅 6 家，比 2014 年还少 2 家，比周边省少很多，反映出江西省企业成长环境、企业家成长环境存在一些问题。国有企业激励机制还不够完善，把企业做大做强的持续动力不足。民营企业多为家族性企业，现代企业制度转型难，本土文化"小富即安、小成即止"的风气影响企业做大做强。江西省有不少创业成功的企业家，如新一代 80 后创业人滴滴打车程维、孔明灯大王刘鹏飞等，他们不是在本土创业。2016 年新财富杂志发布中国 500 强富人榜中，江西有 9 人上榜，其中仅 3 人总部设在本省，其余全部在外省市。四是社会管理环境方面：如征地拆迁、环境污染、社会成员收入差距增大，食品药品安全、医患矛盾、新媒体表达机制多元化等，容易引起不良情绪甚至极端情绪，影响社会和谐稳定。

总量不足、人均水平较低、发展阶段性滞后是江西省重大省情特点和制定今后一个时期重大发展思路和发展战略的基本依据之一。

三、今后一个时期江西加快发展的主要潜力

(一) 增长阶段性蕴含的发展潜力

进入"十三五"时期，我国进入以内需市场为主、消费推动为主、创新驱动为主、供给侧结构改革为主、以次高速增长为特征的"四主一次"新常态经济。江西总体上与全国一致，但又表现出一些不同的特征。最主要的就是江西工业化水平、经济结构水平比全国滞后，这意味着江西工业发展还没有达到成熟阶段，工业对经济增长的贡献比服务业大，投资机会和对经济增长的贡献比消费大，服务业发展的空间更大；意味着诸如基础设施投资领域、高新技术产业发展和传统产业改造领域、扩大消费领域等，投资市场潜力相对大、机会多。阶段性滞后从另一个角度上看就是后发优势，就是增长潜力。如何充分发挥这种优势，有效利用增长潜力，是制定江西省宏观产业政策的最重要依据。现阶段江西省必须把扩大投资、加快发展工业仍然放在更重要位置。

(二) 发展机遇性催生的发展潜力

实施全面深化改革和创新驱动发展战略给江西带来的重要发展机遇就是机遇性潜力。一是供给侧结构改革带来的潜力。供给侧结构改革的核心是用改革办法抑制无效产能和过剩的中低端供给，培育发展有效的中高端供给，使供给结构更好地适应需求变化。具体措施就是"三去一降一补"。江西坚定贯彻执行党中央、国务院宏观调控部署，"十二五"以来，多次压缩淘汰过剩产能，已累计淘汰钢铁833万吨、水泥1 474万吨、平板玻璃284万重量箱、电解铝1万吨。江西商品房等产品库存以及杠杆率相对较低，今后一个时期"三去"的压力相对较轻，可以充分利用国家政策较好地完成任务，而把更多的资源和精力放在降成本、补短板、发展中高端有效供给上。二是国家开放战略和区域发展战略创新带来的潜力。"一带一路"是我国对外开放战略的大转变、大创新，其核心是扩大对外投资、开展国际产能合作。江西积极发挥"一带一路"重要货源地的作用，带动对沿线国家大量技术、劳务、装备、产品输出和重要资源回供机会。江西在长江经济带和中游城市群区域战略中处于主体地位，而不是以往区域战略中的辅助性地位，将在沿江交通等基础设施、临港优势产业及城镇化发展中获得较多的发展机遇和潜力。三是新产业、

新业态发展带来的潜力。新市场、新业态一个重要特性是在全国多区域基本全覆盖,机会较均等,不像老产业有巨大的市场和技术差别。这是一个落后地区甚至是山村也可以率先发展成为电子商务专业村的原因。江西虽然经济欠发达,但在发展新产业、新业态方面可以与发达地区站在一个起跑线上,甚至因为江西省要素价格和环境承载力的优势更具有吸引力,如信息、软件、电子商务等新产业的发展就是如此。例如,玉山县就创建成"国家电子商务进农村示范县",被授予"中国电子商务创新示范城市"。

(三) 资源要素性释放的发展潜力

江西固有的资源要素性优势仍然是新常态经济重要的增长潜力。一是资源要素价格优势。目前江西省土地、水电气,人工成本等要素价格综合成本仍然比沿海和内地一些中心城市要低。如据吉安工业园台商投资调查,水电土地人工综合成本比深圳低20%,比长沙低10%,为江西省引进外商投资赢得机会。二是生态环境优势。以丰富的森林、湿地、水资源、生物多样性、自然和人文景观为内涵的生态资源优势是江西最鲜明的优势。把生态优势转变为资源优势、产业优势、经济优势将释放很大的发展潜力和增长空间。可以抓住建设全国生态文明先行示范区的机遇,大力发展我省绿色产业、绿色品牌,构建未来有强大竞争力的绿色产业体系,把江西的生态优势转变为文化优势、品牌优势,变成项目优势、投资优势,转化为环境吸引力、产业吸引力。

(四) 优势产业孕育的发展潜力

在消费升级大潮和供给侧结构改革中,江西一些有资源、环境优势、有产业基础的新产业、优势产业将获得加快发展的机会和增长空间。主要有适应消费升级和信息化趋势的电子信息产业,适应健康消费升级的生物医药和中医药产业,新技术革命推动的新能源、新材料产业,代表了先进制造的航空、航天及智能制造产业,满足大众需求升级的绿色食品、旅游休闲、文化创意、职业教育、养老养生服务业等。江西从"十一五"开始,两次制订战略性新兴产业发展规划,重点扶持这些产业领先发展,初步形成了一批特色优势产业及其集群发展趋势。今后这些产业仍将保持强劲的发展趋势,具有很大发展空间和增长潜力。

（五）新型城镇化带来的发展潜力

今后一个时期是我国城镇化加速发展与质量提升并重时期。主要解决人口城镇化、城市二元结构和半城市化、城市体系完善、城市基础设施完善，公共服务提升、城市形象品位提升等问题。城镇化的发展潜力就是住房、商业地产的需求与投资潜力，水电气、地下管廊、金融信息需求与投资潜力，教育、医疗、文化、体育、生态建设、社区服务的需求与投资潜力。江西城镇化总体水平滞后于全国，发展潜力大，小城镇发展潜力也很大。这些需求和投资是今后一个时期江西经济发展最重要的增长潜力与市场需求空间。

（六）外向型经济积累的发展潜力

目前江西17个国家级开发区、高新区，94个省以上开发区，国家开发区数量居全国前列。近几年在全国外需市场萎缩、出口减速甚至负增长的情况下，江西出口和实际利用外资取得比全国高10个百分点左右的好成绩。外向型经济积累的能量将在今后一个时期进一步激发。主要表现在，江西开放平台多、外向企业数量及出口能力积累多、"走出去"积累了经验。江西农业、有色冶金、光伏、勘探、煤炭、建筑等领域产业技术与劳务出口有优势，将获得对外投资和带动产品装备出口的机会。外向型经济的新突破将为江西经济发展注入巨大的能量，国内产能获得重要发展空间。

四、今后一个时期加快江西发展若干重要领域的战略任务

"十三五"后期及今后一个阶段，我国将在习近平新时代中国特色社会主义思想指导下，按照"四个全面"战略部署和"五大发展理念"，全面深化改革，推进供给侧结构调整，建设创新型国家，决胜全面小康社会，实现发展方式的成功转变和新常态经济稳定运行。江西将坚定贯彻执行中央宏观调控部署，紧紧围绕省第十四次党代会和十四届六次全会确立的战略思路，围绕"十三五"规划确立的目标任务，坚定贯彻落实"创新引领、改革攻坚、开放提升、绿色崛起、担当实干、兴赣富民"方针，建设富裕美丽幸福江西。经济社会发展领域有以下十个方面的重大战略任务。

（一）以新兴产业为主导，推进产业结构转型升级

推进产业转型升级是今后一个时期江西产业发展的核心任务，把深入实施"三去一降一补"与产业转升级紧密结合起来。

一是推动产业结构向新技术、新产业、新业态"三新"产业跨越式转型升级。重点发展江西有优势、有基础的新一代信息技术产业、生物和新医药产业、新能源、新材料、新技术产业，发展航空航天、先进装备等高端智能制造，发展绿色食品、文化创意、健康旅游等新兴产业。

二是推进产业结构向高技术、高加工度、高增加值"三高"产业或中高端制造转型升级。加快传统产业改造升级，用新技术、新工艺，用信息技术、智能技术，改造江西省钢铁、有色金属、化工、建材等传统支柱产业；改造纺织服装、食品加工、轻工陶瓷等传统特色产业；大力发展精深加工业，延长产业链，增加附加值，加快改变江西省产业结构"三偏"特征。

三是推动产业结构向"服务化"转型升级。大力发展现代商贸物流业、金融服务、电子商务、虚拟现实、移动物联、信息咨询服务、文化与旅游服务、社区服务等现代服务业，推动服务业新产业、新业态领先发展升级。

（二）以板块活力为重心，促进区域生产力布局优化和协调发展

江西省委十四届六次全会提出新形势下着力打造"一区引领、两轴驱动、三区协同"区域发展新格局。按21世纪发展新趋势，提升优化完善江西省生产力大布局。

一是全力推动南昌大都市圈引领发展。以南昌为核心，以建设赣江新区、昌九走廊为重点，加强赣江新区相关开发区整合，构建高效组团结构和运行机制，加快九江沿江开放开发，加快临港临空产业、高新技术产业、智能制造、高端和新兴服务业发展，更好融入长江经济带和中游城市群。推动南昌核心增长极升级换挡，加快丰樟高、奉靖永、余东临融入南昌中心城市，建设大都市圈，发挥对全省高质量跨越式发展的引领作用。

二是充分发挥京九沪昆"两轴"带动作用。以京九沪昆高速铁路、高速公路、京九浙赣普铁等构造的现代综合交通，构建了现代江西无可

替代的生产力发展驱动轴。加快赣州、吉安、上饶、萍乡高铁枢纽建设，完善中心城市快速通道和综合交通集疏体系，强化两轴生产力布局，加速沿线城镇群体系建设，发挥"一带一路"大通道的兼备作用，深度融入长三角和粤港澳大湾区，加快形成带动全省发展起飞的"大十字"龙骨构架。

三是大力促进赣南苏区振兴发展。重点提升赣南苏区产业发展能力，促进稀土钨等有色金属、生物制药、电子信息、氟盐化工、新型建材、现代家具、绿色食品、红色绿色生态旅游等优势特色产业成长壮大，把绿色食品、中药材种植、绿色生态旅游等特色产业发展与精准扶贫结合起来，促进苏区自身发展能力与群众扶贫创业能力极大提升，打造江西南部重要增长板块。

四是着力推动吉泰走廊在赣中崛起。做强做大吉泰走廊电子信息、高端装备制造、生物及制药、绿色食品、文化产业等优势产业集群，推动走廊六大园区升级发展，加快产城融合，促进赣中城镇群加速发育，实现赣中崛起。

五是加快构建赣东北开放合作发展区。赣东北区位条件随着京福高铁、九景衢快铁、昌景黄高铁的兴建而跨越提升，本区铜及有色金属、光伏及新能源、航空制造、汽车制造、陶瓷及文化创意、大数据、大健康产业、绿色食品、绿色生态旅游等优势特色产业发展良好，具备融合东部沿海和长江经济带两大开放开发热点地区的独特条件。加强开放合作平台建设，加快产业开放合作，把赣东北建成我国东中部结合部典型开放合作示范区。

六是加快赣西转型升级发展。新余、萍乡已走出一条资源枯竭型城市顽强转型发展的道路。必须围绕各自转型的主导产业如钢铁、光伏新能源、装备机械、建材、化工陶瓷、节能环保等延伸产业链，补充完善产业链，不断推进技术升级和产品升级；同时抓住新常态机遇，开辟新产业、新业态发展领域，改善产业结构，增强综合竞争力。宜春走的是另一条典型意义的农业工业化道路。大力推动机电、陶瓷、建材、食品、化工、纺织服装等产业升级换代，培育壮大已有一定基础的生物医药、锂电新能源、先进装备制造业。推动新宜萍城镇群一体化发展，打造全省转型升级样板和新型城镇化先行区。

七是探索完善未来大生产力布局。现代交通是一个各种交通方式更加密致、互联互通的网络结构。未来江西大生产力布局中济广沿线有可能发展成为一条"骨干构架带"。如果能加快六景铁路、景鹰城际铁路规划研究与建设,并且力争鹰梅铁路更多沿济广沿线行走,将大大加快济广沿线开发速度和生产力布局。更长一些时间看,郴赣龙铁路建设、沿线综合交通完善及城镇群崛起,将使江西省在赣南再增加一条横向发展带,江西大生产力布局将更加完善。要着力从长远生产力合理布局的高度,前瞻性围绕"骨干架构"安排综合交通等基础设施建设和城镇群建设。

(三) 以内涵发展为重点,推进新型城镇化

新型城镇化是扩大内需、扩大投资、扩大消费、推进"四化"同步的关键点、连接点。在加快人口城镇化的同时,重点提升完善城镇体系、城市功能、城市环境、城市形象品位和特色,推动城市内涵发展。

一是按照城镇乡村全域概念来规划、设计城镇体系。进一步完善"一群两带三区"城镇体系,重点做强做大南昌、九江、赣州都市区,加快发展京九、沪昆两大城镇带中心节点城市。加大鄱阳湖生态城市群的宣传、推介、建设力度,使其成为我国最有特色、最响亮的生态品牌城市群、长江中游城市群的重要组成部分。加快信江河谷、新宜萍、吉泰走廊、济广沿线抚赣段、"三南"城镇群发育与成长。

二是加快中心城市周边撤县建区的速度。将市县建成区与中心城区基本相连或相隔不远的独立市县改为市属区,为做强做大中心城市,推动中心城市统一规划、统一建设提供基础条件。

三是提升城市环境幸福指数。加强城镇基础设施、公共服务体建设,推进旧城改造、地下管廊建设;推动产城融合,多中心组团发展,解决日益严重的城市拥堵问题;推动智慧城市、森林城市、海绵城市、生态城市建设。

四是激发小城镇建设活力。目前小城镇发展活力有待充分挖掘。加快小城镇公共服务体系建设和社区建设,增强小城镇宜居性。开展农村宅基地与小城镇居用地置换,吸引和鼓励农民到小城镇买房建房。推进农民工有序市民化、农村居民有序城镇化。

(四) 以产权改革为主线,加速推进农业农村现代化

我国农业农村改革与现代化进程已进入一个新的关口:工业化已经提供了农业现代化所需的一切物质条件,包括机械、电力、化学、建筑

工业以及现代耕作组织方式及其科学技术；城镇人口承载力已基本具备容纳农村剩余人口的容量。一旦启动人口城镇化和农业规模生产的制度创新时机成熟，我国农业农村现代化将进入飞跃发展时期，工业化将伴随农业农村现代化实现而最终完成。

一是加快推进农村产权制度改革。加快耕地、山地、水面、宅基地、集体财产等农村资产确权进程，为农村工商业、股份经济、农业金融等现代农村经济发展提供基础条件。推动农村产权依法、有序、自愿流转，在充分保障农民产权利益的基础上，推进农业规模经营和农业装备现代化。加快推进农业经营制度改革，引导工商企业进入农村，大力发展专业合作社、家庭农场、股份制农场。

二是提升完善农村公共服务水平。实现城乡公共服务均等化和社会保障一体化。

三是创新新农村建设思路。把新农村建设与小城镇、中心村改造、村庄整理改造、农村宅基地制度改革结合起来，鼓励农村居民向小城镇、中心村集中居住，禁止农村新建分散住宅，改变目前农村居住越来越分散的现象。

（五）全面深化改革，增强内生发展动力

一是扩大市县发展权。能由下一级管理的一律下放；扩大省直管县的范围，增强县财政活力。加快以中心城市为核心的区划体制改革。

二是深化投融资体制改革。目前民间资本潜力可观，必须扩大民营经济投资领域，降低准入条件，破除投资玻璃门、弹簧门，破除行政审批造成的事实垄断。大力发展PPP投资，让更多的民营资本进入基础设施、公共服务领域。大力发展地方金融业，发展资本市场，扩大企业直接投资。

三是深化国有经济改革。发展混合经济，增强国有经济在关键行业、关键领域的影响力、控制力。深化文化、卫生、体育事业改革，保障人民群众基本文化、健康需求，释放发展型、享受型消费需求，为发展文化、健康大产业创造市场条件。

（六）以"双向开放"理念为先导，打造内陆开放新高地

我国对外开放已进入以单向开放向双向开放、单边不对等开放向双边合作开放、引进吸收向综合创新"三个转变"为特征的对外开放新时

代。积极利用上一轮对外开放积累的经验和产业基础,抓住战略机遇,在内陆开放上求突破,在向外对接上深度融合,打造江西富有特色的内陆开放新高地。

一是积极推进中高端引进。抓住世界科技革命和世界经济大重组的机遇,扩大海外先进技术、新兴产业的引进;抓住沿海产业升级、要素资源紧张的机遇,扩大引进沿海新技术、新产业。积极对接长三角、珠三角和海区经济区,开展中高端招商选商,推进江西战略性新兴产业和优势支柱产业种子招商、延链招商和补链招商。积极融入长江经济带和中游城市群,实现联动共赢。

二是扩大对外投资。充分发挥江西农业技术、地质勘探、有色冶金、复杂地质条件煤炭开发、光伏制造、矿山开采和装备制造、建筑设计与制造、中医药制造和服务等产业领域的技术优势和制造优势,组织有关龙头企业、关联企业以及投资商联合走出去,在"一带一路"沿线国家和地区,在风险可控前提下,开展兼并重组、投资办厂办矿、开办工业园区,开展国际产能合作。

三是推动开放平台上台阶。推动各类园区特色化、产业集群化发展;推动园区二、三产业综合发展、产城融合发展;推进重点园区规模升级、管理升级。推动海关、口岸电子化、大通关;推动陆海、陆空、陆陆联运便捷化、高效化。

(七)加快生态产业体系构建,建设绿色生态江西

抓住江西列入国家生态文明试验区建设机遇,推进生态文明产业建设、制度建设、文化建设上新台阶。

一是推进生态产业体系建设。建设生态农业,重点防止农业面源污染、养殖污染、重金属污染。建设生态工业和生态产业园,发展循环经济,组织清洁生产,推进节能减排和污染综合治理防护。力争"十三五"末,全省所有工业园区都要基本建成生态产业园。推进生态城市建设,重点抓好城市排污体系建设,使排污系统与供水系统同时设计、闭路循环。

二是推进生态文明制度建设。健全完善土地、森林、水资源管理"三条红线"制度,进一步完善江西特色的"河长制"、省内流域生态补偿制度,探索建立生态资源产权制度。进一步完善市县科学发展综合考评体系,大力引导地方科学发展、加快发展。

三是加强生态文化建设。加大生态文明制度宣传力度，树立"天人合一"生态理念，倡导低碳生活方式，创建美丽中国"江西样板"。

（八）以提升创新能力为核心，建设创新创业江西

创新是新常态经济的核心驱动力，极大提升江西创新能力，推进创新型省份建设。

一是提升高等教育、职业教育竞争力和特色化。减少综合性大学扩张，重点扶持南昌大学进入国家一流大学行列；加强特色型大学建设，重点建设好江西中医药大学、景德镇陶瓷大学、江西理工大学、南昌航空大学、南昌工程学院等特色大学，提升特色学学水平，防止各类学校专业小而齐、大而全、同质化竞争的倾向，力争特色大学、特色学科在全国占有重要地位。大力发展职业本科、专科教育，使所有未进入本科教育的高、初中毕业生，都能接受3~5年的职业教育，推动普通教育、职业教育双向互通。

二是加快创新平台和创新人才队伍建设。依托高校、科研院所、龙头骨干企业，以优势特色产业为载体，新建一批高水平国家工程中心、重点实验室、协同创新中心，提升创新平台基础设施水平，使全省国家创新平台数量有大的跃升。积极培育引进高水领军人才和创新团队，鼓励科技人员离职兼职创新创业，加大产权激励，加快成果转化，营造良好创新环境。

三是推进全民创业。开放经济与本土创业两手抓，支持引导科技人员、管理人员、务工回乡人创业办企业。落实工商注册、行政审批制度改革成果。放开投资领域，政府投资不与民争利。对民营企业多服务，多扶持，坚决不收过头税。

（九）完善提升民生工程，建设和谐幸福江西

适应人民群众对新时期富裕幸福生活的新期待，把完善提升民生工程作为重大发展任务和公共财政的重头戏。推进城乡养老、医疗保险全覆盖，进一步完善社会救助、最低生活保障制度。根据发展水平和财力许可不断提升保障水平和便捷水平。加强精准扶贫。

（十）推进社会管理创新，建设平安法治江西

适应新时期社会管理新形势、新特点，大力推进社会管理创新。加

快建立城乡统一的人口与户籍管理制度,畅通社会阶层流动通道,增进社会公平。强化生产安全和食品药品安全管理,加强社会治安管控。强化公共事件预案管理。尊重和引导民众运用合理渠道表达利益诉求。牢牢掌控舆论主阵地,创新新时期群众工作手段和方法。

中国城乡福祉差异的空间不平衡分析

王圣云　罗　颖　翟晨阳[①]

促进城乡区域均衡发展是我国"十三五"时期的重要目标，努力缩小城乡区域福祉差距，实现民生福祉均衡发展，是全面建成小康社会的重要任务。正确衡量我国城乡福祉差距及其区域差异，不仅有助于从福祉视角分析中国的城乡差距态势，而且可以揭示出我国城乡福祉差距的区域差异状况。目前，关于城乡差异方面的研究文献很多，大量研究集中在城乡收入差距测度方面。此外，一些研究集中在城乡公共服务或生活水平差异、城乡贫困或幸福感差异、城乡一体化或城乡互动水平；还有一些研究关注城乡收入差距的影响因素。综观已有研究可知：其一，在城乡福祉差距方面的测度研究较少，尤其是探究其区域差异演变与影响因素的研究更不多见；其二，相关研究多采用已有的微观调查数据，较少进行宏观视角的区域比较分析，而且城乡差距指标选取较少采取城乡比值指标；其三，已有影响因素分析着眼于对城乡收入差距的分析，缺少对城乡福祉差距的分析。为此，本文首先应用城乡比值指标构建我国城乡福祉差距测评指标体系，实证分析2000~2013年中国城乡福祉差距的演变态势和空间格局；应用基尼系数、加权变异系数和泰尔指数分解等方法分析中国城乡福祉差距的空间不平衡状况。

一、中国城乡福祉差距测度指标体系构建

基于城乡收入差距、消费差距和住房差距，选取城乡居民收入比、城乡居民家庭恩格尔系数比、城乡居民家庭人均消费水平比、城乡居民交通通信支出比、城乡居民家庭设备及用品支出比、城乡居民文教娱乐支出比、城乡居民医疗保健支出比、城乡厕所普及率之比8项指标构建

[①] 作者简介：王圣云（1977~　），男，山西河曲人，博士，副研究员，硕士生导师，从事区域经济与福祉地理学研究。

我国城乡福祉差距指数。其中,城乡居民收入比反映收入维度的福祉差距;选取城乡居民家庭恩格尔系数比、城乡居民家庭人均消费水平比、城乡居民交通通信支出比、城乡居民家庭设备及用品支出比、城乡居民文教娱乐支出比、城乡居民医疗保健支出比等指标反映消费维度的福祉差距;考虑到城乡人均居住面积指标并不能反映我国居民的真实居住福祉水平,因此选用城乡厕所普及率之比指标,该指标越大,反映城乡居住福祉差距越大。

二、AHP–Entropy 组合赋权法和城乡福祉差距测评模型构建

层次分析法(AHP)确定权重的方法是一种主观权重确定方法。在专家咨询基础上构造判断矩阵,应用 AHP 方法计算得到指标 j 的主观权重 w_a。熵值法(Entropy)是一种依据各项指标信息量的大小来确定指标权重的方法,是一种客观权重判定方法,计算过程如下:

首先对原始数据进行标准化处理。设有 n 个待评价的省区,m 个评价指标,x_{ij} 为第 i 个省区的第 j 评价指标的观测值,z_{ij} 为标准化后的指标值。数据标准化方法如下:

$$z_{ij} = \frac{x_{ij} - \min(x_{ij})}{\max(x_{ij}) - \min(x_{ij})} \text{(正向指标)}$$

$$z_{ij} = \frac{\max(x_{ij}) - x_{ij}}{\max(x_{ij}) - \min(x_{ij})} \text{(负向指标)} \quad (1)$$

再计算第 j 项指标标准化数据的历年均值,T 为末期,t_0 为初期:

$$Z_{jt} = \frac{\sum_{t=t_0}^{T} z_{ij}}{T - t_0} \quad (2)$$

然后计算指标的熵值:

$$e_j = -k \sum_{i=1}^{n} Z_{ij} \ln Z_{ij} \quad (3)$$

$$k = \frac{1}{\ln(n)} \quad (4)$$

接着计算第 j 项指标的差异系数:

$$g_j = 1 - e_j \quad (5)$$

归一化得到指标 j 的熵权:

$$w_e = \frac{g_j}{\sum_{j=1}^{m} g_j} \quad (6)$$

考虑到主、客观赋权法的优缺点，组合应用 AHP 和 Entropy 确定指标权重。根据参考文献，计算指标 j 的组合权重（见表1）：

表1　　　　　　　　　　指标权重

	主观权重（AHP）	客观权重（Entropy）	组合权重
城乡居民收入比	0.1872	0.1444	0.1658
城乡居民家庭恩格尔系数比	0.0998	0.0321	0.0660
城乡居民家庭人均消费水平比	0.2087	0.1149	0.1618
城乡居民交通通信支出比	0.0893	0.1843	0.1368
城乡居民家庭设备及用品支出比	0.0505	0.0655	0.0580
城乡居民文教娱乐支出比	0.0856	0.2893	0.1875
城乡居民医疗保健支出比	0.1853	0.0856	0.1355
城乡厕所普及率之比	0.0936	0.0838	0.0887

$$w = \frac{1}{2}(w_a + w_e) \tag{7}$$

最后计算城乡福祉差距指数：

$$y_i = \sum_{j=1}^{m} w z_{ij} \tag{8}$$

三、空间基尼系数、人口加权变异系数和泰尔指数分解方法

采用基尼平均差方法计算基尼系数，考虑不同地区人口权重，基尼系数计算公式为：

$$Gini = \frac{\left[\sum_{i=1}^{n}\sum_{j=1}^{n}|c_i - c_j|p_i p_j\right]}{2\mu} \tag{9}$$

人口加权变异系数（CV）：

$$CV = \frac{\sqrt{\sum_{i=1}^{n}(c_i - \mu)^2 p_i}}{\mu} \tag{10}$$

泰尔系数（$Theil$）：

$$Theil = \sum_{i=1}^{n} p_i(c_i/\mu)\lg[(c_i/\mu)] \tag{11}$$

其中，Gini 是城乡福祉差距指数的空间基尼系数，CV 是城乡福祉差距指数的人口加权变异系数，Theil 是城乡福祉差距指数的泰尔系数。c_i 是 i 地区的城乡福祉差距指数，p_i 是 i 地区人口占全国人口比重，μ 是人口加权的平均城乡福祉差距指数。

泰尔系数具有空间可分解性，总体区域差异可分解成不同空间尺度的内部差异和外部差异。据此，中国城乡福祉差距的区域差异可划分为东部、中部、西部、东北四大区域之间的差距和区域内部的差距。泰尔系数分解计算公式如下：

$$Theil = T_{inter} + \sum (C_i/C) T_{i(intra)} \quad (12)$$

$$T_{(inter)} = \sum (C_i/C) \lg[(C_j/C)/(X_i/X)] \quad (13)$$

$$T_{i(intra)} = \sum (c_j/C_i) \lg[(c_j/C_i)/(x_j/X_i)] \quad (14)$$

其中，C 表示全国城乡福祉差距总量，X 表示全国人口总量。C_i 表示第 i 个区域的城乡福祉差距总量，X_i 表示第 i 个区域的人口总量，$C_i = \sum c_j$，$X_i = \sum x_j$，$j \in i$，$i = 1, 2, 3, 4$，j 表示属于第 i 个区域第 j 省（区）。其中，全国城乡福祉差距总量等于各省城乡福祉差距指数乘以各省人口总量的加总，区域的算法同理。$T_{(inter)}$ 表示四大区域之间的差异，$T_{i(intra)}$ 表示区域内部差距。

四、中国城乡福祉差距的省区格局演变：2000~2013 年

从表 2 可以看出：2000~2013 年我国城乡福祉差距增速排前两名的省份有内蒙古、广西，其中唯有内蒙古的增速达到 8.57%，是正增长，从 2000 年的第 20 名到 2013 年的第 8 名，表明内蒙古的城乡福祉差距明显扩大最为明显。广西的城乡福祉差距指数从 2000 年的 0.226 降低到 2013 年的 0.214，其排名从第 14 名到 2013 年的第 6 名，城乡福祉差距略有缩小，但缩小很慢。

表2　中国各省区城乡福祉差距指数及其排名变化：2000~2013 年

地区	2000年	排名	2005年	排名	2010年	排名	2013年	排名	2000~2013年增长率（%）
北京	0.149	28	0.133	29	0.098	30	0.070	30	-53.02
天津	0.228	13	0.191	19	0.161	22	0.092	27	-59.65

续表

地区	2000年	排名	2005年	排名	2010年	排名	2013年	排名	2000~2013年增长率（%）
上海	0.100	31	0.074	31	0.094	31	0.070	30	-30.00
河北	0.239	12	0.214	13	0.181	18	0.150	19	-37.24
江苏	0.156	27	0.149	28	0.121	28	0.091	28	-41.67
浙江	0.134	30	0.108	30	0.102	29	0.088	29	-34.33
福建	0.169	22	0.175	21	0.158	23	0.127	22	-24.85
山东	0.165	24	0.163	25	0.144	26	0.118	24	-28.48
广东	0.183	19	0.198	17	0.202	12	0.142	21	-22.40
海南	0.202	16	0.193	18	0.216	10	0.172	14	-14.85
辽宁	0.165	24	0.167	24	0.177	19	0.144	20	-12.73
吉林	0.165	24	0.171	23	0.152	25	0.109	25	-33.94
黑龙江	0.168	23	0.163	25	0.142	27	0.106	26	-36.90
山西	0.246	11	0.240	10	0.197	16	0.174	13	-29.27
安徽	0.222	15	0.210	14	0.200	15	0.185	10	-16.67
江西	0.143	29	0.158	27	0.155	24	0.123	23	-13.99
河南	0.186	18	0.209	15	0.187	17	0.155	17	-16.67
湖北	0.172	21	0.174	22	0.167	21	0.153	18	-11.05
湖南	0.200	17	0.183	20	0.177	19	0.160	16	-20.00
内蒙古	0.175	20	0.205	16	0.235	8	0.190	8	8.57
广西	0.226	14	0.219	11	0.257	6	0.214	6	-5.31
重庆	0.313	4	0.299	4	0.251	7	0.194	7	-38.02
四川	0.258	9	0.215	12	0.202	12	0.161	15	-37.60
贵州	0.406	2	0.355	2	0.311	2	0.249	3	-38.67
云南	0.370	3	0.334	3	0.263	4	0.259	2	-30.00
西藏	0.722	1	0.491	1	0.316	1	0.353	1	-51.11
陕西	0.298	7	0.294	5	0.270	3	0.244	4	-18.12
甘肃	0.307	6	0.283	6	0.260	5	0.224	5	-27.04
青海	0.269	8	0.250	8	0.221	9	0.190	8	-29.37
宁夏	0.248	10	0.242	9	0.213	11	0.175	12	-29.44
新疆	0.311	5	0.251	7	0.201	14	0.179	11	-42.44

我国城乡福祉差距降幅较大的省区有天津、北京、西藏、新疆、江苏、贵州、重庆等，其中天津的城乡福祉差距从2000年的0.228缩小到2013年的0.092，降幅最大，为59.65%，城乡福祉差距指数排名从2000年的第13名到2013年的第27名，城乡福祉均衡方面取得明显成效。北京从2000年0.149的降为2013年的0.070，城乡福祉差距全国最小，且降幅为53.02%，仅低于天津，由此可知北京的城乡福祉最为均衡；西藏尽管在2000~2013年城乡福祉差距指数分值一直最高，但西藏的城乡福祉差距指数已从2000年的0.722降低到2013年的0.353，降幅达51.11%，城乡统筹取得可喜成绩。新疆从2000年的0.311降低为2013年的0.179，城乡福祉差距的降幅达到42.44%，略低于西藏。此外，江苏、贵州、重庆的城乡福祉差距尽管依然较大，降幅明显，分析表明西藏、新疆、贵州、重庆等省区城乡一体化发展富有成效。

五、中国城乡福祉差距的四大区域格局演变：2000~2013年

根据省区平均值近似衡量我国四大区域城乡福祉差距的整体状况，从图1可以看出，2000~2013年我国及四大区域城乡福祉差距的演变过程大致分为三个阶段：2000~2003年我国城乡福祉差距不断扩大；2004~2008年我国城乡福祉差距在波动中平缓缩小；2009~2013年我国城乡福祉差距明显缩小。

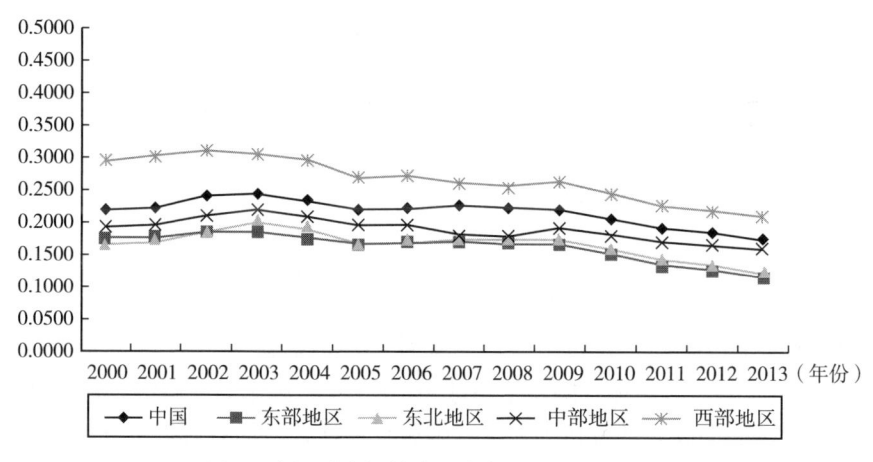

图1　中国城乡福祉差距演变：2000~2013年

整体来看，我国及四大区域城乡福祉差距呈递减态势，民生领域的

城乡一体化取得了明显成效。我国城乡福祉差距指数从 2000 年 0.218 的降低为 2013 年的 0.174；东部地区我国城乡福祉差距指数从 2000 年 0.174 的降低为 2013 年的 0.117；东北地区从 2000 年的 0.166 降低为 2013 年的 0.122；中部地区从 2000 年的 0.193 降低为 2013 年的 0.158；西部地区从 2000 年的 0.295 降为 2013 年的 0.210。此外，西部地区的城乡福祉差距最大，中部地区次之；东部地区城乡福祉差距最小，东北地区次之。从图 2 可知，2013 年西部地区城乡福祉差距接近我国 2000 年城乡福祉差距水平，2013 年中部地区城乡福祉差距略小于 2000 年的东部和东北地区。由此表明，我国中西部地区，尤其是西部地区城乡福祉差距仍旧较大，尽管我国城乡福祉差距整体上逐步缩小，但我国城乡福祉差距的区域不平衡问题仍然突出。

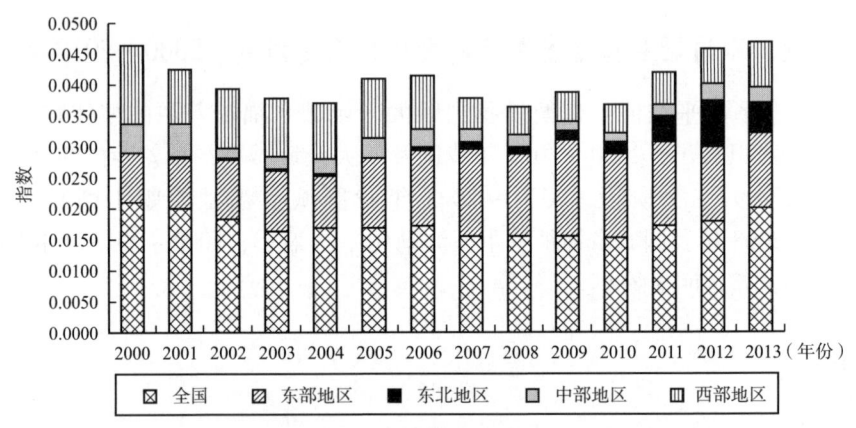

图 2　我国及四大区域城乡福祉差距的不平衡演进态势

六、中国城乡福祉差距的空间不平衡分析

从表 3 来看，2000～2013 年基尼系数、加权变异系数和 Theil 系数整体上都经历了一个先不断降低后又逐渐升高的过程，大致在 2009 年、2010 年处于最低点，表明中国城乡福祉差距的省际差异呈现出先下降、后上升的"U"型规律。除基尼系数在 2013 年稍高于 2000 年之外，加权变异系数和 Theil 系数分析则显示我国城乡福祉差距的省际差异在 2000～2013 年整体上趋向缩小。需要注意的是，2009 年、2010 年至 2013 年，我国城乡福祉差距的省际差异明显趋向扩大，基尼系数、加权变异系数和泰尔系数都存在明显扩大的态势，表明省际城乡福祉差距自 2009 年起

有明显扩大的趋势。

表3　　　　中国城乡福利差距的空间不平衡演进：2000～2013年

年份	Gini	CV	Theil	Theil	Theil
	全国	全国	全国	区域内	区域间
2000	0.1674	1.4662	0.0208	0.0085	0.0124
2001	0.1660	1.4794	0.0200	0.0070	0.0130
2002	0.1585	1.3216	0.0183	0.0068	0.0115
2003	0.1480	1.2011	0.0164	0.0067	0.0097
2004	0.1498	1.1875	0.0168	0.0064	0.0104
2005	0.1489	1.2063	0.0168	0.0076	0.0092
2006	0.1529	1.2080	0.0171	0.0076	0.0095
2007	0.1484	1.2084	0.0156	0.0066	0.0089
2008	0.1474	1.1889	0.0155	0.0061	0.0094
2009	0.1464	1.1717	0.0155	0.0070	0.0085
2010	0.1468	1.1676	0.0152	0.0062	0.0090
2011	0.1561	1.2388	0.0173	0.0066	0.0107
2012	0.1593	1.2814	0.0178	0.0068	0.0110
2013	0.1693	1.3612	0.0201	0.0071	0.0131

再从Theil指数分解结果来看，我国城乡福利差距的空间不平衡主要为四大区域之间的差异，区域间差距的贡献率从2000年的59.34%提高到2013年的64.93%，Theil指数从2000年的0.0124增为2013年的0.0131，区域间的城乡福利差距的空间不平衡不断加剧；区域内差距的贡献率则从2000年的40.66%降低到2013年的35.07%，Theil指数从2000年的0.0085降为2013年的0.0071，区域内城乡福利差距的空间不平衡态势有所减弱。需要指出的是，2009年之后，除东部地区城乡福利差距的省际差异趋于明显缩小之外，其他三大区域城乡福利差距的不平衡性有所加大。

从图2我国及四大区域城乡福利差距的Theil指数变化来看，2013年东部地区城乡福利差距的省际差异最大，中部最小，西部和东北地区居中。从演变趋势来看，中部和西部地区城乡福利差距的省际差异整体趋于缩小，东部和东北地区则整体趋向扩大。需要指出的是，2009年之后，东部地区城乡福祉差距的省际差异趋于明显缩小，中西部地区城乡福祉差距的不平衡性有所加大，而东北地区城乡福祉差距的省际差异在2013年拐向缩小。

七、研究结论

2000~2013年，我国及四大区域城乡福祉差距整体缩小，尤其在2009年之后城乡福祉差距缩小趋势更为明显。尽管城乡福祉差距整体上在逐步缩小，但我国城乡福祉差距存在的区域不平衡特征较为突出，东部地区城乡福祉差距最小，西部地区城乡福祉差距最大。我国城乡福祉差距的区域不平衡特征主要表现为我国四大区域之间城乡福祉差距的扩大趋势，但四大区域内部的城乡福祉差距趋于缩小。中国城乡福祉差距指数的省际空间差异呈现"先下降、后上升"的"U"型规律，也即我国城乡福祉差距的省际差异先缩小后扩大。中国城乡福祉差距呈现出明显的区域差异，东部发达省市的城乡福祉差距相对较小，而西部欠发达省区的城乡福祉差距较大。中西部地区城乡福祉差距的省际差异演变呈现趋同趋势，但东部和东北地区城乡福祉差距的省际不平衡态势却有扩大趋势。

参考文献

[1] 郭兴方：《城乡收入差距的新估计——一种动态解释》，载《上海经济研究》2004年第12期。[Guo X. New Estimate on Income Disparity Between Urban and Rural Residents——A Dynamic Explanation [J]. *Shanghai Economic Review*, 2004, (12): 22 – 27.]

[2] 田新民、王少国、杨永恒：《城乡收入差距变动及其对经济效率的影响》，载《经济研究》2009年第7期。

[3] 张文、李昌文、徐小琴：《区域城乡收入差距的主要影响因素分析——基于1985~2012年的江西数据》，载《华东经济管理》2015年第1期。[Wen Z, Chang - Wen L I, Xiao - Qin X U. An Analysis On Main Factors Affecting Regional Urban and Rural Income Gap - Based On the Data of Jiangxi Province From 1985 to 2012 [J]. *East China Economic Management*, 2015, (1): 32 – 36.]

[4] 罗敏、祝小宁：《城乡公共服务的社会空间均衡研究》，载《社会科学研究》2010年第4期。

[5] 马晓冬、沈正平、宋潇君：《江苏省城乡公共服务发展差距及其障碍因素分析》，载《人文地理》2014年第1期。

[6] 张伟进、方振瑞、黄敬翔：《城乡居民生活水平差距的变化——基于经济周

期视角分析》，2015 年。

[7] 王朝明、姚毅：《中国城乡贫困动态演化的实证研究：1990～2005 年》，载《数量经济技术经济研究》2010 年第 3 期。

[8] 高艳云：《中国城乡多维贫困的测度及比较》，载《统计研究》2012 年第 11 期。

[9] 罗楚亮：《城乡分割、就业状况与主观幸福感差异》，载《经济学（季刊）》2006 年第 2 期。

[10] 吕洁华、刘飞、夏彩云等：《城乡居民生活幸福感指数的对比分析》，载《统计与决策》2015 年第 5 期。

[11] 段娟、文余源、鲁奇：《中国城乡互动发展水平的地区差异及其变动趋势研究》，载《中国软科学》2006 年第 9 期。[Juan D, Yu - Yuan W, Qi L U. Research On the Regional Difference and its Changing Tendency of the Urban – Rural Interaction Development Level in China [J]. *China Soft Science*, 2006, (9): 87 - 95.]

[12] 陈国生、向泽映、陈春泉：《基于因子分析的湖南省城乡一体化发展研究》，载《经济地理》2009 年第 6 期。[Guo - Sheng C, Ze - Ying X, Chun - Quan C. Based On Factor Analysis Study of the Integrated Development of Urban and Rural Areas in Hunan Province [J]. *Economic Geography*, 2009, 29 (6): 925 - 928.]

[13] 周江燕、白永秀：《中国城乡发展一体化水平的时序变化与地区差异分析》，载《中国工业经济》2014 年第 2 期。

[14] 王小鲁、樊纲：《中国收入差距的走势和影响因素分析》，载《经济研究》2005 年第 10 期。

[15] 王雪霁：《城市化影响城乡收入差距的机制研究》，载《财经理论研究》2013 年第 5 期。

[16] 张文、李昌文、徐小琴：《区域城乡收入差距的主要影响因素分析——基于 1985～2012 年的江西数据》，载《华东经济管理》2015 年第 1 期。[Wen Z, Chang - Wen L I, Xiao - Qin X U. An Analysis On Main Factors Affecting Regional Urban and Rural Income Gap - Based On the Data of Jiangxi Province From 1985 to 2012 [J]. *East China Economic Management*, 2015, (1): 32 - 36.]

中国粮食功能区耕地产能分析

艾主河　罗海平[①]

一、引言

农业是我国的第一产业，是稳定人民群众的重要产业，粮食安全一直是一个重大问题，事关国计民生，解决好全国13.7亿人的吃饭问题，是维持国家安全稳定的重要一环。而粮食产量则是反映粮食安全的一个重要指标，维护区域粮食安全就是要维护区域粮食产量的稳定和促进粮食增产，而如果把土地作为耕地来使用的话，相比于土地的其他用途，无疑是一种低效率的利用，但是耕地资源作为保障粮食产出的重要因素，无疑十分重要，如何在保证粮食安全的情况下，把土地所带来的效益达到最高呢，我们国家对此提出了粮食功能区的概念。根据《国家粮食安全中长期规划纲要（2008~2020年）》的划分标准，粮食主产区包括黑龙江、吉林、辽宁、内蒙古、河北、河南、山东、江苏、安徽、江西、湖北、湖南、四川13个省份，主销区包括北京、天津、上海、浙江、福建、广东、海南7个省份、直辖市。而山西、宁夏、青海、甘肃、西藏、云南、贵州、重庆、广西、陕西、新疆11个省、自治区、直辖市则为产销平衡区。可以看出国家对粮食产销区的划分有着明确的规定。

而对于粮食功能区计量方法可以通过一定的方法计量合计，李丰（2015）提出粮食的调入调出计量方法，粮食主产区，即为粮食年度剩余量大于100万吨的省份，而粮食主销区则为粮食缺额大于100万吨的省份，而粮食产销区平衡区则在两者之间，可以进行简单的计量。曲福田、朱新华（2008）认为粮食功能区，有利于形成区域资源优势和专

[①] 作者简介：艾主河（1997~　），男，江西鹰潭人，南昌大学经济管理学院研究生。

业化产业优势,从而获得比较利益。粮食功能区划分为粮食主产区、粮食主销区、粮食产销平衡区。但是各个分区之间由于其区域位置不同导致其所承担的功能就不同,像一些经济发达的省份,它们的耕地资源较少,土地主要用于创造更大价值,则划分成粮食主销区,有一些省份耕地资源丰富,适宜粮食生产,则被划分为粮食主产区。但是随着功能区的划分,也造成了一定的问题。粮食大省成为经济弱省,财政穷省。孙晶晶、赵凯、牛影影(2017)认为应对粮食主产区进行利益补偿,不然就会使得区域差异越来越大。那么如何更好地发挥各大功能区的优势,我们需要测算各功能区粮食产出效率,然后比较各功能区产出效率差异,看看各区的划分是否合理,是否存在主产区效率大于主销区的情况。

二、粮食功能区演变趋势

(一)粮食产销布局现状

本文采用 1995～2002 年和 2009～2016 年宏观数据计算粮食产销的结果,并观察粮食产销区的变化趋势,包括人均消费粮食、人均占有量、人均产销粮。然后通过粮食分区的划分,对比看出差值,观察出一定结果,从而反映粮食产销区的变化情况。

根据 1995～2002 年的平均数据,按照粮食功能区的分类,算出如表 1 的结果。从表 1 中可以看出粮食主产区的人均产销粮平均值远大于产销平衡区和粮食主销区,粮食主产区各省份平均人均产销粮为 225 千克,粮食产销平衡区平均人均产销粮为 92 千克,粮食主销区平均人均产销粮为 -16.4 千克,充分展现了各个分区的分区意义。其中人均产销粮最多的吉林为 541.1 千克,其次为黑龙江 487.8 千克,吉林、黑龙江作为粮食调出省,向全国其他地方供应粮食。充分利用了地区优势和区域差异,以便达到科学的划分。而人均产销量最少的地区为上海,上海作为一个经济发展的大市,其土地大量用于商业发展,而很少作为耕地,导致其粮食基本依靠外调,本市很难维持人民的粮食供给,为典型的粮食主销区。1995～2002 年粮食产销规模呈现出分区特征,分区的意义极大,保证了全国粮食的有效供给。

表 1　　我国粮食人均产销情况表（1995～2002 年平均）　　单位：千克

地区		人均粮食占有量	人均粮食消费量	人均产销粮
粮食主产区	辽宁	358.5	239.9	118.6
	黑龙江	759.8	272.0	487.8
	河北	406.5	213.6	192.9
	山东	448.2	238.0	210.2
	河南	425.7	238.4	187.4
	湖南	413.5	290.1	123.3
	湖北	408.2	281.2	127.0
	江西	396.4	301.8	94.5
	江苏	454.7	269.8	184.9
	安徽	431.8	253.7	178.1
	四川	396.2	241.9	154.3
	内蒙古	581.1	256.6	324.5
	吉林	790.1	249.0	541.1
产销平衡区	甘肃	307.8	248.5	59.3
	宁夏	491.9	255.7	236.2
	山西	285.5	227.4	58.1
	广西	325.9	234.9	91.0
	贵州	289.0	224.6	64.4
	云南	323.8	242.5	81.4
	西藏	342.4	259.2	83.2
	陕西	299.8	221.1	78.7
	新疆	450.0	242.6	207.4
	青海	217.1	256.4	-39.3
粮食主销区	北京	147.4	162.2	-14.8
	天津	182.6	217.3	-34.8
	上海	128.5	246.7	-118.3
	福建	268.9	258.8	10.1
	广东	235.4	249.0	-13.6
	海南	266.9	256.7	10.1
	浙江	291.9	245.7	46.2

随着技术提升,产业结构调整,改革开放的不断扩大,我国的粮食总产量已经发生了变化。根据 2009~2016 年的数据得出表 2,从表 2 中可以看出人均粮食占有量基本上高于表 1 中的数值,说明粮食产量增长的速度快于人口增长的速度,正是由于改革开放以来,我国持续吸取外来技术,然后进行技术创新,使得我国亩产增加,粮食产量连续增长,我国粮食产量绝对值已经达到了很高的层次,吉林省和黑龙江省人均产销粮分别为 1 038.8 千克和 1 332.9 千克,充分体现出粮食主产区的区域优势。而对于粮食主销区的一些省份来说,产销差距有所扩大,像北京、广东、浙江等,差距明显扩大,依靠粮食外调程度明显加深,这三个地方都是我国经济的风向标,其经济发展水平极高,没有很多空闲的土地去用于粮食生产,由于社会经济发展导致的技术进步,三大功能区整体产粮水平发生了极其巨大的变化,现在粮食主产区平均人均产销粮已经达到 474.7 千克,比 1995~2002 年高了 249.7 千克,增长幅度达到 110%,而粮食产销平衡区平均人均产销粮目前已经达到 183.1 千克,比起 1995~2002 年高出 91.1 千克,增长幅度为 99%,而对于粮食主销区来说,现在的平均人均产销粮为 -23.8 千克,差距已经变得越来越大。

表 2　　我国粮食人均产销情况表(2009~2016 年平均)　　单位:千克

地区		人均粮食占有量	人均粮食消费量	人均产销粮
粮食主产区	辽宁	442.8	165.2	277.6
	黑龙江	1 481.2	148.2	1 332.9
	河北	442.7	161.4	281.3
	山东	464.9	156.8	308.1
	河南	602.3	154.4	447.9
	湖南	442.9	200.0	242.9
	湖北	427.1	161.9	265.2
	江西	460.8	194.5	266.2
	江苏	427.3	158.0	269.3
	安徽	540.7	168.5	372.2
	四川	410.5	178.0	232.5
	内蒙古	1 011.9	176.0	835.8
	吉林	1 195.1	156.3	1 038.8

续表

地区		人均粮食占有量	人均粮食消费量	人均产销粮
产销平衡区	甘肃	416.4	199.3	217.1
	宁夏	562.3	180.1	382.2
	山西	336.5	166.4	170.1
	广西	313.8	176.4	137.4
	贵州	312.6	156.3	156.4
	云南	374.1	168.4	205.7
	西藏	307.7	288.5	19.3
	陕西	319.0	152.1	167.0
	新疆	586.6	221.4	365.2
	青海	178.8	168.5	10.3
粮食主销区	北京	46.3	104.1	-57.9
	天津	120.3	154.1	-33.9
	上海	48.9	136.9	-88.0
	福建	176.2	166.7	9.5
	广东	127.0	178.6	-51.5
	海南	210.0	142.6	67.4
	浙江	139.5	151.5	-12.0

（二）粮食生产现状

我国粮食产量稳步增长，耕地面积保持一个稳定水平。通过对1987~2016年各大功能区耕地面积的统计，可分为四个节点：1987年、1998年、2007年和2016年来看我国的耕地变化情况（见表3）。

如表3可见，1987~2016年主产区和产销平衡区的耕地面积都呈现上升趋势，主销区在1987~1998年呈现下降趋势，1998~2007年呈现上升趋势，2007~2016年则又下降。对于主产区来说从1987~2016年，耕地面积增加24 479.7×10³公顷，而产销平衡区增加了15 861.4×10³公顷，对于主销区来说在1987~1998年下降了888.3×10³公顷，在1998~2007年上升了1 077.4×10³公顷，在2007~2016年下降了276.2×10³公顷，说明了我国实施功能区的功效在逐步显现出来。从图1中可以看出，1987~1999年产销平衡区和主产区的耕地面积大致保持不变，而主销区的耕地面积却呈现下降的趋势。即便到1999年有所回升，但增加的耕地面积极少。2011 年，主产区耕地面积有所增加，使得全国耕地面积上升。到现在，耕地面积已经趋于平稳，保持在 13 500×10³ 公顷左右。

表 3　　　　　　　中国粮食分区各时间节点耕地面积　　　　　　单位：公顷

粮食分区	1987 年耕地面积	1998 年耕地面积	2007 年耕地面积	2016 年耕地面积
主产区	64 482.3	68 315.2	72 458.9	88 962
主销区	7 572.2	6 683.9	7 761.3	7 485.2
产销平衡区	22 612.2	24 194	35 899.5	38 473.6
全国总计	94 666.7	99 193.1	116 119.7	134 920.8

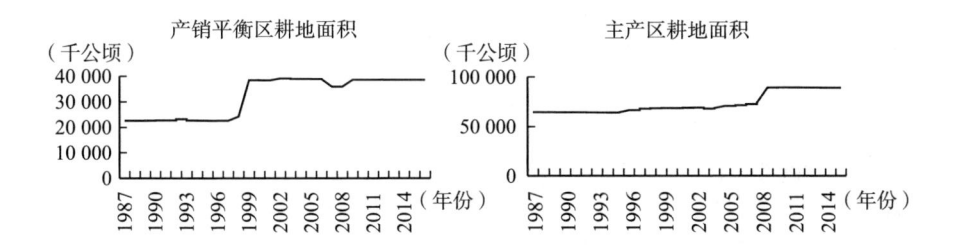

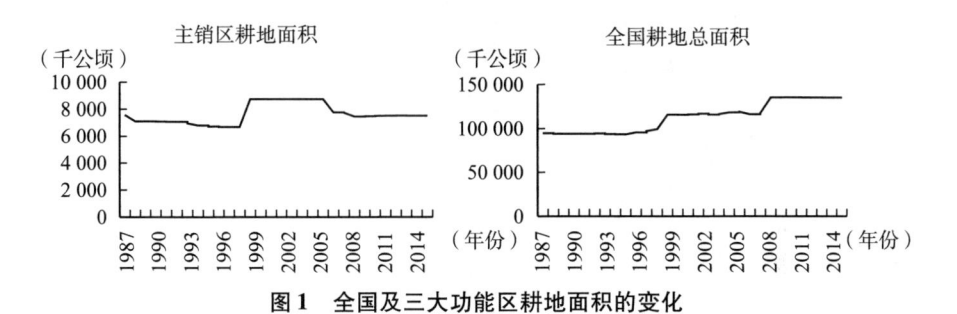

图 1　全国及三大功能区耕地面积的变化

但是这样的对比不是非常明显，所以我们同样分 1995～2003 年和 2009～2016 年两个阶段去观察耕地面积、粮食总产量还有单产的变化情况。通过两段时间的对比，来进一步发现各大功能区粮食生产状况。

从表 4 可以发现，在 1995～2002 年，粮食主产区和粮食主销区耕地面积没有发生较大的变动，反而是产销平衡区产生较大波动，其原因很有可能是功能区之间的内部调整，各省份之间开始功能分工。而对于粮食产量来说，也没有实现稳步增长。对于粮食主产区来说，单产最高为 5.6 吨/公顷，而主销区单产最高为 7.84 吨/公顷，产销平衡区单产最高

表4　1995～2002年粮食功能区耕地面积、粮食产量和单产

年份	耕地面积（千公顷）			粮食产量（万吨）			粮食单产（吨/公顷）		
	主产区	主销区	产销平衡区	主产区	主销区	产销平衡区	主产区	主销区	产销平衡区
1995	64 063.17	6 722.73	22 596.81	34 470.1	4 965.1	6 696.6	5.38	7.39	2.96
1996	66 358.85	6 683.9	22 593.3	37 129.1	5 176.6	7 463.9	5.60	7.74	3.30
1997	67 867.68	6 683.9	22 593.3	35 172.7	5 240.8	7 537.1	5.18	7.84	3.34
1998	68 315.21	6 683.9	24 194.4	36 315.7	5 213.6	8 950	5.32	7.80	3.70
1999	68 526.43	8 738.9	38 386.2	36 517.63	5 103.35	8 506.4	5.33	5.84	2.22
2000	68 473.83	8 738.9	38 375.1	32 607.4	4 474.39	8 504.95	4.76	5.12	2.22
2001	68 797.83	8 738.9	38 347	32 378.6	4 085.5	8 149.67	4.71	4.68	2.13
2002	68 982.67	8 738.9	39 074.4	32 913.3	3 723.7	8 377.6	4.77	4.26	2.14

为 3.70 吨/公顷。对于 1995~2002 年来说，主产区单产大致保持稳定，1995~2002 年平均单产为 5.13 吨/公顷，而主销区平均单产为 6.33 吨/公顷，产销平衡区为 2.75 吨/公顷。虽然主销区单产高，但是耕地面积少，粮食总产量不高，对于主产区来说，单产虽然不是最高，但是耕地面积多，保证粮食主产区在粮食供给方面的主要地位。产销平衡区，其单产效率太低，只能维持自身的需求，而无法进行粮食输出。

从表 5 可以发现，在 2009~2016 年，对于粮食主产区、主销区、产销平衡区来说耕地面积都没有发生很大的变化。但是从粮食产量来看，主产区和主销区的粮食产量基本上处于增长的态势。从单产上来看，主产区的单产水平基本上处于上升的态势，产销平衡区则一直处于上升的阶段。粮食主产区的平均单产为 4.76 吨/公顷，相对于 1995~2002 年反而下降了，粮食主销区平均单产 4.46 吨/公顷，相对来说也下降了，产销平衡区平均单产 2.82 吨/公顷，相对来说上升了。

三、粮食功能区泰尔指数测算

姜会明（2017 年）将泰尔指数（T）用于测算区域收入差异，本文用来测算各功能区粮食生产差异。泰尔指数越大，区域的差距就越大，反之泰尔指数越小，区域的差距也就越小，泰尔指数的计算公式为：

$$T = \frac{1}{n}\sum_{1}^{n} \frac{y_i}{\bar{y}}\log\frac{y_i}{\bar{y}}$$

式中，n 为研究的样本中的个体的数量，y_i 为个体 i 的水平数值，$\bar{y}$ 为个体数量的均值计算全国和粮食主产区、粮食产销平衡区、粮食主销区的泰尔指数。

$$T_1 = \frac{1}{n}\sum_{1}^{n} \frac{y_i}{\bar{y}}\log\frac{y_i}{\bar{y}},$$

$$T_2 = \frac{1}{n}\sum_{1}^{n} \frac{y_i}{\bar{y}}\log\frac{y_i}{\bar{y}}$$

$$T_3 = \frac{1}{n}\sum_{1}^{n} \frac{y_i}{\bar{y}}\log\frac{y_i}{\bar{y}},$$

其中 T_1 表示全国和各功能区的耕地面积的泰尔指数，T_2 表示全国和各功能区的粮食产量泰尔指数，T_3 表示全国和各功能区单产泰尔指数。

根据上述泰尔指数计算方法，分别计算出 1998~2016 年我国粮食功能区泰尔指数，并进一步按照产销平衡区、主销区、主产区三个部分进行计算，同时测算单产泰尔指数、耕地面积泰尔指数、粮食产量泰尔指数（见表 6）。

表5　2009～2016年粮食功能区耕地面积、粮食产量和单产

年份	耕地面积（千公顷）			粮食产量（万吨）			粮食单产（吨/公顷）		
	主产区	主销区	产销平衡区	主产区	主销区	产销平衡区	主产区	主销区	产销平衡区
2009	89 066.83	7 452.40	38 593.70	38 119.20	3 361.00	10 011.10	4.28	4.51	2.59
2010	89 230.57	7 477.00	38 564.80	39 418.70	3 323.30	10 140.40	4.42	4.44	2.63
2011	89 179.88	7 501.10	38 558.90	41 386.10	3 409.00	10 290.40	4.64	4.54	2.67
2012	89 142.63	7 507.30	38 537.30	42 539.30	3 422.90	10 925.30	4.77	4.56	2.83
2013	89 114.71	7 513.20	38 547.20	43 567.80	3 290.20	11 140.40	4.89	4.38	2.89
2014	88 979.32	7 507.30	38 525.50	44 267.40	3 320.70	11 360.60	4.98	4.42	2.95
2015	88 978.17	7 502.70	38 518.00	45 338.70	3 311.80	11 490.76	5.10	4.41	2.98
2016	88 962.00	7 485.20	38 473.60	44 675.80	3 290.50	11 558.28	5.02	4.40	3.00

表6　1998~2016年粮食功能区单产、耕地面积、粮食产量泰尔指数

年份	单产泰尔指数 全国	单产泰尔指数 产销平衡区	单产泰尔指数 主销区	单产泰尔指数 主产区	耕地面积泰尔指数 全国	耕地面积泰尔指数 产销平衡区	耕地面积泰尔指数 主销区	耕地面积泰尔指数 主产区	粮食产量泰尔指数 全国	粮食产量泰尔指数 产销平衡区	粮食产量泰尔指数 主销区	粮食产量泰尔指数 主产区
1998	0.0800	0.0673	0.0247	0.0766	0.2735	0.1777	0.2702	0.0627	0.2782	0.1896	0.3807	0.0442
1999	0.1412	0.1207	0.0389	0.0896	0.3794	0.2019	0.3171	0.0644	0.2867	0.1984	0.4044	0.0507
2000	0.1448	0.1343	0.0478	0.1059	0.3807	0.2022	0.3171	0.0673	0.1783	0.2125	0.4334	0.0667
2001	0.1433	0.1199	0.0401	0.1054	0.3865	0.2030	0.3171	0.0697	0.1550	0.2050	0.4265	0.0538
2002	0.1478	0.0626	0.0418	0.1119	0.3892	0.1878	0.3171	0.0706	0.1642	0.1929	0.4318	0.0467
2003	0.1364	0.0730	0.0527	0.0945	0.3778	0.1901	0.3171	0.0735	0.0974	0.2014	0.4579	0.0415
2004	0.1562	0.0743	0.0461	0.1065	0.3864	0.1908	0.3171	0.0754	0.1982	0.1970	0.4421	0.0403
2005	0.1603	0.0774	0.0373	0.1128	0.4228	0.1915	0.3171	0.0892	0.2406	0.1965	0.4355	0.0431
2006	0.1697	0.0491	0.0238	0.1266	0.4369	0.1918	0.3171	0.0946	0.2831	0.1968	0.4083	0.0475
2007	0.1575	0.0398	0.0197	0.1325	0.4389	0.1903	0.3259	0.1014	0.3048	0.1840	0.3917	0.0494
2008	0.1589	0.0418	0.0252	0.1362	0.4464	0.1903	0.3287	0.0890	0.3793	0.1850	0.3652	0.0483
2009	0.1380	0.0425	0.0364	0.1403	0.6972	0.1838	0.3222	0.0891	0.3833	0.1883	0.3714	0.0560
2010	0.1371	0.0409	0.0354	0.1368	0.6976	0.1837	0.3264	0.0864	0.4325	0.1816	0.3791	0.0560
2011	0.1406	0.0397	0.0361	0.1327	0.6971	0.1836	0.3296	0.0865	0.5092	0.1886	0.3787	0.0532
2012	0.1355	0.0352	0.0323	0.1311	0.6965	0.1835	0.3314	0.0866	0.5583	0.1877	0.3851	0.0528
2013	0.1368	0.0349	0.0279	0.1293	0.6963	0.1835	0.3320	0.0868	0.6009	0.1921	0.3808	0.0516
2014	0.1450	0.0317	0.0379	0.1395	0.6944	0.1834	0.3326	0.0872	0.6221	0.1914	0.4125	0.0595
2015	0.1471	0.0318	0.0383	0.1373	0.6942	0.1835	0.3319	0.0871	0.6699	0.1929	0.4126	0.0578
2016	0.1432	0.0342	0.0395	0.1325	0.6940	0.1842	0.3319	0.0872	0.6484	0.1935	0.4241	0.0545

（一）粮食产量泰尔指数测算

由于重庆1997年设立直辖市，所以选取1998~2016年在19年的数据来进行泰尔指数的测算，这样的做法可以更好地反映数据的真实情况。关于粮食生产的要素，选取耕地面积、粮食产量、单产三个指标。1998~2016年全国粮食产量的泰尔指数有着较为巨大的波动。1998~2003年有一个下降的趋势，而从2003~2016年则处于上升阶段。最大值达到了0.6699。而对于粮食主产区来说，最大值仅为0.0667，远低于全国差异水平，也说明了主产区内部差异较小，主产区的泰尔指数在19年间都保持一个稳定的状态，都在平均值周边徘徊。粮食主销区泰尔指数则处于一个较高的位置，最大值达到了0.4579，说明主销区内各省市的差异还是存在的，但是这么多年间，粮食主销区的泰尔指数一直保持一个较为稳定的数值，粮食产销平衡区最大值为0.2125，低于粮食主销区，多年来也保持稳定的环境（见图2）。

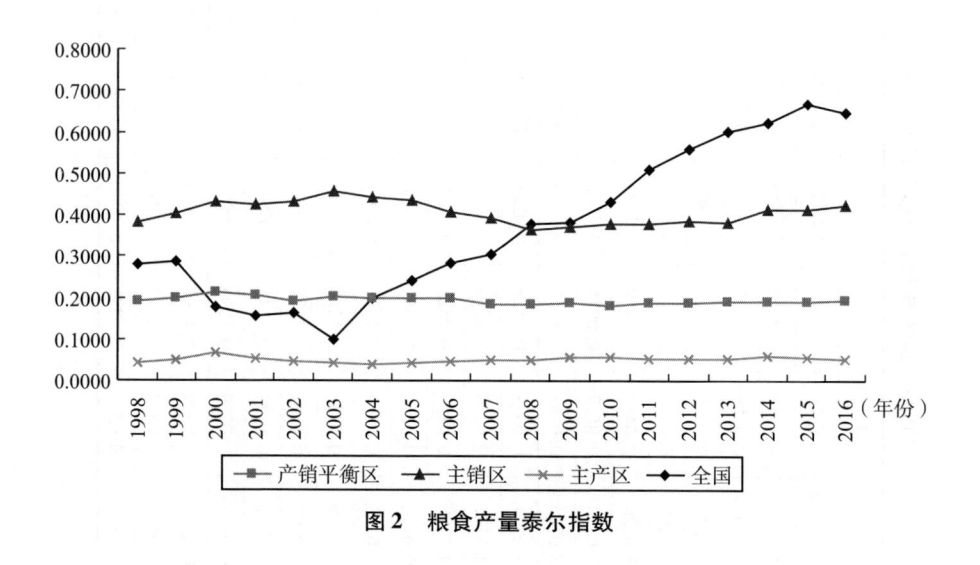

图2 粮食产量泰尔指数

（二）耕地面积泰尔指数测算

如图3所示，全国耕地面积泰尔指数从1998~2009年一直处于增长的态势，而从2009~2016年保持不变，其间最大值达到0.6976。而从三大功能区来看，粮食主销区依旧存在较大的区域差异，最大值为0.3326，但是对于主销区来说，从1998~2016年一直保持着稳定的数值。粮食产销平衡区和粮食主产区的耕地面积泰尔指数一直保持平衡,且主产区处于一个低位。

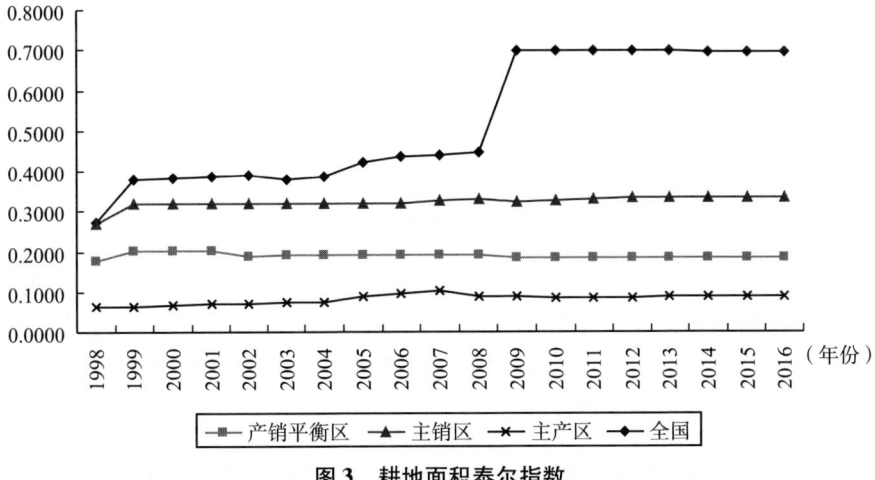

图3 耕地面积泰尔指数

(三) 单产泰尔指数

根据泰尔指数的公式,计算出单产的泰尔指数如图4所示。对于全国单产来说,虽然在图像上还处于高位,最大值仅为0.1697,已经远小于粮食产量(0.6699)和耕地面积(0.6976)的泰尔指数,说明了虽然

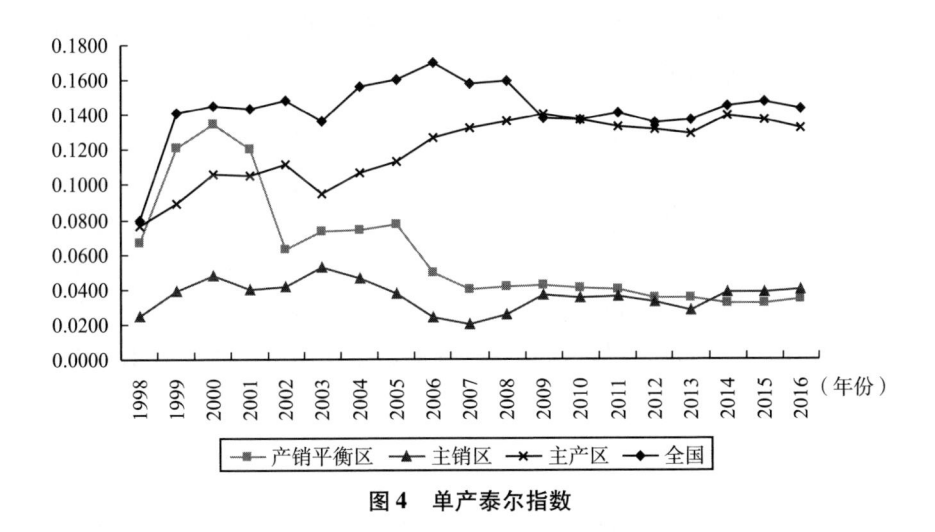

图4 单产泰尔指数

全国的各个省、直辖市、自治区存在着地理上的差异，但其粮食生产效率大致相同。对于粮食主销区来说，单产水平一直处于低位，而且低于粮食主产区和粮食产销平衡区。而粮食主产区则由于各种原因使得泰尔指数2002年之后一直处于较高的位置，最大值为0.1403。总的来说，三大功能区的泰尔指数都极低。

四、对策启示

（一）加大技术创新，提升粮食生产效率

为了从根源上解决粮食生产问题，提升粮食生产效率才是重中之重，杂交水稻的出现，提升了我国的粮食产量，也切实解决了我国人民的生存问题，对于我国的稳定发展起着重大作用。继续加大技术创新，才是解决粮食安全的根本之道。

（二）更好发挥粮食功能区优势，着力保障粮食安全问题

我们国家是一个人口大国，我国的粮食安全问题是关系到国计民生的重大问题，而功能区的划分能够更好地解决粮食安全问题，让土地资源能够充分利用，从设立粮食功能区以来，我国的粮食产销情况有着极大的改善。三大功能区要充分发挥区位优势，利用自身的有限的资源，着力保证我国的粮食生产。

（三）破除粮食主产区的"穷省弱省"现象，着力解决好区域间经济差异问题

粮食主产区由于其土地大部分用于耕地，导致经济发展方面与粮食主销区差距拉大，使得出现"穷省弱省"现象，这些省份的粮食虽然较多，但是其经济发展却较弱，使得区域间经济差异加大，不利于维持社会稳定。必须要打破这种现象，积极寻求区域发展的新方式。对于粮食主产区来说，应进行利益补偿机制，通过财政划拨的方式，给予粮食主产区一定的经济补助，以保证其经济发展，这样的做法才有利于维护各功能区的稳定。

参考文献

[1] 徐永金、黄纪心、苗珊珊：《主产区、产销平衡区和主销区粮食产量影响因

素的实证分析》，载《江苏农业科学》2018 年第 20 期。

［2］陈明华、仲崇阳、张晓萌：《中国人口老龄化的区域差异与极化趋势：1995～2014》，载《数量经济技术经济研究》2018 年第 10 期。

［3］王一杰、邸菲、辛岭：《我国粮食主产区粮食生产现状、存在问题及政策建议》，载《农业现代化研究》2018 年第 1 期。

［4］姜会明、孙雨、王健、吉宇琴：《中国农民收入区域差异及影响因素分析》，载《地理科学》2017 年第 10 期。

［5］陈璐、胡月、韩学平、郭翔宇：《国家粮食安全中主产区粮食生产及其贡献的量化 对比分析》，载《中国土地科学》2017 年第 9 期。

［6］孙晶晶、赵凯、牛影影：《三大粮食功能区社会经济发展水平评价及其差异分析——基于粮食主产区利益补偿视角》，载《农业现代化研究》2017 年第 4 期。

［7］李丰：《基于产销平衡视角的区域粮食安全保障体系研究》，载《江苏社会科学》2015 年第 6 期。

［8］曲福田、朱新华：《不同粮食分区耕地占用动态与区域差异分析》，载《中国土地科学》2008 年第 3 期。

粮食安全专题

我国粮食主产区生态安全与粮食安全耦合关系及空间协调性的实证研究

余兆鹏 罗海平 邹 楠[①]

一、引言

粮食安全是国计民生的基础,《乡村振兴战略规划(2018~2022年)》提出了"健全粮食安全保障机制、推进农业绿色发展",其目的是实现农业生态系统与农业生产的协调与可持续发展。但目前,我国粮食安全态势不容乐观,面临着农业非点源污染规模扩大的风险,全国耕地污染物点位超标率为19.4%。根据王兆华等(2011)的估算,我国每年农业用水缺口达300亿立方米。截至2014年,作为粮食主产区的华北平原地下水漏斗区面积达7.6×10^4平方千米。同时,由于庞大的粮食需求、农业科技水平落后等现实因素阻碍,中国经历了从大规模掠夺式的边际垦殖,到过度依赖石油密集型农业的粗放式粮食生产过程。这些不合理的粮食生产方式带来严重的农业生态安全问题。根据杨锦英等(2013)研究,我国单位面积化肥使用量是联合国粮农组织规定上限的2倍,农药使用量更是世界平均水平的2.5倍以上,粗放的耕种方式带来了诸如农业碳排放和面源污染等"非合意产出"(Undesirable Output)。农业生态安全是农业生产活动的长期保障,中国急需缓解粮食需求增长与农业生态约束之间的矛盾。

因此,粮食安全和农业生态安全两者息息相关,农业生态与粮食安全的关系研究一直是学术界研究的热点和难点。研究认为,农业生态安全与粮食安全关系主要有:(1)将生态安全视为粮食安全的重要构成。翟虎渠(2004)认为粮食安全建立在"数量安全、质量安全和生态安全"基础上,其中生态安全是最基本的保障。王国敏、张宁(2015)将生态

[①] 作者简介:余兆鹏(1994~),男,广东湛江人,南昌大学经济管理学院硕士研究生。

安全纳入广义粮食安全范畴。胡岳岷、刘元胜（2013）则将生态安全纳入与粮食数量安全、品质安全与健康安全同等重要的价值范畴。黎东升、曾靖（2015）则构建了生态安全、产品安全、资源安全、贸易安全"四位一体"的架构。（2）视生态安全和粮食安全同等重要且相互影响。戴孜峥（2017）等认为，生态安全是粮食安全的基础，二者相互促进、相互影响。倪国华、郑风田（2012）则提出从生态安全与食品安全维度审视粮食安全。（3）将生态作为影响粮食安全的重要因子。李腾飞、亢霞（2016）认为，全球气候变化和资源环境约束等带来粮食安全新矛盾与挑战。张凤荣、张晋科等（2006）、胡岳岷（2007）等均提出人地矛盾是中国粮食安全的短板。

  综合目前研究文献，不难发现，尽管对区域粮食安全与生态环境关系的研究越来越重视，但依然存在如下问题或不足：一是在理论研究农业生态安全与粮食安全时，要么强调生态环境对粮食产能的影响及机制，要么单方面强调粮食种植对生态的影响，缺乏将二者置于粮食安全和生态安全同等重要地位的互耦与协调机制研究；二是在实证研究中，生态因素往往被视为外生变量，缺乏对农业生态安全与粮食安全发展水平及两者间耦合协调发展度时空演化的实证分析，从而研究实践价值不大，操作性不强；三是在现实问题把握上，大量的研究要么专注于单一省区或县域的研究，要么以全国为研究对象，从而使得农业生态安全与粮食安全关系及问题考察上面临特殊性与普遍性难以兼顾的困惑。立足于中国粮食主产区农业生态安全与粮食安全两个系统间的耦合协调发展度的研究则近乎"空白"。鉴于此，本文基于经济合作与发展组织（OECD）和联合国环境规划署（UNEP）的环境评价PSR框架以及联合国粮农组织（FAO）粮食安全定义，分别构建了农业生态安全和粮食安全评价指标体系，深入阐述农业生态安全与粮食安全之间的耦合机制；最后，构建耦合协调度模型及基尼系数模型对1995～2015年中国粮食主产区的农业生态安全与粮食安全耦合协调状况及地区差距进行定量分析，以期为中国粮食主产区继续发挥"中国粮仓"的战略作用提供科学依据。

二、农业生态安全与粮食安全内涵及耦合关系辨识

（一）农业生态安全与粮食安全定义及内涵

  粮食安全是指粮食供给能长时间地满足特定区域范围内全部人口的

生存需求，并且人们有能力和条件去获取足够的粮食数量。从概念上看，粮食安全应至少从三个方面来衡量：一是粮食生产资源，粮食生产要素包括土地、水资源、劳动力等，它们的数量与质量直接影响粮食产出；二是粮食可供量与稳定性，人均粮食拥有量过低与粮食产出波动率过高都将导致粮食供需失衡；三是粮食获取能力，这是保障粮食安全最基本的要求，缺乏获取粮食的能力和渠道，粮食安全则无从谈起。

农业生态安全是指在农业生态系统能够保持输出的前提下，不对环境造成破坏和污染（章家恩等，2004）。所以，农业生态安全包含两个方面：一是高质量的自然环境要素，包括大气、水、空气、土地和能源等主要的自然资源，这是生态系统安全运行的物质条件；二是健康稳定的农业生态关系网络，它是生态因子在特定的农业生态结构中相互作用、相互响应而形成的复杂网络，除了保障农业生态系统的运转安全流畅，更重要的是人类能够通过生态网络的功能价值输出来满足生存的需求。

（二）农业生态安全对粮食安全影响机制

1. 对粮食生产资源安全的负面影响

农业生态环境面临的城镇化进程加速和人口基数持续上升等压力将威胁着粮食生产资源安全。城镇化和工业化进程的加速迫使城市外延扩张，导致大量的后备耕地资源转为城市建设用地，伴随着大量生活污染和工业污染堆积，引发各种生态问题，如宜耕土地减少、土壤毒化、水体污染等。而农业生态质量下降必然会削弱中国粮食生产资源安全性。此外，截至2017年底，中国城镇化率已达到58.52%，同比增长1.17%，人口基数达到13.9亿人。由于中国城镇化水平提速，人口基数不断上升且伴随着人口结构老龄化等问题，农业劳动力的发展趋势向妇女化、弱质化和老龄化方向倾斜（蒲艳萍等，2010）。可见，农业劳动要素紧缺的趋势具有长期性。所以，在保证粮食数量安全的前提下，粮食生产被迫依赖石油密集农业，对耕地进行集约式使用，减少休耕次数，以牺牲资源"寿命"的方式换取当下的粮食供应。长此以往，容易形成"粮食供应压力上升—过度依赖石油密集农业—生态环境质量下降—粮食质量与生产能力削弱—粮食供应压力持续上升"的恶性循环。

目前，以石油密集农业为内核的农业生产模式将限制农业生态安全，是制约粮食生产资源利用效率的关键因素。在有限的耕地资源约束下，国内庞大粮食需求驱使粮食生产通过加大化肥、农药和农膜的施用强度实现单位耕地面积增产的目的。到2013年，中国化肥、农膜使用强度分别达到47.88斤/亩、1.46斤/亩，化肥利用率仅为40%左右，每年约有50万吨农膜残留于土壤，农药在土壤中的残留率则达到60%~70%（朱立志，2013）。所以，粮食生产方式隐含着很大风险：一是土地荒漠化、石漠化的现象得不到有效抑制，不宜耕土地面积占比偏高（倪国华，2012）；二是传统石油密集农业的生产模式难以兼顾粮食数量与粮食质量安全，难以缓解农业非点源污染，是粮食安全系统性风险源头。可见，农业生态压力加重生态系统服务价值损失，长期将导致生态系统的功能退化，粮食生产资源数量与质量急剧下降。

2. 对粮食可供量、稳定性和粮食获取能力的负面影响

农业生态安全是生态系统发挥供给服务、调节服务、支持服务、文化服务功能的前提。2003年，受制于农业生态环境质量的下滑，我国农业作物受灾面积54 506千公顷，绝收面积达8 546千公顷，占农作物总播种面积的35.76%、5.61%，分别为2002年的115.7%、130.3%（马九杰等，2005）。可见，农业生态质量直接影响粮食作物抵抗自然灾害的能力。在生态脆弱性突显的地区，粮食生产遭遇旱涝灾害等自然灾害时，农作物成灾率则会徒增，出现大范围粮食生产歉收的情况。长此以往，粮食安全系统应对风险能力下降，粮食安全脆弱性将更凸显。可见，生态功能的缺失将使得中国粮食安全面临更多的压力。

农业财政支出有助于农业生产方式转变，是提高农民积极性的重要手段，能有效解决农业生产过程中的市场失灵，如忽略代际公平等行为导致的生态破坏问题。但从支出力度、合理性或是精准度来看，中国农业财政政策与发达国家还是存在相当大的差距。这导致了以下问题在短时间内得不到有效解决：一是"小而散"的粮食种植难以进行科学化管理，农用土地无法进行有效的休耕轮耕，低产耕地翻新比例不足；二是经营规模化的程度不高，分散化、细碎化的耕地很难顺利流转出去；三是在粮食价格受限且农业补贴低的条件下，农业边际生产收益低导致农业劳动力流失，致使耕地空置率上升；四是农业科技人员比例较低，机械化程度不高，水利灌溉设施不到位，仍有很大一部分农业生产采用原始的耕作方式。所以，农业生态安全响应力度和准确性的缺位必然会威胁到中国长期粮食安全。

居民粮食获取能力受限于农业生态脆弱程度,而农业生态安全决定了粮食生产经济效益及粮食市场发展程度。农业生态安全与粮食获取能力两者之间存在双向作用的关联机制。当农业生态安全受到破坏时,粮食获取能力也将随着生态服务价值损失而显著下降。其作用机制为:生态系统紊乱导致粮食边际产出下降,农民预期粮食生产经济效益降低,导致粮食生产积极性严重下降,进而引起粮食供需不平衡,推高国内粮食价格水平;由于粮食生产成本高企以及生产主体行为惯性,导致粮食生产积极性受挫和经济效益下降,国内粮食需求端将加重对粮食贸易的依赖,严重威胁国内粮食获取能力。因此,农业生态问题将会削弱粮食获取能力,不利于中国粮食安全发展。

3. 对粮食可供量与稳定性的正面影响

生态系统服务价值与粮食生产活动存在正向相关的关系,农业生态安全程度越高,粮食安全潜力与保障程度则越高。罗海平(2017)的研究表明,在粮食主产区中生态系统提供的调节服务价值最高,为74 647.37亿元,占生态系统服务总价值的55.86%。就粮食主产区而言,一方面,生态调节服务如抵御灾害冲击、净化生态污染等功能将粮食生产活动紧密相关的自然资源质量及外部环境波动稳定在一个可控的合理区间,避免粮食可供量在自然灾害频发的年份出现"断供"的可能性,缓冲粮食生产过程的外界干扰因素,从而保证粮食主产区功能稳定性;另一方面,生态系统支持服务是能量流动、物质循环的通道,可以促进粮食作物生长过程中养分循环补充。生态系统良性循环促使自然资源与动植物关系网不间断更新替换,为粮食种植创造并保持最优外部条件,从而保证了粮食的可供量与稳定性。

农业科学技术作为生态系统产出与人类生存需求之间的"润滑剂",能解决农业生产代际不公平问题,使生态系统的价值最大化,有效缓解粮食安全面临的困境。有研究发现,科技进步对粮食生产的贡献率为51.70%,且技术创新和制度创新能冲抵粮食安全受到的负面影响,如劳动力外流等(姜松等,2012;王跃梅等,2013)。从原始农业到现代农业,农业生产满足大部分人的粮食需求后,人们开始关注农业领域数量的有限性与潜力的无限性、整体性和地域性的问题。人们通过加大对农业生产的研究与开发(R&D),寻求农业生态安全的解决办法,依靠科学的管理办法来减少资源无效使用,提高农业生态供给服务的数量与质量。

从发展经济学的角度来看，中国在步入城市化与工业化中后期阶段，提出了"乡村振兴战略"，通过城市支援农村，工业辅助农业的方式解决"三农"问题，以此来统筹协调城乡发展，为生态农业提供科技条件。因此，农业生态的发展带动农业技术的革新，推动农业先进技术的推广普及，从而为保障粮食可供量和稳定性提供了有力的科技支撑。

4. 对粮食获取能力的正面影响

农业生态安全是种植业、林业、畜牧业和水产养殖业增产的重要前提。它保障农村居民在农业生产方面的收入，提高人们粮食获取能力。在农业生态安全的支撑下，农业的高速发展使得农村农产品市场不断发展。一方面，活跃完善的农产品市场带动了农民生产积极性，极大丰富了农业产成品的供应，使得农民可以根据农产品市场需求及时调整生产，减少封闭环境下的信息不对称发生，更好地促进农业结构的调整，提高农民农业生产收入；另一方面，农业生产产值的上升，促使当地政府加大在农村基础设施建设方面投入的财政力度，带动地方经济的繁荣发展，推动农业现代化建设的进程，降低农村居民恩格尔系数。农业生态安全通过发展农产品市场来扫除人们进入粮食市场的障碍，提高和丰富人们获取粮食的能力和途径。

从供应的角度来看，粮食生产在农业生态系统的配合下，通过利用优质的自然资源获得更多的粮食产出，达到兼顾人们对粮食数量与质量的要求，从而降低了国内粮食价格水平，降低了人们粮食消费的成本。另外，农业生态安全通过提升粮食生产效益，强化了国家粮食战略储备能力。从国际贸易的角度来看，粮食生产能力的增强，有助于国家通过国际间贸易实现不同类别农产品之间的交换。这不但满足人们不同的需求偏好，更能改善区域粮食种植结构，达到因地制宜的要求，进而提高经济和农业生态效用。因此，农业生态安全是粮食获取能力的基础保障，有利于提高地区粮食安全水平。

（三）粮食安全对农业生态安全的作用及影响

农业生态安全的提出是以粮食安全为基本出发点。在食不果腹的年代，人们为了生存需要，会利用一切手段进行粮食生产，而不会考虑农业生态系统服务价值损失的问题。随着农业生产进程的推移，当贫困和饥饿消除之后，人们才开始关注农业生态安全对粮食安全的作用，寻求协调配合"粮食安全—农业生态安全"两个系统之间的科学运作方式，以求其价值输出最大化。

中国是一个农业大国，也是农业弱国。国情的基本特征决定了中国长期必须将粮食数量安全作为农业生产和国家发展全局的核心来对待。但通过回顾现代农业发展进程可以发现，为了保障粮食安全，中国遗留下了很多值得重新思考和重视的问题。首先，在过去很长时间中，中国农业经营主体的生态意识不强，粮食生产盲目追求产出而不考虑生态成本。在农业技术限制下，粮食数量的增加先是通过边际垦殖增加耕地面积来实现，抢占了林木和湖泊等资源；再是通过增加耕地复种比例和次数，通过施用大量的化肥、农药甚至植物激素等手段实现单位面积粮食产出的增加。这样的增产方式不具备可持续发展条件。与国内不同，发达国家在粮食产能跟上国内需求时，便开始重点关注农业生态安全。以外国为例，美国从1985年起便实施了规模最大的土地休耕保护储备计划（Conservation Reserve Program，CRP），此外还有湿地储备计划、农地保护储备加强计划等。其次，中国粮食市场发展程度不高，以生态为导向的粮食生产激励机制还不够完善。农业经营主体获得的外部激励不足，无法驱使他们将粮食生产重心从"量"到"质"的转变。实际上，由于中国粮食生产方式及资源大多表现出"小而散"的特征，无论从农业财政倾向还是从粮食种植效果来看，生态友好型粮食生产行为带来的正的生态外部效应都很难得到有效的补偿。结果是，在过去一段时间，中国以牺牲农业生态价值为代价来换取粮食数量的增加，严重忽略了粮食生产的隐形成本。因此，粮食安全各个环节都可能影响到农业生态安全的现状及后续发展。

三、农业生态安全与粮食安全耦合协调评价模型构建

（一）评价指标模型构建

1. 指标体系

农业生态安全指标体系构建按照经济合作与发展组织（OECD）和联合国环境规划署（UNEP）构建的环境问题研究PSR框架体系。Pressure - State - Response分别表示压力—状态—响应。根据PSR评价模型，农业生态压力（Pressure）是指威胁生态平衡状态的外力因素，它影响了粮食生产过程，为此选取人口增长率、城镇化率、化肥使用强度、农膜使用

强度和农药使用强度5个Ⅱ级指标予以反映;农业生态质量(State)决定了粮食生产条件,与长期的粮食安全直接挂钩,为此选取森林覆盖率、水土流失比例、自然灾害成灾率、有效灌溉比例、年均降水量5个Ⅱ级指标予以反映;农业生态响应(Response)是人类为消除农业生态系统面临的潜在威胁所做的补救措施,为此选取财政支农支出、水土流失治理比例、农村科技人员比例3个Ⅱ级指标予以反映。

粮食安全评价指标按照联合国粮农组织(FAO)对粮食安全的定义,Ⅰ级指标包含粮食生产资源、粮食可供量与稳定性以及粮食获取能力三大类:粮食生产资源的紧缺会使得人们不得不采用集约型粮食生产方式,无法摆脱石油农业,加重农业非点源污染,为此选取人均耕地面积、单位耕地面积水资源拥有量、单位耕地面积劳动力、单位耕地面积机械动力4个Ⅱ级指标予以反映;粮食可供量与稳定性是协调农业生态安全与粮食安全的底线,为此选取粮食总产量、人均粮食占有量、粮食自给率、粮食总产量波动系数4个Ⅱ级指标予以反映;粮食获取能力影响人们对农业生态利用程度和开发方式,为此选取道路密集度、国内粮食价格水平、农村居民恩格尔系数3个Ⅱ级指标予以反映。指标体系如表1所示。

表1 农业生态安全与粮食安全耦合协调关系评价的指标体系及其权重

系统	Ⅰ级指标	Ⅱ级指标	单位	权重
农业生态安全	农业生态压力(P)	人口增长率	%	0.029
		城镇化率	%	0.070
		化肥使用强度	吨/hm^2	0.089
		农膜使用强度	吨/hm^2	0.098
		农药使用强度	吨/hm^2	0.081
	农业生态状态(S)	森林覆盖率	%	0.088
		水土流失比例	%	0.088
		自然灾害成灾率	%	0.071
		有效灌溉面积比例	%	0.093
		年平均降水	mm	0.053
	农业生态响应(R)	财政支农支出	亿元	0.124
		水土流失治理比例	%	0.049
		农村科技人员比例	人/万人	0.067

续表

系统	Ⅰ级指标	Ⅱ级指标	单位	权重
粮食安全	粮食生产资源	人均耕地面积	公顷/人	0.168
		单位耕地面积水资源拥有量	立方米/公顷	0.124
		单位耕地面积劳动力	人/公顷	0.086
		单位耕地面积机械动力	千瓦/公顷	0.095
	粮食可供量与稳定性	粮食总产量	万吨	0.103
		人均粮食占有量	千克/人	0.082
		粮食自给率	%	0.060
		粮食总产量波动系数	%	0.050
	粮食获取能力	道路密度	km/km²	0.081
		国内粮食价格水平	%	0.079
		农村居民恩格尔系数	%	0.072

2. 指标权重

首先对数据进行标准化处理，（1）式中的 X'_{ij} 和 X_{ij} 分别为第 i 年第 j 项指标标准化后的值和原始值，$\max X_j$ 和 $\min X_j$ 分别为所有年份第 j 项指标的最大值和最小值。其中，m 为评价年数，n 为指标数。针对正负两类指标，其标准化处理的方法如下：

正向指标：$X'_{ij} = (X_{ij} - \min X_j)/(\max X_j - \min X_j) + 0.001$

负向指标：$X'_{ij} = (\max X_j - X_{ij})/(\max X_j - \min X_j) + 0.001$ （1）

第 i 年份第 j 项指标值的比重：$Y_{ij} = X'_{ij}/\sum_{i=1}^{m} X'_{ij}$； （2）

指标信息熵：$e_j = -(\ln m)^{-1} \sum_{i=1}^{m} Y_{ij} \ln Y_{ijk}$； （3）

信息熵冗余度：$d_j = 1 - e_j$； （4）

指标权重的确定：$w_i = d_j/\sum_{j=1}^{n} d_j$。 （5）

3. 指标合成

根据所构建的评价指标体系，农业生态安全和粮食安全两个系统的综合发展水平通过以下加权函数计算得到：

$$A(X) = \sum_{i=1}^{3} \sum_{j=1}^{3} X'_{ij} \cdot w_j \qquad (6)$$

$$F(Y) = \sum_{i=1}^{3} \sum_{j=1}^{3} Y'_{ij} \cdot w_j \qquad (7)$$

式中：$A(X)$ 为农业生态安全综合发展水平，$F(Y)$ 为粮食安全综合发展水平。

（二）耦合协调度模型构建

$$C = \left\{ [A(X) \cdot F(Y)] / \left[\frac{A(X) + F(Y)}{2} \right]^2 \right\}^k \qquad (8)$$

$$D = \sqrt{C \cdot T}, \quad T = \alpha A(X) + \beta F(Y) \qquad (9)$$

式中：C 为农业生态安全系统和粮食安全系统的耦合度（$0 \leq C \leq 1$）；K 为协调系数（$K \geq 2$），取 $K = 2$；D 为耦合协调度（$0 \leq D \leq 1$），它放映了同级水平下两个系统协调程度；T 为两个系统相互作用的综合效应；α 和 β 为待定系数，本研究认为农业生态安全和粮食安全同等重要，因此设 $\alpha = \beta = 0.5$。

为了更直接放映农业生态安全与粮食安全耦合协调程度，对两个系统的耦合协调度进行了等级划分，如表2所示。

表2　耦合协调度等级划分标准

耦合协调度	等级	耦合协调度	等级
0~0.09	极度失调	0.50~0.59	勉强协调
0.10~0.19	严重失调	0.60~0.69	初级协调
0.20~0.29	中度失调	0.70~0.79	中级协调
0.30~0.39	轻度失调	0.80~0.89	良好协调
0.40~0.49	濒临失调	0.90~1.00	优质协调

（三）耦合协调度基尼系数

本文选用衡量区域间贫富差距的基尼系数来研究农业生态安全与粮食安全耦合协调度的区域差距变化。其中，耦合协调度基尼系数计算公式为：

$$G_D = \left[\sum_{i=1}^{n} \sum_{j=1}^{n} |D_j - D_i| / n(n-1) \right] / 2u \qquad (10)$$

式中：G_D 表示耦合协调度基尼系数，D_i、D_j 代表每一年的耦合协调度，n 为主产区个数，u 表示粮食主产区当年耦合协调度平均值。

四、实证检验及分析

（一）数据来源

人口增长率、城镇化率、财政支农支出等数据主要来源于《中国统计年鉴》（1996~2015）；农业机械总动力、耕地面积、自然灾害成灾面积等数据主要来源于《中国农业统计年鉴》（1996~2015）；化肥施用量、农膜施用量、农药施用量、粮食总产量、有效灌溉面积等数据主要来源于《中国农村统计年鉴》（1996~2015）；森林覆盖率、降水量、水土流失治理面积等数据主要来源于《中国环境统计年鉴》（1996~2015）；道路密度来源于《中国交通运输统计年鉴》（1996~2015）；部分数据从各省历年统计年鉴及《环境状况公报》补充。

（二）耦合协调性实证检验

1. 单项水平评价

（1）农业生态安全水平评价。根据表3的计算结果，可以将粮食主产区农业生态安全趋势划分为四种类型。第一种类型为攀升型，处于该阶段的省份分别为江苏、安徽、江西、湖北和四川。处于农业生态安全水平上升通道的四个省份均具有丰富的自然资源，农业生态可塑性强。近年来，四川省加大力度推进"四川农业创新绿色发展行动方案"，通过强化农业生态安全保护、优化农业资源利用方式、加快推进农业非点源污染综合治理以及严格落实环境影响评价制度来巩固和提升农业生态安全质量。到2015年，四川省的农业生态安全水平发展比1995年的0.321值高出了约2.3倍。第二种类型为稳健型，分别有辽宁、河南和湖南。近20年来，这三个省份的发展水平均稳定在0.5左右，但粮食安全发展水平有显著提升，说明这三个省份充分挖掘了农业生态潜力，在保障粮食安全的大前提下对农业生态安全作出了较好的保护及改善，生态承载力在一定程度上有所增强。第三种类型为波动型，包括河北、黑龙江、山东。这三个省份在研究期内呈现"高—低—高"的波动形态。其中，波动幅度最大的是山东省，最低为0.343，最高则达到0.669，说明了其农业生态安全状态极不稳定,生态脆弱性问题凸显。第四种类型为下降型,处于下降趋势的有吉林、内蒙古。作为农业大省,吉林省农村污染问题非常突出,如水污染、土壤污染等,且未能引起足够重视,导致其农业生态质量有逐年下降的危险。而内蒙古也同样存在农业生态脆弱性突出的问题。由于受到植被面积减少、耕地质量下降等威胁,内蒙古将长期面临着严重的水土流失和土地荒漠化等生态问题。

表3　　　　　　　　　农业生态安全发展水平

省份	1995年 $A(X)$	2000年 $A(X)$	2005年 $A(X)$	2010年 $A(X)$	2015年 $A(X)$
河北	0.438	0.479	0.450	0.501	0.553
内蒙古	0.469	0.381	0.451	0.526	0.385
辽宁	0.467	0.541	0.509	0.468	0.518
吉林	0.485	0.469	0.464	0.454	0.433
黑龙江	0.544	0.422	0.500	0.507	0.617
江苏	0.408	0.358	0.340	0.552	0.722
安徽	0.386	0.426	0.425	0.538	0.651
江西	0.452	0.502	0.413	0.516	0.635
山东	0.516	0.429	0.412	0.562	0.669
河南	0.460	0.472	0.498	0.467	0.551
湖北	0.395	0.430	0.399	0.415	0.635
湖南	0.452	0.546	0.427	0.447	0.555
四川	0.321	0.367	0.454	0.515	0.733
总体	0.449	0.425	0.421	0.459	0.549

(2)粮食安全水平评价。由表4可知,13个粮食主产区之间的粮食安全发展水平差异较为明显。从发展水平和潜力来看,可将13个粮食主产区分别排序为:黑龙江>内蒙古>吉林>安徽>湖南>湖北>辽宁>河北>江西>河南>山东>江苏>四川。黑龙江是粮食主产区中粮食安全潜力最高的省份。2015年,黑龙江的粮食安全水平达到0.723,与1995年的水平相比,提高了约2.9倍之多,位列13个粮食主产区之首,与大部分省份保持了一定差距。同样处于高发展水平的有内蒙、吉林

和安徽。它们在研究期内的粮食安全地位有明显的上升,近年来也都保持在了 0.7~0.8 的高区间范围内。而排名靠后的两个省份分别为江苏省、四川省,其中四川省的粮食安全发展水平均值仅为 0.475。四川省是人口大省,粮食需求量巨大。近年来,由于其工业化发展强势、城市化推进迅速,部分农业用地受到挤占,农业人口流失。这些问题导致了四川省粮食安全状况不容乐观。总的来看,虽然 13 个粮食主产区粮食安全发展水平存在一定差距,但它们之间表现出了趋同性,大多数主产区保持了良好的上升态势。

表4　　　　　　　　　　　粮食安全发展水平

省份	1995 年 $F(Y)$	2000 年 $F(Y)$	2005 年 $F(Y)$	2010 年 $F(Y)$	2015 年 $F(Y)$
河北	0.483	0.398	0.401	0.539	0.557
内蒙古	0.228	0.321	0.441	0.605	0.722
辽宁	0.303	0.302	0.570	0.688	0.641
吉林	0.290	0.300	0.530	0.698	0.697
黑龙江	0.250	0.314	0.387	0.648	0.723
江苏	0.472	0.513	0.429	0.501	0.578
安徽	0.450	0.416	0.435	0.616	0.717
江西	0.413	0.437	0.459	0.772	0.650
山东	0.523	0.400	0.459	0.679	0.566
河南	0.260	0.326	0.460	0.684	0.589
湖北	0.616	0.464	0.407	0.635	0.658
湖南	0.432	0.544	0.481	0.639	0.666
四川	0.475	0.461	0.468	0.565	0.569
总体	0.373	0.342	0.453	0.665	0.715

(3) 农业生态安全与粮食安全水平的趋势与阶段比较。根据粮食主产区农业生态安全与粮食安全发展水平的数量关系,可以将两个系统的发展状态划分为粮食安全发展滞后型与农业生态安全滞后型这两个阶段。从图 1 可知,第一阶段(1995~2004 年),粮食主产区农业生态安全与粮食安全两个系统的发展水平表现为"一升一降"的走势,其中农业生态

安全发展水平逐年下跌,而粮食安全发展水平则波动上升。但在该期间,粮食主产区的粮食安全发展水平均低于农业生态安全发展水平,属于粮食安全发展滞后型。第二阶段(2005~2015年),粮食主产区农业生态安全与粮食安全两个系统的发展水平表现出同步上涨的趋势。具体来说,除了2006年跌到最低值0.389外,农业生态安全发展状况得到持续好转,2015年则是达到了0.549。与此同时,粮食安全发展水平也保持了上升势头,它从2005年的较低值0.453一直上升到2014年最大值0.7442。

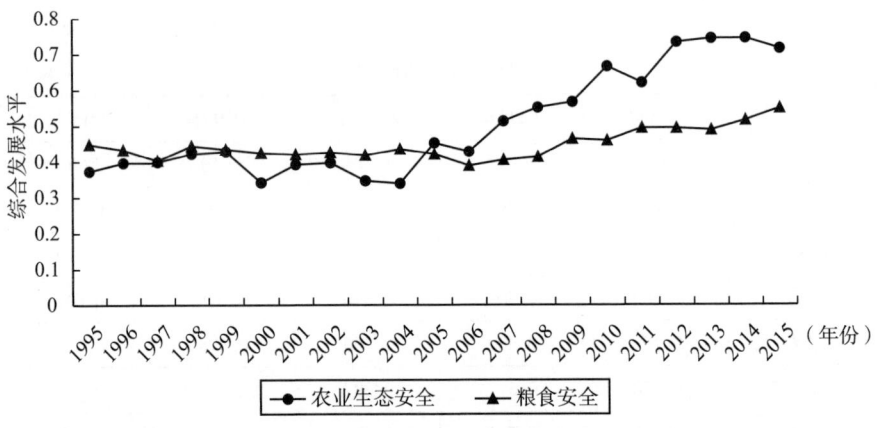

图1 粮食主产区整体农业生态安全与粮食安全发展水平的变化趋势

通过比较可知,近20年来,粮食主产区对农业生态安全和粮食安全这两个系统的建设和发展取有显著的成效。其中,粮食安全综合发展水平较为突出,粮食生产潜力不断得到释放。而农业生态安全虽然也同步发展,但却与粮食安全拉开了差距。因此,在发展粮食安全的同时,必须要明确农业生态安全是农业发展的根基,要更进一步巩固其支撑粮食安全的地位,要更充分挖掘农业生态潜力和寻找农业可持续发展的道路。

2. 耦合协调度评价

(1)整体耦合协调度。由表5可以看出,粮食主产区整体农业生态安全与粮食安全耦合协调度的时间变化趋势经历了"反复波动"、"稳步攀升"两个阶段。1995~2004年,中国粮食主产区农业生态安全与粮食安全的耦合协调度表现为"反复波动"的状态。从1995年起,主产区两个系统的耦合协调度开始小幅度上涨,直到1999年的阶段性峰值之后,便开始出现下跌的情况。在此期间,粮食主产区两个系统耦合协调度的标准偏差仅为 0.01478,波动范围比较有限。表 5 的结果显示,除了 1999 年协调度达到 0.500 外,粮食主产区在其余年份均处于濒临失调状态。说明了粮食主产区在观念上并没有形成农业环境保护和粮食生产协调发展意识,相关的农业发展政策实施效果不理想。

表 5　粮食主产区整体耦合度、耦合协调度及耦合协调等级

年份	耦合度 C	耦合协调度 D	耦合协调等级
1995	0.744	0.465	濒临失调,粮食安全发展滞后型
1996	0.829	0.479	濒临失调,粮食安全发展滞后型
1997	0.859	0.479	濒临失调,粮食安全发展滞后型
1998	0.853	0.495	濒临失调,粮食安全发展滞后型
1999	0.874	0.500	勉强协调,粮食安全发展滞后型
2000	0.866	0.486	濒临失调,粮食安全发展滞后型
2001	0.875	0.483	濒临失调,粮食安全发展滞后型
2002	0.885	0.485	濒临失调,粮食安全发展滞后型
2003	0.884	0.471	濒临失调,粮食安全发展滞后型
2004	0.888	0.467	濒临失调,粮食安全发展滞后型
2005	0.899	0.546	勉强协调,农业生态安全滞后型
2006	0.833	0.551	勉强协调,农业生态安全滞后型
2007	0.806	0.572	勉强协调,农业生态安全滞后型
2008	0.800	0.585	勉强协调,农业生态安全滞后型
2009	0.852	0.597	勉强协调,农业生态安全滞后型
2010	0.812	0.603	初级协调,农业生态安全滞后型
2011	0.857	0.641	初级协调,农业生态安全滞后型
2012	0.819	0.655	初级协调,农业生态安全滞后型
2013	0.851	0.692	初级协调,农业生态安全滞后型
2014	0.851	0.706	中级协调,农业生态安全滞后型
2015	0.869	0.737	中级协调,农业生态安全滞后型

而在 2005~2015 年,中国粮食主产区农业生态安全与粮食安全的耦合协调度呈现出"稳步攀升"的态势。两个系统的耦合协调状况在这 10

年间得到了极大的改善。表5的结果显示，耦合协调度经历了连续5年（1999~2004年）的下跌后，在2005年探底并开始逆势上涨，逐渐开启了新的快速发展局面。到了2015年，两个系统的耦合协调度更是达到了阶段性峰值0.737，较2005年提升了35%。由此可知，一方面，粮食生产活动对农业生态环境的消极作用得到了明显的削弱，粮食生产行为更偏向于环境友好型；另一方面，农业生态安全的发展也很大程度上提升了粮食生产活动的效率，促进了粮食安全的发展。

（2）省域耦合协调度评价。根据耦合协调度模型计算出1995~2015年13个粮食主产区农业生态安全与粮食安全的耦合协调度，并运用ArcGIS软件制出13个粮食主产区两个系统耦合协调的时空特征情况。

从时序特征来看，粮食主产区农业生态安全与粮食安全耦合协调度变化主要以平稳和波动式上升为主，整体呈现了良性发展的态势，仅个别省份的耦合协调度在某些时间段出现过连续下跌的状况。13个粮食主产区耦合协调度时序变化特征可以归纳为以下三个特点："逐年递增""先降后升""先升后降"。

在研究期内，黑龙江、辽宁、安徽、河南和四川5省耦合协调度表现出了"逐年递增"的态势，表明这些省份农业生态安全与粮食安全两个系统之间配合得当，协调关系处于不断深化的阶段。其中，黑龙江省在《黑龙江省现代化大农业发展规划（2011~2015年）》重点提出了要全面推进农业结构战略性调整，加快土地流转和规模经营步伐，通过合理开发利用中低产田、后备耕地来提高粮食生产用地的质量，配合当地农业科研力量来充分发挥粮食生产的规模优势、质量优势。通过制定和落实相关农业政策，这些省份在协调粮食生产和农业生态安全方面取得显著成效。

河北、江苏、江西、山东和湖北5省耦合协调度的时序变化呈现出"先降后升"的走势。1995~2006年，5个省份均有的耦合协调度均出现不同程度的下跌趋势。具体来说，江西省的耦合协调状况从1995年的勉强协调下降为2003年的濒临失调。湖北省的耦合协调度变化情况与江西省较为类似，2006年更是出现了濒临失调的情况。但是，以2006年为拐点，5个省份的耦合协调状态得到持续好转，出现了触底反弹并保持了良好的上升势头。其中河北、江苏和山东三省在2009年以后耦合协调度一直位于0.60~0.699的区间内，属于初级协调状态。

相反，内蒙古、吉林和湖南3个省份则出现了"先升后降"的走势。

近年来，虽然这3个省份的耦合协调度跌幅有限，但通过横向比较可以发现，其他10个粮食主产区两个系统耦合协调状况均得到很大程度的改善。这说明这3个省份在粮食主产区处于相对落后的地位，在发展粮食安全的同时，缺乏相应的引导手段和落实力度来协调和改善农业生态安全。

从空间特征来看，粮食主产区农业生态安全与粮食安全耦合协调度的变化分布规律主要表现为三个方面：第一，在研究期内，13个粮食主产区均处于濒临失调、勉强协调、初级协调、中级协调这四个耦合协调度等级区间内；第二，江西、湖北、安徽与黑龙江4省的耦合协调等级逐年向上突破，处于中级协调阶段，遥遥领先于其他产区；第三，耦合协调状态的发展经历了由"南高北低"到"南北齐升"的过程。从图2可以看出，研究期初，位于北方地区的粮食主产区农业生态安全与粮食安全耦合协调状况较差，其中，内蒙古、黑龙江、吉林和辽宁4省的耦合协调状况极不理想，属于濒临失调类型。2004年，中央一号文件再次强调"三农问题"，将发展生态农业扩展到发展循环农业、生态农业等多种生态型农业模式上。2006年、2007年、2014年及2015年的中央一号文件均强调要加大力度建设资源节约型、环境友好型农业，意在协调农业生态安全与粮食安全之间的关系。随着生态环境意识逐渐注入农业生产，特别是粮食生产的各个环节，粮食主产区在保障粮食安全的同时，开始重视农业生态安全的建设，并走出一条环境友好型的粮食生产方式。此后，除了内蒙古耦合协调等级有所下降外，其他粮食主产区的农业生态安全与粮食安全耦合协调度等级普遍得到了"质"的飞跃。更重要的是，北方产区两个系统配合协调得当，正逐步缩小了与南方产区的差距，使得13个粮食主产区之间耦合协调度的均衡性得到很大提升。

3. 耦合协调度空间基尼系数

将表3中计算结果代入公式（11）得到13个粮食主产区农业生态安全与粮食安全的耦合协调度基尼系数（见图2）。

从图2可以看出，13个粮食主产区之间的耦合协调度基尼系数大体呈现出波动向下的趋势，说明两个系统耦合协调程度的区域不平衡性在逐渐缩小。这也表明了作为"国家粮仓"的粮食主产区在统筹协调农业生态安全与粮食安全两个系统方面作出的努力，充分体现了粮食主产区发展的平衡性、一致性和整体性。具体来看，可以将耦合协调度的基尼系数走势表现为双"W"型的波动阶段。其中，第一个"W"型变化出现

图2 农业生态安全与粮食安全耦合协调度空间基尼系数走势

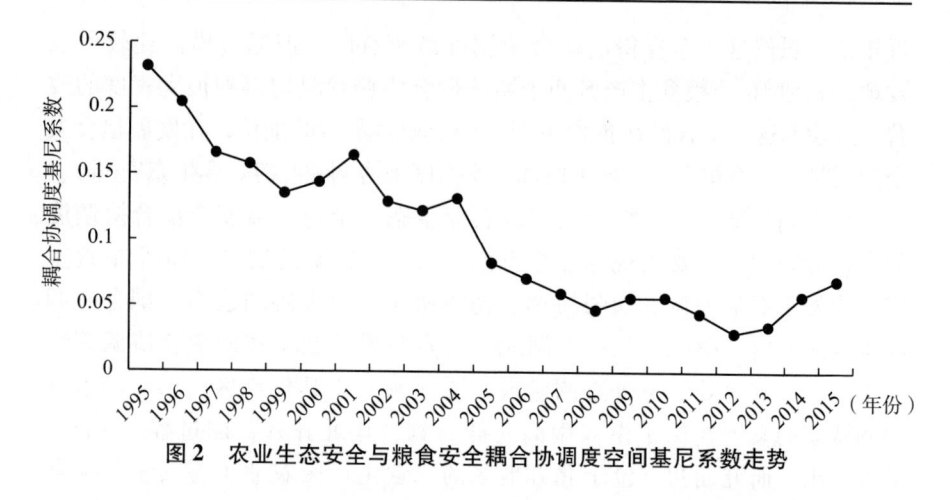

在1995～2004年，在这期间，基尼系数经历了反复波动过程，但整体趋势是下降的。其中，2001年的基尼系数值达到了阶段性峰值，随后开始回落。第二个"W"型变化则出现在2005～2015年。在这期间，基尼系数整体延续了下降的良好势头，2012年更是达到了最低的0.0298，13个粮食主产区之间耦合协调度的区域差距有明显的缩小。但从2013年开始，基尼系数变化却经历了连续三年（2013年、2014年、2015年）加速上升的情况，未来区域差距有扩大的风险。

五、结论与启示

（一）农业生态安全与粮食种植安全存在相互影响相互制约的复杂关系

农业生态安全对粮食安全存在正负作用机制，从负面影响来看，农业生态问题以及以石油密集农业为内核的农业生产模式会削弱和限制中国粮食生产资源安全性。同时农业生态脆弱性会对粮食可供量、稳定性和粮食获取能力带来影响。从正面影响来看，生态系统服务价值与粮食生产活动存在正向相关的关系，农业科学技术能保障农业生产代际公平，有效缓解粮食安全面临的困境。同时农业生态安全是粮食获取能力的基础保障，有利于提高地区粮食安全水平。而粮食安全各个环节则都可能影响到农业生态安全的可持续性。

（二）农业生态安全水平与粮食安全水平动态走势具有趋同性，但偏离趋势逐年增大

13个粮食主产省（区）农业生态安全呈现出攀升型、稳健型、波动型和下降型四种走势，但大多数主产区保持了良好的上升态势。农业生态安全与粮食安全的综合水平均表现出良好的上涨势头，但总体发展趋势是由粮食安全滞后型转变为农业生态安全滞后型，且农业生态安全与粮食安全之间的差距有逐步扩大的迹象。因此，农业生态安全与粮食安全要两手抓。首先，要积极落实国家在"三农问题"上的战略部署，将绿色发展理念深度融合到粮食安全可持续发展当中，巩固现阶段两个系统取得的发展成效；其次，要引导粮食生产方式向农业生态友好型转变，加大对农业生态安全的建设力度，探求缩小两者水平差距的可行性路径。

（三）粮食主产区农业生态安全与粮食安全耦合协调性总体向好

1995~2015年两个系统耦合协调关系呈现"反复波动"和"稳步攀升"两个阶段。1995~2004年中国粮食主产区农业生态安全与粮食安全的耦合协调度表现为"反复波动"的状态，除了1999年协调度达到0.500外，粮食主产区在其余年份均处于濒临失调状态。2005~2015年耦合协调度呈现出"稳步攀升"的态势，2015年达到阶段性峰值0.737。

（四）粮食主产区省域农业生态安全与粮食安全的耦合协调性差异显著

研究期内，黑龙江、辽宁、安徽、河南和四川5省耦合协调度表现出了"逐年递增"的态势；河北、江苏、江西、山东和湖北5省耦合协调度的时序变化呈现出"先降后升"的走势。内蒙古、吉林和湖南3个省份则出现了"先升后降"的走势。从空间特征来看，13个粮食主产区均处于濒临失调、勉强协调、初级协调、中级协调这四个耦合协调度等级区间内，内蒙古、吉林耦合协调存在"先升后降"较严重问题。粮食主产区必须明确粮食生产活动的生态底线，特别是在农业生态脆弱性较突出的产区。粮食主产区要加强对农业生态安全与粮食安全协同发展情况的动态监管，要从农业经营主体、粮食生产主体、农业决策部门、科技研发部门等多角色、多部门出发，通过统筹规划、观念灌输、技术推

广等多种手段降低粮食生产过程带来的负外部性作用,以促使两个系统达到更优质的协调状态。

(五)粮食主产区之间农业生态安全与粮食安全耦合协调度在空间上的差距呈波动式下降

粮食主产区耦合协调度空间基尼系数走势表现为双"W"型波动。1995~2004年间基尼系数反复波动但整体走势下降。2005~2015年省域间耦合协调度的空间差距明显缩小。2013年后空间基尼系数连续3年加速上升,空间不协同性有加剧的风险。因此,粮食主产区之间要通过建立有效的联动与反馈机制来解决区域耦合协调不平衡性。粮食主产区应通过建立信息化、标准化、组织化的粮食生产模式来弱化人为因素造成的差异,同时要抓紧修复农业生态环境并充分挖掘自然潜力,从而降低农业生态安全和粮食安全保障的水平的区域不平衡性。

参考文献

[1] 环境保护部、国土资源部:《全国土壤污染状况调查公报》,2014年。

[2] 王兆华、褚庆全、王宏广:《粮食安全视域下的中国粮食生产结构再认识》,载《农业现代化研究》2011年第3期。

[3] 中国地质环境检测院:《中国地质环境报告(2014年度)》,2015年。

[4] 杨锦英、韩晓娜、方行明:《中国粮食生产效率实证研究》,载《经济学动态》2013年第6期。

[5] 翟虎渠:《坚持依靠政策、科技与投入确保我国粮食安全》,载《农业经济问题》2004年第1期。

[6] 王国敏、张宁:《中国粮食安全三层次的逻辑递进研究》,载《农村经济》2015年第4期。

[7] 胡岳岷、刘元胜:《中国粮食安全:价值维度与战略选择》,载《经济学家》2013年第5期。

[8] 黎东升、曾靖:《经济新常态下我国粮食安全面临的挑战》,载《农业经济问题》2015年第5期。

[9] 戴攸峥:《农村耕地抛荒的多层治理》,载《南昌大学学报(人文社会科学版)》2017年第4期。

[10] 倪国华、郑风田:《粮食安全背景下的生态安全与食品安全》,载《中国农村观察》2012年第4期。

[11] 李腾飞、亢霞:《"十三五"时期我国粮食安全的重新审视与体系建构》,载《农业现代化研究》2016年第4期。

［12］张凤荣、张晋科、张迪、吴初国、徐艳：《1996～2004年中国耕地的粮食生产能力变化研究》，载《中国土地科学》2006年第2期。

［13］胡岳岷：《中国粮食安全的政治经济学》，载《经济评论》2007年第4期。

［14］章家恩、骆世明：《农业生态安全及其生态管理对策探讨》，载《生态学杂志》2004年第6期。

［15］蒲艳萍、刘婧：《劳动力流动对农村经济的影响效应——基于对重庆市137个自然村有无外出务工家庭的调查分析》，载《经济问题探索》2010年第9期。

［16］朱立志：《对新时期中国生态农业建设的思考》，载《中国科学院院刊》2013年第3期。

［17］倪国华、郑风田：《粮食安全背景下的生态安全与食品安全》，载《中国农村观察》2012年第4期。

［18］马九杰、崔卫杰、朱信凯：《农业自然灾害风险对粮食综合生产能力的影响分析》，载《农业经济问题》2005年第4期。

［19］罗海平、宋焱、彭津琳：《基于Costanza模型的中国粮食主产区生态服务价值评估研究》，载《长江流域资源与环境》2017年第4期。

［20］姜松、王钊、黄庆华、周志波、陈习定：《粮食生产中科技进步速度及贡献研究——基于1985～2010年省级面板数据》，载《农业技术经济》2012年第10期。

［21］王跃梅、姚先国、周明海：《农村劳动力外流、区域差异与粮食生产》，载《管理世界》2013年第11期。

［22］Rob Fraser. Moral Hazard, Targeting and Contract Duration in Agri-Environmental Policy［J］. *Journal of Agricultural Economics*, 2012, 63 (1): 56-64.

［23］Shang F, Ren S, Yang P, et al. Effects of Different Fertilizer and Irrigation Water Types, and Dissolved Organic Matter on Soil C and N Mineralization in Crop Rotation Farmland［J］. *Water Air & Soil Pollution*, 2015, 226 (12): 396.

［24］Johnson K A, Dalzell B J, Donahue M, et al. Conservation Reserve Program (CRP) lands provide ecosystem service benefits that exceed land rental payment costs［J］. *Ecosystem Services*, 2016, 18: 175-185.

基于157个产粮大县的我国粮食主产区耕地压力时空迁徙及粮食安全预警研究：2000~2030年

周静逸　罗海平　邹　楠[①]

一、引言

"万物土中生，有土斯有粮"，耕地资源作为最宝贵的自然资源之一，其数量和质量安全对一国的粮食安全、生态安全、社会稳定与经济发展有着至关重要的影响。近年来，随着工业化和城镇化的不断加速，不少地区耕地由于城镇建设占用、生态退耕、农业结构调整等原因不断减少。尽管我国耕地总面积受耕地红线管控下降并不大，基本能实现耕地数量占补平衡，但却存在耕地质量下降、耕地污染、退化严重以及耕地后备资源不足等严重问题。

长期以来，中国粮食安全问题都是世界关注的热点。1995年，莱斯特·R.布朗（Lester R. Brown）提出了"谁来养活中国"的问题，警示中国耕地资源短缺对世界粮食安全的威胁隐患。耕地资源是农业生产最基本的物质条件，耕地数量和质量的变化必将影响粮食生产，从而影响粮食有效供给和粮食安全水平（傅泽强，2001）。蔡运龙（2002）认为，在工业化、城市化过程中耕地的用途转移不可避免，但当实际人均耕地面积小于最小人均耕地面积时就会危及食物安全。张士功（2005）认为，耕地资源安全是粮食安全问题的核心。朱红波（2006）将耕地资源安全细分为耕地数量安全、质量安全和生态安全三个方面，通过计算发现耕地质量安全和生态安全对保障粮食安全起重要作用。陈（Chen，2006）认为，21世纪中国的粮食安全战略必须在保护耕地数量的同时十分重视耕地质量的改善以及土地的可持续利用。任桂镇（2008）在耕地压力指

[①] 作者简介：周静逸（1995~　），女，湖北宜昌人，南昌大学经济管理学院研究生。

数的基础上提出耕地生态压力指数，发现耕地资源的持续减少是我国耕地压力一直不能得到有效缓解的主要原因。李效顺（2014）从保障粮食安全角度出发，测算出在单产提高情景下，2020年中国耕地资源缺口为180万公顷。张元红（2015）提出我国农业和粮食生产面临的最大压力在于耕地资源短缺。聂英（2015）认为日显稀缺的耕地资源已成为制约我国粮食安全的瓶颈，建立科学合理的耕地资源安全保障机制，是实现我国粮食安全的必然选择。姚成胜（2015）将人均耕地面积作为粮食生产资源的一项指标纳入其构建的中国粮食安全系统评价指标体系，发现2000～2010年人均耕地面积对粮食安全系统的障碍程度不断增大。罗翔（2016）研究指出修正的耕地压力指数对粮食产量产生显著的负向影响，从而耕地压力过大会威胁到粮食安全。纵观粮食安全视域下的耕地资源研究文献，耕地压力对粮食安全影响的研究多集中在省级层面，研究对象具体到县（区）级行政单位的文献不多。

2018年9月习近平总书记在黑龙江北大荒考察中指出，"中国人要把饭碗端在自己手里，而且要装自己的粮食。"中国粮食安全关键在粮食主产区尤其是粮食主产区的产粮大县的耕地安全。鉴于此，本文以我国13个粮食主产省（区）中选出位于我国粮食主产区的157个产粮大县，不含黑龙江省农垦总局下的友谊农场、七星农场、八五四农场、查哈阳农场）为研究对象，从空间尺度对这157个产粮大县2000～2030年耕地压力进行实证测算和影响因子分析，以期科学评估粮食安全的耕地资源紧张程度并找出潜在问题。

二、我国粮食主产区157个产粮大县耕地资源

（一）157个产粮大县耕地资源与粮食安全地位：2015年

以2015年为例，本文分别计算了13个粮食主产区各省产粮大县的粮食总产量占全省粮食总产量的百分比以及各省产粮大县的耕地面积之和占全省总耕地面积的百分比，计算结果如表1所示。首先，表现最为突出的是吉林省，吉林省的14个产粮大县以占不到全省1/2的耕地生产出了全省2/3以上的粮食，以少部分耕地承担了全省大部分的粮食生产任务；其次是黑龙江省，在未考虑农场对全省粮食生产贡献的情况下，黑龙江省的18个产粮大县依然贡献了将近全省一半的粮食产量，而其耕地面积之和不足全省的30%。辽宁、内蒙古、安徽、江苏、河南、湖北、

山东、江西八省共93个县（区）平均以占全省25.69%的耕地承担了全省34.60%的粮食生产，仍然是耕地占有量少、粮食产量多。四川（12个）、湖南（10个）、河北（10个）的产粮大县分别以占全省11.64%、14.57%和10.41%的耕地生产出全省22.33%、20.73%和18.12%的粮食。

表1　2015年我国粮食主产区157个产粮大县粮食生产基本情况　单位：%

		产粮大县（包括县级市、市辖区）名单	粮食总产量占全省百分比	耕地面积占全省百分比
东北地区	黑龙江省（18个）	龙江县、肇东市、五常市、双城市、巴彦县、富锦市、肇州县、肇源县、海伦市、林甸县、讷河市、依兰县、绥化市北林区、青冈县、嫩江县、庆安县、宝清县、虎林市	46.70	27.82
	吉林省（14个）	榆树市、公主岭市、农安县、梨树县、前郭县、扶余县、长岭县、德惠市、双辽市、伊通县、九台市、镇赉县、舒兰市、东丰县	67.69	48.65
	辽宁省（8个）	昌图县、阜新蒙古族自治县、黑山县、彰武县、新民市、大洼县、开原市、建平县	38.09	30.93
华北地区	河北省（10个）	宁晋县、定州市、大名县、深州市、临漳县、景县、藁城市、赵县、辛集市、永年县	18.12	10.41
	内蒙古自治区（9个）	科尔沁左翼中旗、莫力达瓦达斡尔族自治旗、阿荣旗、扎赉特旗、开鲁县、赤峰市松山区、土默特右旗、达拉特旗、巴彦淖尔市临河区	35.89	22.49
华中地区	河南省（20个）	滑县、固始县、唐河县、永城市、太康县、邓州市、商水县、上蔡县、夏邑县、息县、虞城县、濮阳县、鹿邑县、西平县、淮阳县、郸城县、正阳县、新蔡县、沈丘县、项城市	34.79	27.73
	湖北省（9个）	监利县、枣阳市、襄阳市襄州区、随县、钟祥市、沙洋县、仙桃市、京山县、天门市	34.17	26.88
	湖南省（10个）	宁乡县、醴陵市、湘乡市、衡阳县、汉寿县、湘阴县、华容县、南县、双峰县、祁阳县	20.73	14.57

续表

		产粮大县（包括县级市、市辖区）名单	粮食总产量占全省百分比	耕地面积占全省百分比
华中地区	江西省（8个）	鄱阳县、丰城市、南昌县、抚州市临川区、高安市、余干县、新建县、吉水县	31.03	20.97
华东地区	山东省（16个）	平度市、齐河县、曹县、陵县、郓城县、高密市、诸城市、滕州市、临邑县、平原县、郯城县、莘县、聊城市东昌府区、邹平县、商河县、东平县	31.78	19.10
	江苏省（12个）	沭阳县、兴化市、射阳县、东海县、宝应县、盱眙县、睢宁县、邳州市、涟水县、滨海县、阜宁县、泗洪县	35.16	29.98
	安徽省（11个）	霍邱县、涡阳县、怀远县、定远县、寿县、宿州市埇桥区、临泉县、濉溪县、蒙城县、庐江县、凤台县	35.85	27.42
西南地区	四川省（12个）	仁寿县、中江县、三台县、安岳县、简阳市、巴中市巴州区、宣汉县、大竹县、岳池县、南部县、资中县、泸县	22.33	11.64

由此可见，本文选取的157个产粮大县的特征都是以少量的耕地生产出大量的粮食，都在我国13个粮食主产省承担着最重要的粮食生产任务。因此，研究这157个产粮大县的耕地资源紧张程度是保障我国粮食安全的重中之重。

（二）157个产粮大县耕地资源与粮食安全地位演变：2000~2015年

2000~2015年，我国粮食主产区157个产粮大县的粮食总产量与耕地总面积都呈上升趋势。其中，耕地面积稳中有升，变化不大；粮食总产量大幅增加，由9 279.50万吨上升到16 919.40万吨，2015年的粮食总产量是2000年粮食总产量的1.82倍。除2003年由于我国大部分地区遭受严重自然灾害导致粮食作物播种面积大幅缩减、粮食产量陡降以外，2000~2012年我国粮食主产区157个产粮大县的粮食总产量呈阶梯式上升。2015年，由于同时受到播种面积减少和单产下降的影响，河北、内蒙古、辽宁、黑龙江、山东、四川六省共73个县、区总的粮食产量下降，导致粮食主产区 157 个产粮大县的粮食总产量相比 2012 年下降了 644.33 万吨。其中，产量下降最为明显的是黑龙江、辽宁、四川三省共 38 个产粮大县（见图1）。

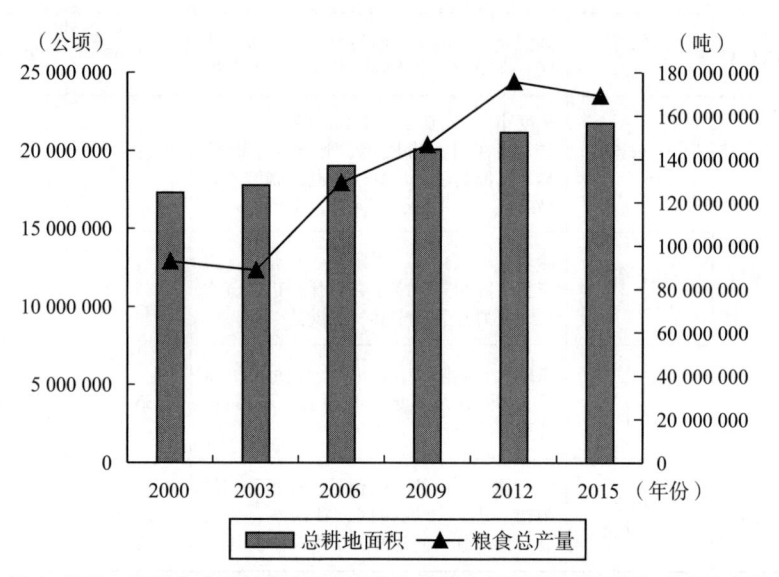

图1　2000~2015 年中国粮食主产区 157 个产粮大县的耕地总面积和粮食总产量

总体来看，除特殊原因导致的个别年份粮食产量有所下滑外，2000~2015 年粮食主产区 157 个产粮大县总的粮食产量呈渐进式上升，总耕地面积在平稳中略有上升。

三、研究方法与模型构建

（一）耕地压力测度模型

1. 耕地压力指数

耕地压力指数由蔡运龙（2002）提出，反映了一个地区耕地资源的紧张程度，具体计算公式如下：

$$K = \frac{S_{\min}}{S_a} \tag{1}$$

式中，S_a 为实际人均耕地面积（公顷/人）；$S_{\min}$ 为最小人均耕地面积（公顷/人）。K 值越大，耕地压力越大。当 $0 < K < 1$ 时，实际人均耕地面

积高于人均耕地数量底线,耕地资源较为充足;当 $K \geq 1$ 时,实际人均耕地面积低于人均耕地数量底线,耕地资源紧缺,存在风险。其中,最小人均耕地面积 S_{min} 给出了为保证特定区域粮食安全所需的耕地数量底线,它是关于粮食自给率、粮食需求量以及耕地资源的利用效率等因子的函数,具体表示如下:

$$S_{min} = \beta \cdot \frac{Gr}{p \cdot q \cdot k} \quad (2)$$

式中,β 为粮食自给率(%);Gr 为人均粮食需求量(千克/人);p 为粮食单位面积产量(千克/公顷);q 为粮食播种面积与农作物总播种面积之比;k 为复种指数(%)。需要说明的是,由于本文的研究对象是粮食主产区中的产粮大县,因此,除满足自身粮食需求外,产粮大县还需满足其他地区的粮食供应需求。用公式可表示为:

$$\beta = 1 + C_t \quad (3)$$

上式中,C_t 为 t 年粮食主产区 157 个产粮大县对其他地区的粮食贡献率,是一个动态变化的值,用公式表示为:

$$C_t = \frac{P_t - D_t}{P_t} \quad (4)$$

式中,P_t 为 t 年 157 个产粮大县的粮食总产量(千克),D_t 为 t 年 157 个产粮大县自身的粮食总需求量(千克),$D_t = Gr \times a_t$,a_t 为 t 年 157 个产粮大县的总人口数(人)。参考全国人均粮食消费的 3 种标准(人均 300~350 千克属维持温饱;人均 350~600 千克属消费改善;人均 600 千克以上属于满足享受)以及朱红波等(2007)对人均粮食需求量的设定,本文将人均粮食需求量 Gr 确定为:2000 年、2003 年 420 千克;2006 年、2009 年 440 千克;2012 年、2015 年 460 千克。

2. 耕地压力承载系数

为进一步详细探究 157 个产粮大县的耕地压力状况,本文提出耕地压力承载系数(BK)来反映一个地区耕地压力的可承受程度,即保证某特定地区粮食安全所需的耕地数量底线与该地区实际人均耕地面积的相对差距。耕地压力承载系数(BK)是耕地资源自我调节能力的一种体现。具体公式如下:

$$BK = \frac{S_{min} - S_a}{S_a} \quad (5)$$

式中,S_{min} 为最小人均耕地面积(公顷/人);S_a 为实际人均耕地面积

（公顷/人）。此二指标在前文均已详细阐释，此处不再赘述。$BK > -1$，BK 越小，一个地区所承受的耕地压力越小。当 $-1 < BK \leq -0.5$ 时，表明此时耕地压力很小，该地区处于耕地压力的最大可承受范围；当 $-0.5 < BK < 0$ 时，表明此时耕地压力较小，处于耕地压力的可承受范围；当 $BK \geq 0$ 时，表明此时耕地资源紧张，剩余可承受的耕地压力空间较小。

3. 耕地压力敏感系数

为研究保障粮食安全所需的耕地资源对实际拥有的耕地资源变动的反应程度，本文提出耕地压力敏感系数（E_K）。它是一定时期内最小人均耕地面积（$S_{\min}$）变动率与实际人均耕地面积（S_a）变动率的比值，反映了最小人均耕地面积（$S_{\min}$）的变动幅度对实际人均耕地面积（S_a）变动幅度的依存关系。公式表示为：

$$E_K = \frac{VS_{\min}/S_{\min}}{VS_a/S_a} \tag{6}$$

式中，$VS_{\min}$ 表示上一研究年份与本研究年份最小人均耕地面积（$S_{\min}$）的差值，VS_a 表示上一研究年份与本研究年份实际人均耕地面积（S_a）的差值。当 $|E_K| > 1$ 时，此时所需的最小人均耕地面积的增长速度快于实际人均耕地面积的增长速度，耕地压力处于非常敏感的状态；当 $|E_K| = 1$ 时，二者的增长速度一致，最小人均耕地面积变动对耕地压力的影响与实际人均耕地面积变动对耕地压力的影响一致；当 $|E_K| < 1$ 时，此时最小人均耕地面积的增长速度小于实际人均耕地面积的增长速度，耕地压力处于不敏感状态。

（二）耕地压力的空间分异与空间集聚效应模型

1. 耕地压力空间分异的 Theil 指数测算

Theil 指数是衡量样本差异的一个指标，本文用 Theil 指数来分析粮食主产区 157 个产粮大县的耕地压力在空间尺度上的整体差异。计算公式如下：

$$T = \frac{1}{n}\sum_{i=1}^{n}\frac{K_i}{\mu}\ln\frac{K_i}{\mu} \tag{7}$$

式中，K_i 为第 i 个县的耕地压力指数；μ 为 157 个产粮大县的耕地压力指数平均值；n 为县级行政单位个数。$T \geq 0$，T 越大，157 个产粮大县之间的耕地压力差异越大。

2. 耕地压力空间集聚效应的 Moran's I 指数测算

Moran's I 指数是度量空间相关性的一个重要指标,本文用 Moran's I 指数来表示 157 个县级单位的耕地压力在研究年份(2000 年、2003 年、2006 年、2009 年、2012 年、2015 年)的空间相关性。公式表示为:

$$I = \frac{\sum_{i=1}^{n}\sum_{j=1}^{n}(K_i - \mu)(K_j - \mu)}{S^2 \sum_{i=1}^{n}\sum_{j=1}^{n}W_{ij}} \tag{8}$$

式中,k_i 和 k_j 分别是第 i 个和第 j 个县级单位的耕地压力指数;μ 为耕地压力指数平均值;W_{ij} 是各县级单位的空间权重矩阵,县级单位之间的距离在设定的门槛距离内则为 1,大于该距离则为 0;$S^2 = \dfrac{\sum_{i=1}^{n}(K_i - \mu)^2}{n}$。

(三)耕地压力影响因子分析模型

为找出影响耕地压力变动的关键因素,本文参考张慧(2017)构建的中国耕地压力影响因素模型,从耕地质量、化肥投入、种植结构(粮农比)、农民收入(农村居民人均可支配收入)、城镇化水平五个方面构建粮食主产区 157 个产粮大县耕地压力的社会经济影响因素模型。模型具体设置如下:

$$\ln K_{it} = \beta_0 + \rho W \ln K_{it} + \beta_1 \ln Q + \beta_2 \ln F + \beta_3 \ln R + \beta_4 \ln I + \beta_5 \ln U + \varepsilon_{it} \tag{9}$$

式中,K_{it} 为 i 县第 t 年的耕地压力指数;β_0 为常数项;ρ 为空间自回归系数;W 为空间权重矩阵;β_1,…,β_5 为待估计系数;ε_{it} 为随机扰动项。其中,耕地质量(Q)是影响耕地产能和耕地压力的最基础因素,宋小青(2012)提出标准耕地系数(CLSI)来表示耕地质量;化肥投入(F)反映了一个地区耕地资源的污染程度,从而反映对耕地压力的影响,用该地化肥折纯量与粮食作物播种面积的比值(吨/公顷)来表示;种植结构(R)体现了一个地区耕地资源的利用情况,用某地区粮食作物播种面积与该地农作物播种面积的比值来表示;农民收入(I)的高低影响到农民种植粮食的积极性,从而影响对耕地的管理与利用,用农村居民人均可支配收入(元)来表示;城镇化水平(U)可侧面反映一个地区进行农业生产的规模大小,从而对耕地资源的利用产生影响,用户籍人口城镇化率（%）来表示。其中，第 t 年 i 县的标准耕地系数（$CLSI$）表示为：

$$CLSI_{it} = \frac{p_{it} \times k_{it}}{p_{at} \times k_{at}} \tag{10}$$

式中，p_{it} 和 k_{it} 分别表示第 t 年 i 县的单位面积粮食产量（千克/公顷）和复种指数（%）；p_{at} 和 k_{at} 分别表示第 t 年 157 个产粮大县总的单位面积粮食产量（千克/公顷）和复种指数（%）。

（四）耕地压力预测的 GM(1，1) 模型

灰色系统模型是对既含有已知信息又含有未知信息的系统进行预测的模型，目前在预测未来耕地压力指数时应用较为广泛。本文运用灰色系统模型中的 GM(1，1) 模型来对 2018 年、2021 年、2024 年、2027 年和 2030 年未来 13 年的耕地面积、粮农作物播种面积、粮食总产量、人口数量以及耕地压力指数进行预测。表达式如下：

$$X^{(1)}_{(t)} = \left(X(1) - \frac{n}{m}\right)e^{-mt} + \frac{n}{m} \tag{11}$$

X 为原始数据序列，m、n 分别为计算得出的模型参数，t 为年份。预测模型采用平均相对误差 P 检验。当 $P \leqslant 0.01$ 时，表明模型优良；当 $0.01 < P \leqslant 0.05$ 时，表明模型设置基本合理；当 $0.05 < P \leqslant 0.1$ 时，表明模型勉强合格；当 $P > 0.1$ 时，模型设置不合格。

四、实证计算及结果分析

（一）数据来源及处理

本文根据国务院文件，在全国 200 个粮食主产县（区）中选出位于我国粮食主产区的 157 个产粮大县作为研究对象，研究年份为 2000 年、2003 年、2006 年、2009 年、2012 年、2015 年。各区、县的耕地面积、农作物和粮食作物播种面积、粮食产量、年末户籍人口数、化肥折纯量、农村居民人均可支配收入、户籍人口城镇化率等数据来源于相应年份各省、市、县统计年鉴和省、市、县级年鉴，部分农作物播种面积和粮食作物播种面积数据来源于相应年份政府工作报告以及该县（区）国民经济和社会发展统计公报。

为详细探究我国粮食主产区 157 个产粮大县在空间层面的耕地压力特征，根据各产粮大县的所属省份及其地理区位，本文将这 157 个产粮大县划分为 5 个大的地理区域：东北地区（包括黑吉辽共 40 个县、区）、华

北地区（包括冀蒙共 19 个县、区）、华中地区（包括豫鄂湘赣共 47 个县、区）、华东地区（包括鲁苏皖共 39 个县、区）和西南地区（包括四川省共 12 个县、区）。

（二）实证结果分析

1. 粮食主产区 157 个产粮大县的耕地压力指数变动

总的来看，157 个产粮大县的耕地压力在 2000～2015 年得到了有效缓解，总体的耕地压力指数 K 由 2000 年的 0.88 下降到了 2015 年的 0.66，呈向好态势。分地区来看，2000～2003 年，华中、华东和西南地区的耕地压力指数 $K \geq 1$，表明这三个地区的耕地资源紧缺，处于压力状态；2006～2015 年，除西南地区依旧处于耕地压力状态，且耕地压力有所增加外，其余四个地区的耕地压力都下降到安全状态，压力减轻。

2000 年 157 个产粮大县的平均耕地压力指数从小到大依次是东北地区、华北地区、华东地区、华中地区和西南地区；到 2015 年这一顺序依然是东北地区、华北地区、华东地区、华中地区和西南地区，如图 2 所示。可见，2000～2015 年我国粮食主产区 157 个产粮大县的耕地压力水平在空间分布上并没有发生较大变化，空间分布特征大致可以概括为南高北低、西高东低。值得注意的是，西南地区是五大区域中唯一一个在研究期内耕地压力无明显下降，反而 2015 年耕地压力指数相比 2000 年上升了 0.349 的地区。除此之外，东北地区、华北地区、华东地区和华中地区在研究期内耕地压力指数均有不同程度的下降，耕地压力均得到有效缓解。

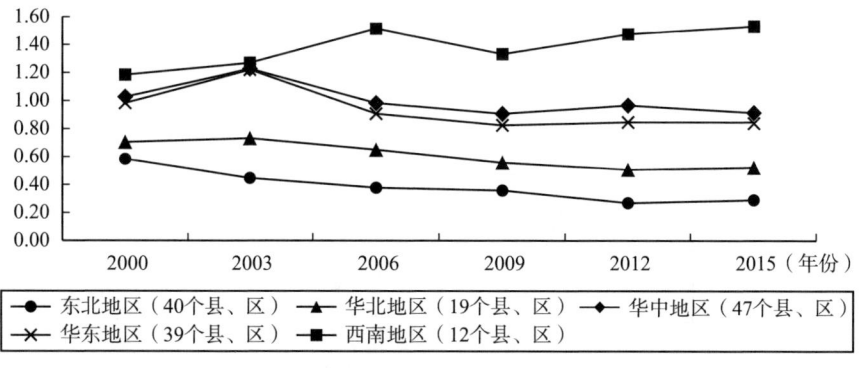

图 2　2000～2015 年粮食主产区 157 个产粮大县耕地压力指数变化

2. 157个产粮大县的耕地压力承载系数与敏感系数变动

通过计算发现,研究期内157个产粮大县的耕地压力承载系数 BK 位于 $-0.36 \sim -0.09$ 区间内,并呈逐渐减小的趋势。BK 由2000年的 -0.12 下降到了2015年的 -0.34,表明耕地压力处于可承受范围内,且157个产粮大县所承受的耕地压力越来越小。变动速率方面,157个产粮大县的耕地压力敏感系数 E_K 在 $-3.13 \sim 3.85$ 之间上下波动,大致呈一个"W"字形,除2009年以外其余年份的耕地压力都处于非常敏感的状态。需要说明的是,由于耕地压力敏感系数是反映本期与基期耕地压力变化速度的指标,因此耕地压力敏感系数的起始年份为2003年。

由图3可以看出,157个产粮大县的耕地压力敏感系数 E_K 分别在2003年、2012年达到了研究期内的极大值点3.85和极小值点 -3.13。结合耕地压力承载系数与耕地压力指数研究发现,2003年耕地压力承载系数 BK 达到了研究期内的最大值 -0.09,耕地压力指数 K 也达到最大值

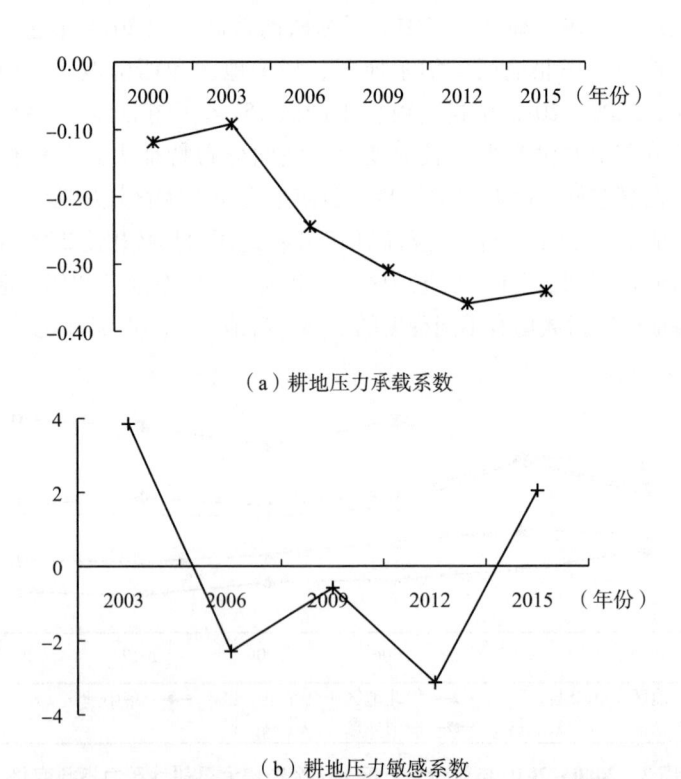

(a)耕地压力承载系数

(b)耕地压力敏感系数

图3 2000~2015年粮食主产区157个产粮大县耕地压力承载系数与敏感系数变动

0.91；2012年耕地压力承载系数 BK 达到研究期内最小值 -0.36，耕地压力指数 K 也到达最小值0.64。以上说明，当产粮大县的耕地压力较大时，此时耕地资源紧张，剩余可承受的压力空间较小，并且耕地压力处于非常敏感的状态；反之，当产粮大县的耕地压力较小时，此时耕地资源充足，有较大的承受压力空间，并且耕地压力处于不敏感状态。

3. 157个产粮大县的耕地压力空间分异变化

本文利用Theil指数研究粮食主产区157个产粮大县（区）在2000～2015年耕地压力的空间分异状况。计算发现，Theil指数在研究期内波动上升，由2000年的0.1360上升至2015年的0.3565，其中在2012年达到最大值0.4290。Theil指数总体呈上升趋势，表明157个产粮大县之间的耕地压力水平差异在研究期内逐渐增大。究其原因，主要是由157个产粮大县耕地压力水平的南北差异扩大导致的。东北地区与西南地区耕地压力指数的极差由2000年的0.602增加到了2015年的1.243，出现了耕地压力层面的"马太效应"。

按照前文的区域划分，西南地区仅包括四川省的12个粮食生产大县（范围覆盖10个地级市，集中分布在四川省东北部）。一方面，四川是我国的人口大省和粮食消费大省，人口基数大、增长快，城市化发展以及我国1999年起实行的退耕还林（草）政策使得四川省耕地面积自2000年开始大幅减少。在人口数量不断增加和耕地面积大幅减少的双重冲击下，实际人均耕地面积迅速下滑，耕地压力大大增加。另一方面，除2003年和2006年四川省由于遭受历史性旱灾，粮食产量有所减少外，其余年份粮食产量连年增加。此外，农业基础设施改善、生产管理水平提高，粮食单产和复种指数提高等等都在一定程度上抵补了实际人均耕地面积下降给耕地压力带来的消极影响，减缓了一定的耕地压力，阻止了四川省12个产粮大县耕地压力指数的进一步增加。因此，四川省12个产粮大县的耕地压力指数在上下波动中有所增加。而原本耕地压力较小的东北地区和华北地区（包括黑龙江、吉林、辽宁、内蒙古、河北等5个省、自治区共59个产粮大县）由于得天独厚的自然资源禀赋加上国家政策支持以及农业技术进步等优势，耕地压力在研究期内得到进一步缓解。东北三省是我国传统的最大的商品粮基地，内蒙古、河北也是重要的地区性商品粮基地。这些地区地广人稀、土壤肥沃、土层深厚，2000年以来耕地面积总体都呈现上升趋势，尤其是2011年国土资源部出台高标准农田基本建设规划以后，5省的耕地面积经过土地整治得到进一步增加；又由于人口增长速度缓慢和农业技术进步等原因，实际人均耕地面积有所增加，粮食单产也大幅提高，导致北方地区的耕地压力越来越小（见表2）。

表2　粮食主产区157个产粮大县耕地压力指数的空间分异情况

	2000年	2003年	2006年	2009年	2012年	2015年
T	0.1360	0.2908	0.2373	0.2766	0.4290	0.3565

由此，耕地压力原本较大的西南地区耕地压力逐渐增加，耕地压力原本较小的东北地区和华北地区耕地压力逐渐减小，使得我国粮食主产区157个产粮大县的南北压力空间分异进一步增大。

4. 耕地压力的空间集聚特征

本文利用STATA软件计算2000～2015年我国粮食主产区157个产粮大县耕地压力指数的全局Moran's I指数。结果显示，研究期内粮食主产区157个产粮大县耕地压力指数的全局Moran's I指数均为正值，并且，所有研究年份的Moran's I均通过1%的显著性水平检验，结果非常显著。这一显著性结果表明，研究期内，粮食主产区157个产粮大县的耕地压力指数具有显著的空间自相关特征，即耕地压力指数相近的县（区）在空间上趋于集中分布。而且，从变化的角度来看，这种空间集聚效应有增强趋势（见表3）。

表3　中国粮食主产区耕地压力指数全局Moran's I

年份	Variables	I	E(I)	sd(I)	z	p-value*
2000	K	0.194	-0.006	0.008	26.355	0.000
2003	K	0.177	-0.006	0.008	24.196	0.000
2006	K	0.421	-0.006	0.008	55.347	0.000
2009	K	0.350	-0.006	0.008	46.105	0.000
2012	K	0.474	-0.006	0.008	62.095	0.000
2015	K	0.453	-0.006	0.008	59.397	0.000

5. 粮食主产区 157 个产粮大县耕地压力的影响因素分析

本文选取了 2015 年我国粮食主产区 157 个县级行政单位的横截面数据，为避免出现异方差，运用 STATA 软件对粮食主产区 157 个产粮大县耕地压力的影响因素进行 WLS 回归估计，采用 White 检验。回归结果显示，空间自回归系数为 1.664，P 值为 0.000，说明粮食主产区 157 个县（区）耕地压力指数之间存在高度的空间正相关关系。模型回归结果如表 4 所示，5 项因素均对粮食主产区 157 个产粮大县的耕地压力水平有显著影响。其中，耕地质量、化肥投入、种植结构、城镇化水平等 4 项因素在 1% 水平上显著，农民收入因素在 5% 水平上显著。

表 4　　　　　耕地压力变动因素模型的参数估计

影响因素	变量		回归系数	t 统计	P 值
耕地质量	标准耕地系数	$\ln Q$	-0.245***	-3.82	0.000
化肥投入	每公顷化肥折纯量	$\ln F$	0.169***	3.00	0.000
种植结构	粮农比	$\ln R$	1.640***	6.65	0.000
农民收入	农村居民人均可支配收入	$\ln I$	-0.001**	-2.19	0.034
城镇化水平	城镇化率	$\ln U$	0.213***	3.39	0.000

注：*** 表示在 1% 水平上显著；** 表示在 5% 水平上显著。

耕地质量方面，模型回归系数为 -0.245，P 值为 0.000，与耕地压力指数显著负相关。当其他条件不变时，耕地质量每上升一个单位，耕地压力便减小 0.245 个单位。耕地质量的相关系数较大，说明耕地质量对耕地压力水平的影响较大，是影响耕地压力水平的核心因素，更是保障粮食主产区 157 个产粮大县粮食安全的关键。根据国土资源部发布的《2016 年全国耕地质量等别更新评价主要数据成果》，截至 2015 年末，中低产田占我国耕地总面积的 70%，耕地退化面积占耕地总面积的 40% 以上。现阶段我国耕地普遍存在占优补劣现象，导致耕地质量下降、耕地压力增大。在此背景下，如何实现耕地质量占补平衡，进一步缓解耕地压力，亟待进一步深入研究探讨。

化肥投入（系数为 0.169）对耕地压力的影响为正，表示某地区化肥投入越多越会增大该地区耕地压力，同时也说明现阶段化肥投入对增加粮食产量的边际效应已经达到最大甚至开始递减。农业部数据显示，

2016年我国亩均化肥用量为21.9千克，是美国的2.6倍，而世界平均水平仅为亩均8千克；我国农药平均利用率仅为35%，而欧美发达国家的这一指标则是50%~60%。这一情况表明，过量的化肥农药的使用不但不会带来粮食增产，反而会造成耕地污染，损害土壤，增加耕地压力。现阶段我国尤其是粮食主产区的产粮大县不应再盲目增加化肥农药的投入，而应注重提高化肥农药的利用率，实现耕地产能、经济效益和生态环境的最优化。

种植结构方面，模型回归系数为1.640，表明粮农作物播种面积对一个地区的耕地压力水平起着重要作用。粮农比对耕地压力的影响为正，说明在农作物总播种面积一定时，肆意扩大粮食作物的播种面积会使耕地出现"过劳"问题，从而耕地压力增加。在耕地面积日益缩减的严峻现实下，一味增加粮食作物播种面积并不是提高粮食产量、保障粮食安全的有效做法。改良种植结构、改善土地经营管理、改进农业生产技术、提高农业生产效率才是缓解耕地压力、保障产粮大县粮食安全的长久之策。

农民收入方面，模型回归系数为-0.001，在5%的水平下显著。本文认为，可以从以下角度阐释农民收入与耕地压力之间的相关关系。结合近年来粮食价格下降、农药化肥等生产成本不断上升、农村"空心化"、农民生产积极性不高等现实情况来看，农民收入提高很大一部分原因是由于大批农村青壮年劳动力进城务工引起的，而不是由农业生产收入增加所致。因此，非农收入的增加会挫伤一部分农民的种粮积极性，又由于农业具有风险大、收益低等特点，为降低农业经营风险，一部分农民会选择稳定粮食作物种植面积或减少种植面积，耕地粗放管理甚至荒废。所以，这一现象导致的耕地压力减小并不是由耕地资源利用效率提高带来的。如何提高农民种粮积极性、发展现代化农业、培养新型职业农民这些议题都值得进一步深入研究探讨。

城镇化水平方面，户籍人口城镇化率对耕地压力的影响为正，系数为0.213，P值为0.000，影响显著。表明一个地区城镇化水平越高，则该地区耕地压力越大。城镇化对耕地压力的影响主要表现在两个方面：第一，由于城镇基础设施的建设需要，不可避免占用大量耕地，导致耕地面积刚性减少，剩余耕地承载压力变大；第二，城镇化发展会导致农村人口向城镇迁移，一方面农村人口减少，另一方面释放出一定量的宅基地和非农用地，释放的土地经过土地整理可转化为耕地，从而为土地规模化经营创造条件，减缓耕地压力。目前我国城镇化对耕地的影响主要集中在第一个方面，大量耕地非农化导致耕地压力增加。因此，应进一步深化农村改革，加快推进农户承包地的"三权分置"，实现土地、资金、技术、劳动力等生产要素的有效配置。

综上，提高耕地质量、改善种植结构对缓解我国粮食主产区157个产粮大县的耕地压力具有显著影响，而化肥农药的过度使用不仅不会使粮食增产，反而会污染土壤、加剧耕地压力。在快速工业化、城镇化背景下出现的农村劳动力大量转移到城市、农民种粮积极性不高、耕地面积减少、耕地资源占优补劣等问题，需要进一步研究探讨。

6. GM(1,1) 模型预测结果

根据2000年、2003年、2006年、2009年、2012年、2015年我国粮食主产区157个产粮大县耕地面积、粮农作物播种面积、粮食总产量、人口数量等数据，本文对以上指标以及耕地压力指数在2018年、2021年、2024年、2027年、2030年等未来13年的走势进行了进一步的预测。各指标预测模型的平均相对误差都在5%以下，说明各指标的模型设置基本合理。图4为耕地压力指数与粮食单产的预测结果，通过与实际值的对比可以看到，耕地压力指数与粮食单产的预测值走势比实际值轨迹更加平滑，实际值围绕预测值上下波动。出现这一现象的主要原因是预测模型未将自然灾害等不可预料的现实因素纳入考虑。

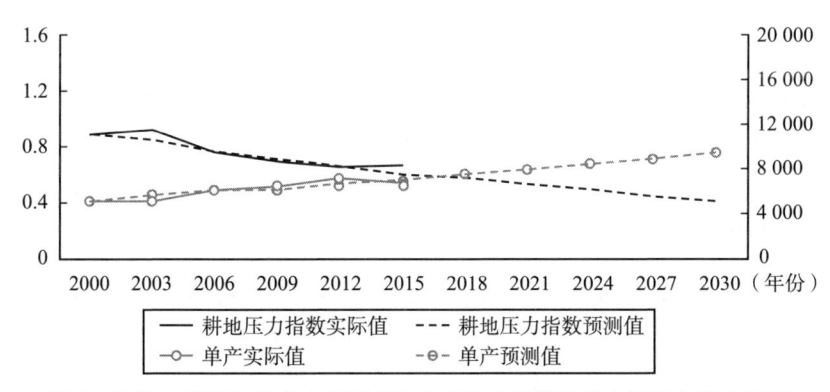

图4 2018~2030年粮食主产区157个产粮大县耕地压力指数与单产预测

模型预测结果显示，我国粮食主产区157个产粮大县的耕地压力指数在未来13年会呈缓慢下降的走势，从而耕地压力会进一步缓解，粮食安

全状况良好。产生这一乐观估计的原因主要是基于对未来13年粮食总产量大幅提升的向好预期。另外，人口增长速度预计会进一步放缓。虽然近年来国家全面放开二胎政策，但政策效果并不尽如人意。国家统计局数据显示，2017年中国新出生人口为1 723万人，比2016年减少63万人；人口出生率为12.43‰，比2016年下降0.52‰。另外，耕地数量的下降在政策引导下得到有效遏制，因此，实际人均耕地面积会呈现逐渐上升的趋势。随着更先进更高效的耕作技术的推广以及复种指数的提高，产粮大县的粮食单产将呈现持续增加趋势，因此粮食主产区157个产粮大县在未来13年的耕地压力将呈现出缓慢下降态势。然而值得注意的是，上述对粮食产量的向好预期是建立在没有发生严重的自然灾害的前提下的。随着全球气温上升，极端气候和天气将更大程度地影响粮食产粮稳定。如2018年8月底，受"温比亚"台风影响，山东省寿光市遭受了严重的洪水灾害，致使全省农作物受灾面积达到62.05万公顷。由此，在未来不断改进农业生产技术的同时，应提高应对自然灾害的防范能力。在不断改善耕地资源、提高生产效率的同时，提高风险防范能力，是对我国粮食主产区粮食安全的有效保障。

五、结论与启示

（一）粮食主产区的157个产粮大县耕地产粮任务重耕地负荷大

长期以来，157个产粮大县肩负着保障全国粮食安全的重要职责，粮食安全保障的地位突出。以粮食主产区24.96%的耕地生产了主产区35.74%的粮食，以占全国16.11%的耕地面积，贡献了占全国27.23%的粮食总产量。为此，全国粮食安全核心在于157个产粮大县的粮食产能保障和可持续性的耕地安全。

（二）整体来看产粮大县耕地压力呈降低趋势，但空间格局固化

2000~2015年粮食主产区157个产粮大县粮食总产量大幅提升，且总体耕地压力逐渐缓解。157个产粮大县分地理区位来看，除西南地区的平均耕地压力指数在波动中有所增加外，东北地区、华北地区、华东地区和华中地区的平均耕地压力指数均得到不同程度的缓解。耕地压力的

空间分布特征是南高北低、西高东低。研究期内五大区域的耕地压力高低位次并未发生明显变化，耕地压力从小到大排序一直是东北地区、华北地区、华东地区、华中地区和西南地区。

（三）耕地压力总体在可承载区间，但耕地压力敏感系数波动显著

耕地压力承载系数与耕地压力敏感系数都是衡量某一地区耕地压力变化的指标。研究期内，耕地压力承载系数一度达到最大值 -0.09（2003年），但总体处于可承载区间，并逐渐减小。而敏感系数则在 -3.13~3.85 之间呈"W"形上下波动。耕地压力较大时，剩余可承受的压力空间较小，耕地压力处于非常敏感的状态。而当耕地压力较小时，则有较大的承受压力空间，并且耕地压力处于不敏感状态。

（四）南北耕地压力的空间分异呈扩大趋势，空间集聚程度趋于强化

根据 Theil 指数，东北地区和华北地区耕地压力逐步减小，而西南地区由于受到自然灾害以及实际人均耕地面积快速下滑影响导致耕地压力逐渐增大。全局 Moran's I 指数的结果显示，157个产粮大县具有显著的空间集聚特征，耕地压力水平相近的区域在地理空间上趋于集中分布，且空间集聚程度趋于加强，马太效应显著。因此，针对耕地压力空间分异趋势增大这一现实情况而言，应采取措施着力缓解西南地区的耕地紧张状态。

（五）耕地质量、种植结构是对产粮大县的耕地压力起决定作用的影响因素

157个县（区）耕地压力指数之间存在高度的空间正相关关系。模型回归显示耕地质量、化肥投入、种植结构、农民收入、城镇化水平5项因素均对产粮大县的耕地压力水平有显著影响，其中耕地质量和种植结构影响最为显著。因此，探讨如何实现耕地质量占补平衡、改善土地经营管理是保障粮食安全的可持续发展之路。除此之外，一些社会经济因素对耕地压力的影响也在逐步增大。如化肥农药过度使用导致的耕地污染对耕地压力产生的影响，快速城镇化背景下带来的农村劳动力流失、农民种粮积极性不高、耕地资源占优补劣等一系列问题，都需要进一步

研究探讨。

(六) 模型预测产粮大县在2018~2030年耕地压力指数呈缓慢下降趋势

根据人口增长预期以及粮食种植技术和单产水平的提高，在不考虑极端天气等不确定因素的情况下，未来粮食大县耕地压力将进一步缓解，粮食安全趋于乐观。但未来依然要不断改进农业生产技术，同时积极提高应对自然灾害的防范能力。在不断改善耕地资源、提高生产效率的同时，提高风险防范能力，是对我国粮食主产区粮食安全的有效保障。

参考文献

[1] 傅泽强、蔡运龙、杨友孝、戴尔阜：《中国粮食安全与耕地资源变化的相关分析》，载《自然资源学报》2001年第4期。

[2] 蔡运龙、傅泽强、戴尔阜：《区域最小人均耕地面积与耕地资源调控》，载《地理学报》2002年第2期。

[3] 朱红波：《论粮食安全与耕地资源安全》，载《农业现代化研究》2006年第3期。

[4] Jie Chen. Rapid urbanization in China: A real challenge to soil protection and food security [J]. *Catena*, 2006.

[5] 姚成胜、滕毅、黄琳：《中国粮食安全评价指标体系构建及实证分析》，载《农业工程学报》2015年第4期。

[6] 罗翔、曾菊新、朱媛媛、张路：《谁来养活中国：耕地压力在粮食安全中的作用及解释》，载《地理研究》2016年第12期。

[7] 付国珍、摆万奇：《耕地质量评价研究进展及发展趋势》，载《资源科学》2015年第2期。

[8] 熊昌盛、韦仕川、栾乔林、胡月明：《基于Moran's I分析方法的耕地质量空间差异研究——以广东省广宁县为例》，载《资源科学》2014年第10期。

[9] 张星星、曾辉：《基于多尺度主成分面板模型的中国耕地压力动态变化及驱动力分析》，载《中国人口·资源与环境》2014年第S3期。

[10] 聂艳、罗毅、于婧、陈芳：《基于空间自相关的湖北省耕地压力时空演变特征》，载《地域研究与开发》2013年第1期。

[11] 任桂镇、赵先贵、巢世军、董林林、赵毓梅：《基于耕地生态压力指数的中国耕地压力时空差异分析》，载《干旱区资源与环境》2008年第10期。

[12] 刘彦随、乔陆印：《中国新型城镇化背景下耕地保护制度与政策创新》，载《经济地理》2014年第4期。

［13］姜绍静、罗泮:《空心村问题研究进展与成果综述》,载《中国人口·资源与环境》2014年第6期。

［14］戴攸峥:《农村耕地抛荒的多层治理》,载《南昌大学学报（人文社会科学版）》2017年第4期。

基于粮食安全保障的我国粮食主产区耕地生态足迹测度及预警研究：2007~2025 年

朱勤勤　罗海平[①]

一、引言

耕地资源是不可替代的粮食生产载体，是保障粮食综合生产能力和农产品有效供给的物质基础，耕地生态安全对国家粮食安全、农业生态环境安全以及经济社会可持续发展具有重要作用。耕地生态安全是指在一定时间和空间范围内，耕地生态系统在保持自身正常功能结构的同时能够确保耕地资源的代际平衡，即不仅满足当代人的需要，而且不会对满足后代人需要的能力构成威胁的健康状态。

目前关于耕地生态安全的研究主要集中在耕地生态安全的内涵、耕地生态安全评价、耕地生态安全影响因素分析、耕地生态安全问题的负面效应和对策研究等几个方面。朱红波和张锐从界定耕地生态安全的内涵入手，以大量数据或实证方法为支撑详细分析了影响我国耕地生态安全的因素，并就如何保障耕地生态安全提出相应措施。杨曙辉分析了耕地生态安全问题日益凸显给国家粮食安全、生态环境及经济社会造成的负面影响。李明薇运用 PSR 模型和投影寻踪模型构建耕地生态安全评价指标体系，对河南省的耕地生态安全状况进行了评价，并分析了影响河南省耕地生态安全的主要因素。王燕辉构建耕地生态安全指标体系对河北省耕地生态安全状况进行评价，并采用阻力诊断模型对主要阻力因素进行了分析。随着经济社会发展、人地矛盾加剧和资源环境破坏，耕地生态安全的研究由定性分析发展为定量测度与评估，并成为当前研究的重点。近年来，一些学者将生态足迹模型引入耕地资源生态安

[①] 作者简介：朱勤勤（1994~　），南昌大学经济管理学院，硕士研究生，研究方向为金融风险与金融监管。

全评价,为耕地可持续发展研究提供了量化工具。施开放在应用耕地生态足迹模型和 GIS 方法的基础上,构建耕地生态承载力供需平衡指数系统评价了重庆市耕地生态供需平衡状况。王琦等采用生态足迹模型对四川省耕地生态赤字变化趋势进行了分析;刘秀丽基于生态足迹模型测算了甘肃省耕地资源容量,并运用 ARIMA 模型预测了耕地生态足迹与生态承载力,研究发现甘肃省耕地生态赤字现象严重,人地关系紧张。

粮食主产区是我国粮食生产的核心区,耕地面积占全国耕地面积的比重 60% 以上,每年为全国贡献 70% 以上的粮食总产量和 80% 左右的商品粮,承担着保障国家粮食安全的主要责任,其耕地生态安全状况直接关系到国家粮食安全的实现、社会的和谐稳定、国民经济的持续运行及小康社会的全面建成和乡村振兴战略的实施。然而,近年来粮食主产区粮食产量的增加主要得益于以消耗资源环境为特征的粗放发展方式,化肥农药严重超标且利用率低、农用塑料薄膜线性增长、耕地重用轻养等造成水土流失加剧、土壤污染、酸化、盐碱化、土地板结、土壤结构破坏和有机物质下降等生态问题。与此同时,工业化、城镇化的快速推进带来的耕地非农利用和工业三废对土壤的重金属污染进一步导致耕地面积锐减、耕地退化严重不可逆转、耕地生态环境日趋恶化,使粮食主产区耕地生态安全面临严峻挑战。生态安全是粮食主产区实现粮食安全主体功能的前提和保障,而粮食安全的核心是耕地安全。耕地生态安全是粮食安全和生态安全的基础保障。

综上,对粮食主产区粮食安全保障的耕地生态安全现状进行研究,对缓解人地矛盾、优化农业生产方式、推进农业现代化建设和保障国家粮食安全具有重要意义。鉴于此,本文以粮食主产区为研究对象,在对粮食主产区粮食生产与耕地资源现状进行摸底的基础上,运用耕地生态足迹模型,实证测算我国粮食主产区确保粮食安全情况下的耕地生态足迹与生态承载力,并基于灰色系统预测 GM(1,1) 模型进行预测与预警分析。

二、研究区概况:粮食生产、耕地资源现状与问题

(一) 粮食主产区的产粮地位与耕地增产压力

我国粮食产量于 2015 年实现十二连增,从 2003 年的 43 069.5 万吨

增长到2015年的62 143.9万吨，12年间粮食总产量增加44.3%，年均增长3.7%。2016年粮食产量出现小幅度下降，但仍然保持61 625万吨的较高水平。我国粮食市场稳定、供应充足，安全形势持续向好。2007～2016年，粮食主产区粮食产量占全国粮食产量的比重一直保持在74%以上，最高年份是2015年的总产量47 341.2万吨，占全国比重高达76.18%。10年间，全国粮食累积增产11 464.7万吨，增长率为22.9%；粮食主产区粮食增产9 127.2万吨，增长率为24.2%，比全国水平高出1.3个百分点，年均增贡献度80%左右。可见，粮食主产区粮食产量对我国粮食安全保障做出了重要贡献（见图1）。

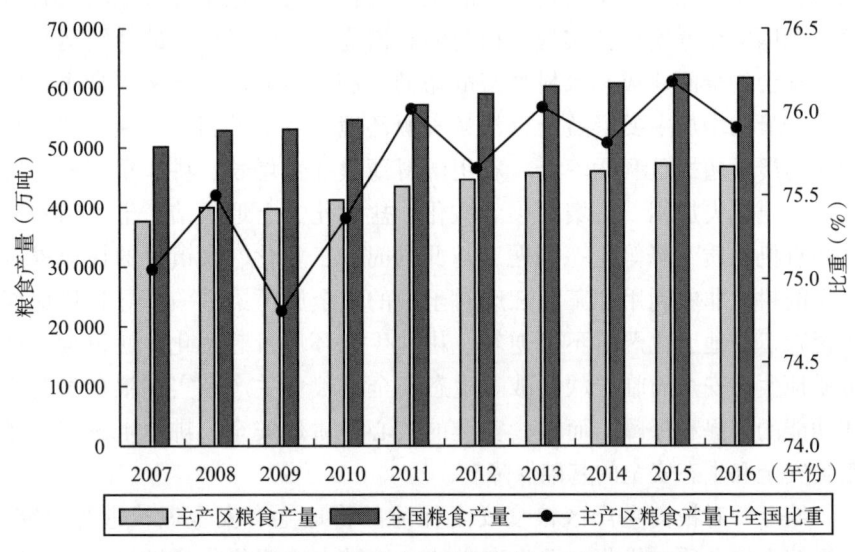

图1 2007～2016年主产区粮食产量占全国比重情况

2007～2016年，粮食主产区省际粮食产量差异较大。粮食总产量最高的是河南、黑龙江和山东，占粮食主产区粮食总产量的35.5%，其次是江苏、四川、安徽、河北、吉林、湖南、湖北，最低的三个省份是辽宁、江西和内蒙古，占粮食主产区总产量的14.8%，其中，河南粮食总产量高达辽宁的3倍。2007年，河南省粮食产量遥遥领先，位居全国之首，超出黑龙江51.5%，黑龙江省紧随其后且差距不断缩小，2010年两省基本持平，河南仅超黑龙江8.5%。2011～2016年，黑龙江省后来居上，反超河南省成为第一粮食大省。黑龙江粮食产量增长最快，年均增长8.3%，其次是内蒙古5.9%、吉林5.7%；湖南和江苏粮食产量增长缓慢，仅为1.1%和1.2%。

尽管当前我国粮食安全问题并不突出，但随着工业化和城镇化的快速推进、人民生活水平提高和膳食结构改变，社会对粮食的需求将呈刚性增长。许多学术和政策文献已对我国未来粮食需求量进行研究，《中国粮食问题》白皮书预测2030年我国粮食总需求量将达到6.4亿吨左右，陈百明测算出2030年的粮食需求量略高于白皮书为6.99亿吨，尹靖华的预测结果更高，达到9.17亿吨。尽管各学者采用的预测方法和计算标准不同得到的数值不尽相同，但从侧面反映了粮食需求量不断增长的趋势。粮食主产区作为我国粮食生产的核心区，承担着国家粮食安全保障的主要责任，面临巨大的粮食增产压力。

（二）粮食主产区的耕地资源与耕地面积安全

耕地面积和粮食播种面积是决定粮食主产区与非粮食主产区粮食产量、粮食生产地位及其贡献率变化的源泉。新时代我国社会主要矛盾已转化为人民日益增长的美好生活需要和不平衡不充分的发展之间的矛盾，但人均耕地资源少、耕地后备资源不足的基本国情没有改变。我国人地矛盾依旧突出，人均耕地面积仅为世界水平的42.37%，以占世界9%的可耕地面积养活着世界22%的人口。在我国耕地资源匮乏的背景下，2007~2016年，粮食主产区耕地面积占全国耕地面积的比重一直保持在64%以上且在波动中上升（见表1）。与2008年相比，粮食主产区和全国耕地面积均于2009年出现大幅度提升，增长率分别为14.4%和11.2%，之后受多重因素影响逐年下滑。2009~2016年，全国耕地面积减少463.7千公顷，其中，粮食主产区耕地面积减少374.2千公顷，占全国减少耕地面积的80.7%。同时，粮食主产区耕地面积占全国的比重由2009年的66.99%下降到2015年的65.91%，2016年有所上升。粮食主产区粮食播种面积占全国粮食播种面积的比重经历了先下降后上升两个阶段，由2007年的72.09%下降到2010年的71.49%，之后呈现递增变化，2016年达到72.11%，总体看来变化幅度不大。全国和粮食主产区粮食播种面积具有同步变化趋势，2007~2015年逐年递增，全国粮食播种面积增加7 705千公顷，粮食主产区增加5 490千公顷，占全国增加粮食播种面积的71.3%，2016年均又有所下降。

表1　　　　2007~2016年粮食主产区耕地面积和粮食播种面积

年份	耕地面积 主产区（千公顷）	耕地面积 全国（千公顷）	耕地面积 主产区占比（%）	粮食播种面积 主产区（千公顷）	粮食播种面积 全国（千公顷）	粮食播种面积 主产区占比（%）
2007	78 074.3	121 735.2	64.13	76 156.4	105 638	72.09
2008	78 078.2	121 715.9	64.15	76 716.9	106 793	71.84
2009	89 336.2	135 384.6	65.99	78 010.2	108 986	71.58
2010	89 226.5	135 268.3	65.96	78 549.5	109 876	71.49
2011	89 181.4	135 238.6	65.94	79 104.1	110 573	71.54
2012	89 114.0	135 158.4	65.93	79 617.2	111 205	71.59
2013	89 102.8	135 163.4	65.92	80 232.2	111 956	71.66
2014	89 024.4	135 057.3	65.92	81 080.2	112 723	71.93
2015	88 978.2	134 998.7	65.91	81 646.8	113 343	72.04
2016	88 962.0	134 920.9	65.94	81 512.5	113 034	72.11

2007年各省耕地面积从大到小依次为：黑龙江、河南、山东、内蒙古、河北、四川、安徽、吉林、江苏、湖北、辽宁、湖南和江西。其中，黑龙江耕地面积是排名第二位的河南耕地面积的1.5倍，是江西耕地面积的4.2倍。2009年，除了江苏省耕地面积出现下降现象，其余省份均表现为不同程度的增加，部分省耕地面积发生了较大调整，黑龙江、内蒙古、吉林和辽宁增长幅度最大，增速分别为：34.1%、28.6%、27.0%、23.4%，其次是湖北增长14.1%、四川增长13.0%。内蒙古、吉林、四川和湖北相对次序提升，江苏省退后，调整后各省耕地面积次序为：黑龙江、内蒙古、河南、山东、吉林、四川、河北、安徽、湖北、辽宁、江苏、湖南和江西。2009~2016年，除内蒙古和四川耕地面积增加外，其余省份耕地面积均随时间递减，但耕地面积相对次序未发生改变。2007~2016年，各省粮食播种面积在波动中逐渐扩大，2007年粮食播种面积从大到小依次为：黑龙江、河南、山东、安徽、四川、河北、江苏、内蒙古、湖南、吉林、湖北、江西和辽宁。吉林和内蒙古年均增长率最高，分别为1.7%和1.4%，2009年内蒙古粮食播种面积超越江苏位居第七，2014年吉林粮食播种面积增加4.4%，赶超湖南位居第九，其余省份粮食播种面积的相对次序保持不变。

虽然粮食主产区耕地面积占全国总量较多，但近年来下滑趋势显著，占全国耕地面积的比重也在逐渐下降,而粮食播种面积却逐年上升,这在一定程度上反映了主产区高强度的耕地利用模式,耕地被过度开发,压力巨大。另外,比较各省耕地面积和粮食播种面积占粮食主产区的比重可以发现,各省用于粮食生产的耕地利用状况存在差异。内蒙古、黑龙江、辽宁、吉林和湖北各省耕地面积占粮食主产区耕地面积的比重明显高于粮食播种面积占主产区粮食播种面积的比重。如内蒙古耕地面积占粮食主产区耕地面积的10.1%,而粮食播种面积占比仅为7.0%,耕地面积占比高于粮食播种面积占比3.1个百分点。其余8个省份则是粮食播种面积占主产区粮食播种面积的比重高于耕地面积占粮食主产区耕地面积的比重,河南省最为明显,耕地面积占比9.3%,粮食播种面积占比却高达12.5%。

(三) 粮食主产区的粮食产能与耕地生态安全

2007~2016年,粮食主产区粮食单位面积产量始终高于全国粮食单产水平,并且总体呈现递增趋势。粮食主产区粮食单产从2007年的4.94吨/公顷上升到2016年的5.74吨/公顷,增长16.1%,全国粮食单产增长14.8%。粮食主产区粮食单产高于全国粮食单产的水平保持在4%以上,经历2011年6.26%的最高水平后二者差距逐渐缩小(见图2)。全国和粮食主产区的粮食单位面积产量增速逐渐放缓,甚至出现负增长趋势。粮食主产区粮食单产增长率从2008年的5.25%下降到2015年的2.15%,2016年出现1.03%的负增长。

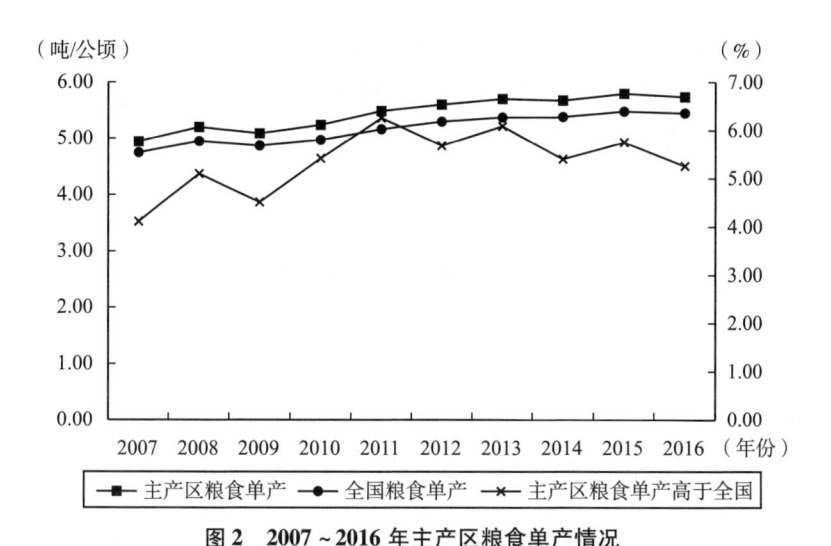

图2 2007~2016年主产区粮食单产情况

2007～2016年，13个粮食主产区粮食单产水平波动较大，年均粮食单产水平从高到低依次为：吉林、江苏、山东、辽宁、湖南、湖北、河南、江西、四川、河北、安徽、黑龙江、内蒙古，其中，后五个省每年的粮食单位面积产量均低于粮食主产区粮食单产，粮食单产水平最低的五个省也是增长幅度最大的地区。黑龙江的粮食单产从2007年3.2吨/公顷增加到2016年的5.13吨/公顷，增长率为60.4%，其次是内蒙古35.9%、河北18.7%、四川15.0%、安徽14.5%。

我国粮食主产区粮食单产水平接近极限，增速放缓，甚至出现负增长趋势，在现有农业生产方式下，依靠提高粮食单位面积产量来实现总产量增加的难度将持续加大。农药化肥过度盲目使用，不仅造成农业生产成本上升，未被吸收利用的化肥和农药残留造成土壤重金属污染、酸化、盐碱化、生物多样性锐减等一系列生态安全问题，破坏了耕地生态系统平衡，限制了粮食单产水平的提高，危及粮食产量和产能。化肥施用总量增长过快，农药利用不合理，单位耕地面积使用量严重超标。粮食主产区化肥施用总量约占全国化肥施用总量的70%，从2007年的3 516.7万吨增长到2016年的3 977.3万吨，年均增长51.2万吨（见表2）。单位耕地面积化肥施用量保持在全国同期水平之上，2008年最高为460.2千克/公顷，2009年415.1千克/公顷的最低水平也超出发达国家规定的安全上限225千克/公顷84.5%。农药使用总量先从2007年的114.4千克/公顷增加到2012年的121.9千克/公顷然后降低到2016年的115.5千克/公顷；单位耕地面积农药使用量高于全国同期水平，在波动中下降。尽管农药使用绝对数量不增反减，相对数量依旧保持较高水平。我国使用的农药中90%以上是化学农药，生物农药不到10%，高毒、高残留农药超过30%，同时农药利用率极低，2015年为36.6%，即有76.6万吨农药残留在耕地土壤中。

表2　　　　　　　2007～2016年粮食主产区耕地农药化肥使用量

年份	化肥施用总量（万吨）		单位耕地面积化肥施用量（千克/公顷）		农药使用总量（万吨）		单位耕地面积农药使用量（千克/公顷）	
	主产区	全国	主产区	全国	主产区	全国	主产区	全国
2007	3 516.7	5 107.8	450.4	419.6	114.4	162.3	14.7	13.3
2008	3 592.9	5 239.0	460.2	430.4	116.6	167.2	14.9	13.7

续表

年份	化肥施用总量（万吨）		单位耕地面积化肥施用量（千克/公顷）		农药使用总量（万吨）		单位耕地面积农药使用量（千克/公顷）	
	主产区	全国	主产区	全国	主产区	全国	主产区	全国
2009	3 708.4	5 404.4	415.1	399.2	117.9	170.9	13.2	12.6
2010	3 802.3	5 561.7	426.1	411.2	121.9	175.8	13.7	13.0
2011	3 875.0	5 704.2	434.5	421.8	120.9	178.7	13.5	13.2
2012	3 935.7	5 838.8	441.6	432.0	121.9	180.6	13.7	13.4
2013	3 974.1	5 911.9	446.0	437.8	121.1	180.2	13.6	13.3
2014	4 016.6	5 995.9	451.2	444.0	120.9	180.7	13.6	13.4
2015	4 015.6	6 022.6	451.3	446.1	118.6	178.3	13.3	13.2
2016	3 977.3	5 984.1	447.1	443.5	115.5	174.0	13.0	12.9

从各省化肥施用总量来看，河南省最高达到715万吨，占粮食主产区化肥施用总量的17.98%，其次是山东、河北、湖北、安徽、江苏、黑龙江、四川、湖南、内蒙古、吉林、辽宁，江西最低为142万吨，仅占粮食主产区的3.57%，不足河南省的五分之一。黑龙江、内蒙古、辽宁、吉林和四川五个地区的单位耕地面积化肥施用量低于粮食主产区平均值，仅黑龙江省满足225千克/公顷的国际安全标准。河南单位耕地面积化肥施用量严重超标，比粮食主产区均值高出1倍，是国际安全标准上限的4倍。从各省农药使用情况来看，山东、河南、湖北、湖南地区农药使用总量较多，内蒙古、辽宁、吉林和四川较少。江西和湖南单位耕地面积农药使用量最多，分别超出主产区平均水平的1.3倍和1.2倍。单位耕地面积化肥施用量较少的省份也是单位耕地面积农药使用量较少的省份（见表3）。

表3　　2016年粮食主产省（区）耕地农药化肥使用情况

地区	化肥				农药			
	施用总量（万吨）	占主产区比重（%）	单位耕地面积施用量（千克/公顷）	高于主产区（%）	使用总量（吨）	占主产区比重（%）	单位耕地面积使用量（千克/公顷）	高于主产区（%）
河北	331.8	8.34	508.86	13.82	8.17	7.07	12.53	-3.52
内蒙古	234.6	5.90	253.41	-43.32	3.23	2.80	3.49	-73.10

续表

地区	化肥 施用总量（万吨）	化肥 占主产区比重（%）	化肥 单位耕地面积施用量（千克/公顷）	化肥 高于主产区（%）	农药 使用总量（吨）	农药 占主产区比重（%）	农药 单位耕地面积使用量（千克/公顷）	农药 高于主产区（%）
辽宁	148.1	3.72	297.72	-33.41	5.63	4.87	11.31	-12.90
吉林	233.6	5.87	334.03	-25.29	5.85	5.07	8.37	-35.56
黑龙江	252.8	6.36	159.49	-64.33	8.25	7.14	5.20	-59.93
江苏	312.5	7.86	683.64	52.91	7.62	6.59	16.67	28.35
安徽	327.0	8.22	557.31	24.65	10.57	9.15	18.02	38.73
江西	142.0	3.57	460.71	3.05	9.22	7.98	29.91	130.33
山东	456.5	11.48	600.11	34.23	14.86	12.87	19.54	50.48
河南	715.0	17.98	881.52	97.17	12.71	11.00	15.67	20.68
湖北	328.0	8.25	625.32	39.87	11.74	10.16	22.38	72.36
湖南	246.4	6.20	593.92	32.84	11.87	10.27	28.60	120.26
四川	249.0	6.26	369.83	-17.28	5.80	5.02	8.62	-33.62

尽管农业部制定化肥农药零增长行动计划取得一定成效，2015年和2016年农药化肥使用量均有所减少，但使用绝对量依然很大。化肥农药滥用给粮食主产区资源环境造成的危害，成为粮食生产过程中亟待解决的难题。生态安全要求粮食生产和获取要建立在生态环境保护和资源可持续利用的基础上，粮食安全保障不能超出生态生产潜力，农业生产资源既要满足当代人的需求又不能对满足后代人需要的能力构成危害。

鉴于粮食主产区确保全国粮食安全的重要战略意义以及粮食主产区耕地日益增长的耕地增产压力、耕地数量的缩减、粗放式农业生产带来的耕地生态安全问题，有必要对保障粮食安全的耕地安全现状进行多纬度的科学评估。生态足迹是通过衡量人类活动对自然生态服务的需求和自然生态服务的供给之间的差距，评估人类对自然资产利用程度的方法。鉴于生态足迹模型提供了有效的资源可持续利用评价方法，其应用范围已遍及全球不同区域和领域的可持续发展测度。为此，本文通过构建粮食主产区耕地生态足迹模型，测算生态足迹与生态承载力的盈亏关系，从时间纬度和空间纬度进一步实证评估粮食主产区确保粮食安全的耕地生态保障形势与问题。生态足迹基本模型包括三个方面：首先是代表需求面的生态足迹的计算；其次是代表供给面的生态承载力的计算；最后是代表供需状况的生态足迹和生态承载力的比较。

三、耕地生态足迹模型构建

（一）生态足迹模型假设

瓦克纳格尔（Wackernagel）等明确提出生态足迹模型遵循的六条基本假设，分别是：（1）人类社会消费的大多数资源及其产生的废弃物是可追踪的；（2）这些资源和废弃物能够转换成相应的生物生产性土地面积；（3）各类生物生产性土地，可以统一调整为全球公顷的单位，全球公顷的生产能力等于当年全球土地的平均生产能力；（4）各土地类型之间是互斥的，可以相加成人类的消费需求；（5）自然的生态服务供应也可用以全球公顷表示的生物生产性土地面积表达；（6）生态足迹可以超越生态承载力，即存在生态赤字。顾晓薇和吴开亚等在研究和应用过程中发现，全球公顷虽然便于国际间比较，却掩盖了不同区域的特殊性，无法真实反映同一国家不同省、市的实际生态负荷和生态容量，主张用国家公顷代替全球公顷进行省、市级区域生态足迹的计算。本文构建的耕地生态足迹模型基于以上假设，采用国家公顷的计量单位。

（二）耕地生态足迹模型

生态足迹（Ecological Footprint，简称 EF），也称生态占用，是1992年加拿大生态经济学家威廉瑞斯（William Rees）提出，并由瓦克纳格尔逐渐发展完善的，于1999年引入我国。里斯（Rees）曾将生态足迹形象地比喻为：一只负载着人类和人类所创造的城市、工厂、铁路、农田等的巨脚踏在地球上时留下的脚印。根据生态足迹的定义和计算方法，粮食主产区粮食安全保障的耕地生态足迹是指为生产满足社会生存发展所需要的粮食产量对耕地资源的需求。本文对粮食主产区粮食安全保障的耕地生态足迹和生态承载力进行分析和计算，涉及的粮食作物有：稻谷、小麦、玉米、豆类、薯类和其他谷物。耕地生态足迹的计算公式如下：

$$EF = N \cdot ef = N \cdot \sum_{i=1}^{n} rA_i = \sum_{i=1}^{n} r\frac{C_i}{P_i} \qquad (1)$$

式中：EF 为粮食主产区粮食安全保障的耕地生态足迹；N 为人口数；ef 为人均耕地生态足迹；I 为种植粮食作物种类；A_i 为生产第 i 种粮食作

物折算的人均耕地面积；C_i 为粮食主产区第 i 种粮食作物的人均产量；P_i 为第 i 种粮食作物的全国平均单产。r 为耕地均衡因子，均衡因子是生态足迹模型的重要参数，且在长时间序列只会发生轻微的调整，因此，采用刘某承等根据植被的初级净生产能力标准化和本土化后的均衡因子：耕地为 1.71。

（三）耕地生态承载力

生态承载力（Biocapacity，简称 BC）是指资源和环境的供容能力，是生态系统面临外部干扰破坏的自我调节和自我维持能力。粮食主产区粮食安全保障的耕地生态承载力是粮食主产区实际拥有的耕地面积，反映了耕地生态系统对粮食生产活动的供给程度。生态承载力的计算公式如下：

$$BC = N \cdot bc = N \cdot A_e \cdot r \cdot y = N \cdot A_e \cdot r \cdot \frac{y_l}{y_g} \cdot (1\% - 12\%) \qquad (2)$$

式中：BC 为粮食主产区粮食安全保障的耕地生态承载力；N 为人口数；bc 为人均耕地生态承载力；A_e 为粮食主产区人均拥有的耕地面积；y 为产量因子；y_l 为粮食主产区耕地平均生产能力；y_g 为全国耕地的平均生产能力；（1% ~ 12%）是按照世界环境与发展委员会的报告《我们共同的未来》建议，在生态承载力中扣除 12% 作为生物多样性保护面积。

（四）粮食安全保障的耕地生态盈亏

生态足迹与生态承载力的差额为生态盈亏，用来表示区域的生态可持续状况。当生态足迹大于生态承载力时，表现为生态赤字，当生态足迹小于生态承载力时则为生态盈余。由于生态盈亏是绝对量，不利于可持续程度的横向和纵向比较。为了更好地评估区域可持续发展状况，吴隆杰提出用生态足迹指数衡量可持续发展程度。本文在对粮食主产区粮食安全保障的耕地生态供给和需求状况研究的基础上，引入生态足迹指数（EFI）对耕地利用可持续性进行分析。生态足迹指数是用生态承载力与生态足迹的差额占生态承载力的百分比表示，可视为区域为今后保留的可持续发展能力。生态足迹指数的计算公式如下：

$$EFI = \frac{BC - EF}{BC} \qquad (3)$$

当 $EFI < 0$ 时，区域处于不可持续发展状态，其中 $EFI < -100\%$ 时，为严重不可持续发展状态；当 $0 < EFI \leq 20\%$ 时，区域处于弱可持续发展

状态；当 20% < EFI < 100% 时，为强可持续发展状态。EFI = 0 时，区域处于可持续与不可持续发展的临界点，EFI = 100% 则说明生态足迹很小，可以忽略不计。因此根据生态足迹指数值可将可持续发展程度分为四个等级两个临界点（见表 4）。

表 4　　　　　　　　生态足迹指数分级评价标准

类型	耕地可持续利用状况	EFI
耕地生态盈余	生态足迹产生的临界点	EFI = 100%
	强可持续	20% < EFI < 100%
	弱可持续	0 < EFI ≤ 20%
耕地生态平衡	可持续与不可持续临界点	EFI = 0
耕地生态赤字	弱不可持续	(-100)% ≤ EFI < 0
	强不可持续	EFI < -100%

四、耕地生态足迹与生态承载力实证分析

（一）实证结果

依据上述方法建立的模型，基于《中国统计年鉴》《中国农业统计年鉴》国土资源部公布的数据和统计资料，计算出粮食主产区在 2007~2016 年粮食安全保障的耕地生态足迹、生态承载力和生态盈亏的变化，如表 5 所示。鉴于数据较多且篇幅有限，粮食主产区 13 个省（区）粮食安全保障的耕地生态足迹、生态承载力和生态盈亏的计算结果仅选取 2007 年、2012 年和 2016 年三个时间节点进行分析，具体结果如表 6 所示。

表 5　　　粮食主产区粮食安全保障的耕地生态足迹与生态承载力

年份	BC（千公顷）	EF（千公顷）	(BC - EF)（千公顷）	EFI（%）
2007	122 961.87	137 888.45	-14 926.59	-12.14
2008	124 886.57	140 231.82	-15 345.25	-12.29
2009	139 188.44	141 469.43	-2 280.99	-1.64
2010	141 688.06	144 241.64	-2 553.58	-1.80

续表

年份	BC（千公顷）	EF（千公顷）	(BC-EF)（千公顷）	EFI（%）
2011	143 854.24	145 648.49	-1 794.25	-1.25
2012	143 128.12	145 694.67	-2 566.55	-1.79
2013	144 234.78	146 816.82	-2 582.04	-1.79
2014	142 269.39	146 874.21	-4 604.83	-3.24
2015	142 750.70	148 176.81	-5 426.11	-3.80
2016	142 229.91	147 615.47	-5 385.56	-3.79

表6　2007年、2012年、2016年粮食主产区各省（区）粮食安全保障的耕地生态足迹与生态承载力

省份	2007（千公顷） BC	EF	EFI（%）	2012（千公顷） BC	EF	EFI（%）	2016（千公顷） BC	EF	EFI（%）
河北	9 220	10 506	-14	9 589	10 765	-12	9 842	11 002	-12
内蒙古	8 009	8 010	0	11 796	9 308	21	12 281	9 418	23
辽宁	7 597	6 404	16	9 131	6 330	31	8 926	6 311	29
吉林	9 930	8 748	12	14 435	10 387	28	14 288	11 228	21
黑龙江	12 007	14 529	-21	22 495	19 472	13	22 453	20 268	10
江苏	9 066	13 582	-50	8 224	13 408	-63	8 049	12 954	-61
安徽	8 156	10 383	-27	8 291	10 617	-28	8 329	10 711	-29
江西	4 838	5 455	-13	4 964	5 616	-13	4 934	5 733	-16
山东	14 230	15 132	-6	13 575	14 838	-9	13 139	14 785	-13
河南	15 813	19 347	-22	14 856	18 694	-26	14 707	18 663	-27
湖北	8 112	6 978	14	8 771	7 074	19	8 334	7 219	13
湖南	7 134	7 817	-10	7 209	8 226	-14	6 915	7 949	-15
四川	8 849	10 997	-24	9 793	10 959	-12	10 031	11 375	-13

（二）2007~2016年粮食主产区耕地生态足迹与生态承载力分析

1. 粮食主产区总的耕地生态足迹与生态承载力分析

粮食主产区粮食安全保障的耕地生态足迹与粮食产量具有基本一致

的变化趋势，即粮食产量增加的年份大多导致生态足迹的增加，而粮食产量下降的年份，常常都伴随生态足迹的下降。耕地生态足迹从2007年的137 888.45千公顷增加到2015年的148 176.81千公顷，2016年出现轻微下降，但相比2007年增加9 727.02千公顷，增长率为7.05%。粮食产量受到耕地资源数量决定的粮食播种面积和耕地资源质量决定的粮食单产水平双重作用，粮食主产区粮食产量增加给耕地生态带来巨大压力。从各粮食作物种植结构来看，生态足迹从大到小依次为：玉米、稻谷、小麦、豆类、薯类、其他谷物。其中，玉米、稻谷的年均耕地生态足迹贡献率高达35.85%和26.65%，分别是豆类的3.7倍和2.7倍。

粮食主产区粮食安全保障的耕地生态承载力于2009年大幅度提升，相比2008年增加11.5%，究其原因，经历2007~2008年的世界粮食危机后，全国尤其是粮食主产区耕地面积扩大，为粮食生产供给更多的耕地资源。当耕地后备资源开发到极限，生态环境基础遭到破坏，耕地退化和产量因子下降决定了生态承载力下降的必然趋势。2011年后，耕地生态承载力波动中逐渐缩减，从143 854.24千公顷减少到2016年的142 229.91千公顷。然而，无论耕地生态承载力如何变化，始终小于耕地生态足迹，粮食主产区粮食安全保障的耕地生态一直处于赤字状态。在这种情况下，若要保证未来粮食主产区粮食生产活动的顺利进行，必须扩大进口或消耗自然资本存量以平衡耕地生态承载力的差额。从粮食安全保障的耕地生态足迹指数可以看出，2007年和2008年粮食主产区粮食安全保障的耕地生态赤字最为严重，2009年因耕地生态承载力大幅度提升，生态赤字状态得到明显缓解，之后因生态承载力下降和生态足迹增加又逐渐恶化，粮食主产区粮食安全保障的耕地生态正从弱不可持续状态向强不可持续状态转变。

2. 粮食主产区各省耕地生态足迹与生态承载力分析

粮食主产区各省区粮食安全保障的耕地生态足迹变化存在差异，总体表现为增长趋势。2007~2012年，黑龙江省、吉林省和内蒙古自治区出现显著增长，增长率分别为34%、18.7%和16.2%，辽宁、江苏、山东、河南、四川五省出现轻微下降。2012~2016年，总体变化不显著，辽宁、江苏、山东、河南持续下降，四川省增加了3.8%，湖南省相较2012年却降低了3.4%。粮食主产区粮食安全保障的耕地生态足迹较高的地区主要集中在黑龙江，河南和山东两个产粮大省，以及经济发展水平高的江苏省。从粮食作物种植结构来看，主导黑龙江省生态足迹变化的粮食作物有三种：玉米、豆类和稻谷，其中玉米的耕地生态足迹增长较快，稻谷的耕地生态足迹波动中有所上升，豆类的耕地生态足迹逐年下降；小麦的耕地生态足迹占据河南省粮食作物耕地生态足迹的60%，玉米耕地生态足迹接近30%；决定山东省耕地生态足迹走向的同样是小麦和玉米，小麦耕地生态足迹持续上升，玉米耕地生态足迹基本保持不变；江苏省小麦和豆类耕地生态足迹有所下降，稻谷和玉米耕地生态足迹贡献增加（见图3）。

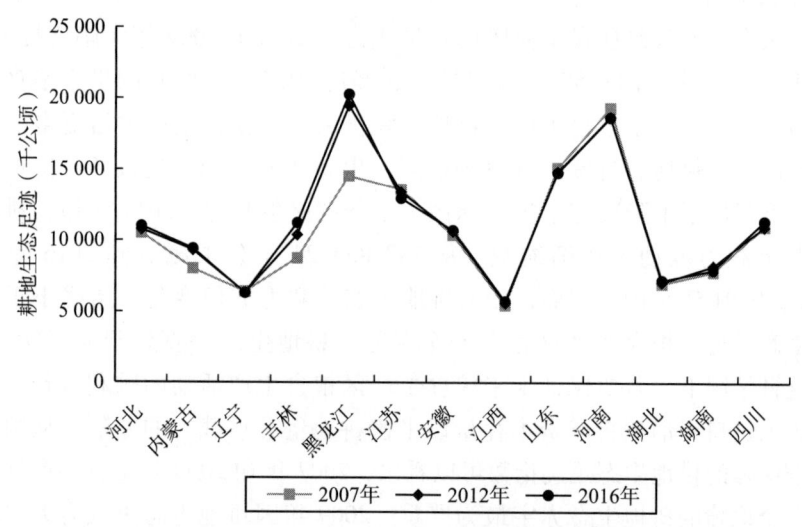

图3　2007年、2012年、2016年主产区粮食安全保障的耕地生态足迹

2007~2012年，粮食主产区各省粮食安全保障的耕地生态承载力总体呈现增长趋势，平均增长率为16.3%。除了江苏、山东和河南省出现轻微下降，其余省份均出现不同程度的增加。其中，黑龙江省最为显著，增长率达到87.35%，其次是内蒙古47.3%，吉林45.4%，辽宁20.2%。2012~2016年，粮食主产区粮食安全保障的耕地生态承载力除河北、内蒙古、安徽和四川有所增长外，其他省份均呈下降态势（见图4）。

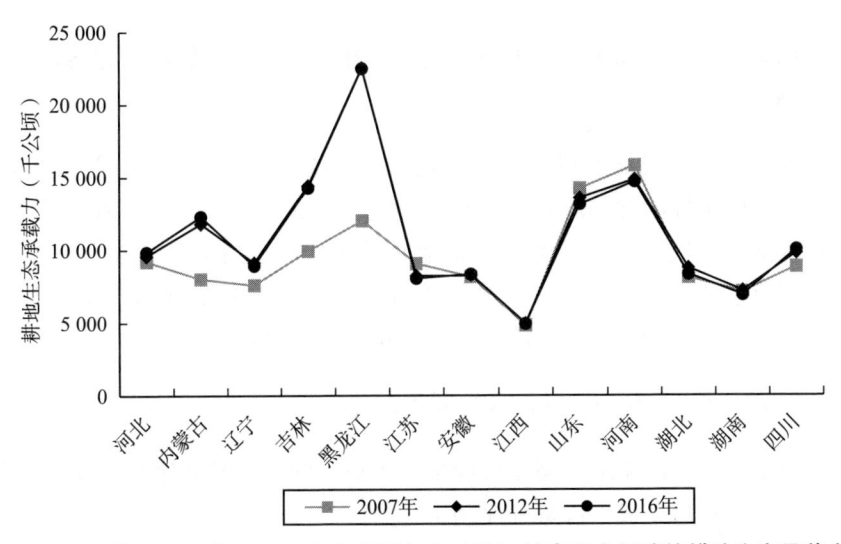

图 4　2007 年、2012 年、2016 年主产区各省（区）粮食安全保障的耕地生态承载力

3. 粮食主产区耕地生态盈亏分析

2007 年，粮食主产区除了辽宁、吉林、湖北以外，其他地区耕地都出现不同程度的生态赤字。生态足迹指数最小的是江苏省，生态足迹超出生态承载力的一半，粮食安全保障的耕地生态赤字最为严重。2012 年和 2016 年，辽宁、吉林和内蒙古自治区的耕地生态状况改善，由弱可持续发展状态转变为强可持续发展状态，黑龙江由生态赤字区转变为生态盈余区，而其余地区的耕地生态赤字在不断加大，生态足迹指数持续减小。利用 ArcGIS 软件将生态盈亏数值自然分等级，可以更加直观地看出粮食主产区粮食安全保障的耕地生态状况在 2007 年、2012 年和 2016 年三个时点的空间分布特征。

从空间分布可以看出，粮食主产区粮食安全保障的耕地生态赤字最为严重的地区主要集中在河南省、安徽省和江苏省，东北产区和湖北省耕地生态状况良好。2007 年，除辽宁、吉林和湖北省外，其他地区均出现不同程度的生态赤字，河南和江苏等级最高，其次是安徽、黑龙江和四川。2012 年，黑龙江和四川耕地生态状况得到改善，生态足迹等级下降，湖北省等级有所提高。2016 年黑龙江生态足迹等级持续下降，东北三省、内蒙古自治区和湖北地区出现生态盈余。

（三）2017~2025年粮食主产区耕地生态足迹与生态承载力动态预测

我国学者邓聚龙于1982年创立的灰色系统理论，是一种研究小样本、贫信息不确定性问题的新方法，其应用范围已拓展到经济、工业、农业、社会等众多领域。灰色系统预测是指通过建立灰色模型对含有不完全信息的灰色系统进行的预测。目前使用最广泛的灰色系统预测模型就是关于数列预测的一个变量、一阶微分的GM(1, 1)模型。

1. 灰色系统预测GM(1, 1)模型的建立

设粮食主产区耕地生态足迹或生态承载力的原始时间序列为$x^{(0)}$，经一次累加运算后生成一次累加序列$x^{(1)}$。

第一步，对$x^{(1)}$建立白化形式的微分方程：

$$\frac{dX^{(1)}}{dt} + aX^{(1)} = b \tag{4}$$

即为GM(1, 1)模型，方程解为：

$$\hat{X}^{(1)}(k) = \left(x^{(0)}(1) - \frac{b}{a}\right)e^{-a(k-1)} + \frac{b}{a} \tag{5}$$

第二步，构造数据矩阵B及数据向量Y：

$$B = \begin{bmatrix} -\frac{1}{2}(x^{(1)}(1) + x^{(1)}(2)) & 1 \\ -\frac{1}{2}(x^{(1)}(2) + x^{(1)}(3)) & 1 \\ \vdots & \vdots \\ -\frac{1}{2}(x^{(1)}(n-1) + x^{(1)}(n)) & 1 \end{bmatrix} \quad Y = \begin{bmatrix} X^{(0)}(2) \\ X^{(0)}(3) \\ \vdots \\ X^{(0)}(n) \end{bmatrix}$$

则 $\hat{u} = (\hat{a}, \hat{b})^T = (B^TB)^{-1}B^TY$

第三步，解出a，b，代入公式（5），可以得到一次累加序列$x^{(1)}$的预测值。

第四步，预测值还原：

$$\hat{x}^{(0)}(k) = \hat{x}^{(1)}(k) - \hat{x}^{(1)}(k-1) \tag{6}$$

2. 模型精度检验

运用建立的灰色系统预测GM(1, 1)模型对粮食主产区2007~2016

年耕地生态足迹与生态承载力的变化分别进行模拟,其拟合结果如图5和表7所示。经相对误差和级比偏差检验的模型精度结果如表7所示。表中数据显示,耕地生态足迹与耕地生态承载力的级比偏差值均小于0.1,预测精度较高。经计算,耕地生态足迹的平均相对误差为0.51% < 1%,精度等级为一级;耕地生态承载力的平均相对误差为2.42% < 5%,精度等级为二级。因此,模型达到了灰色系统理论的预测等级精度要求,可以用于对粮食主产区未来一定时期耕地生态足迹和生态承载力的预测。

图5 粮食主产区耕地生态足迹与生态承载力模拟结果

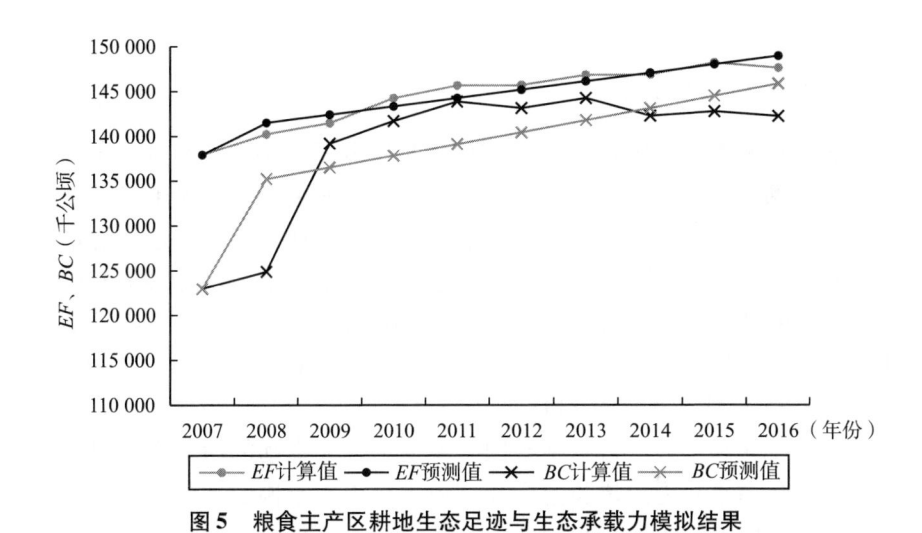

表7 粮食主产区2007～2016年耕地生态足迹与生态承载力预测及误差检验

年份	EF（千公顷）				BC（千公顷）			
	计算值	预测值	相对误差	级比偏差	计算值	预测值	相对误差	级比偏差
2007	137 888.45	137 888.45	0.0000		122 961.87	122 961.87	0.0000	
2008	140 231.82	141 504.23	0.0091	0.0104	124 886.57	135 213.62	0.0827	0.0060
2009	141 469.43	142 413.73	0.0067	0.0024	139 188.44	136 499.28	0.0193	0.0942
2010	144 241.64	143 329.08	0.0063	0.0129	141 688.06	137 797.17	0.0275	0.0083
2011	145 648.49	144 250.30	0.0096	0.0033	143 854.24	139 107.39	0.0330	0.0057
2012	145 694.67	145 177.45	0.0036	0.0061	143 128.12	140 430.08	0.0189	0.0147
2013	146 816.82	146 110.56	0.0048	0.0013	144 234.78	141 765.34	0.0171	0.0018

续表

年份	EF（千公顷）				BC（千公顷）			
	计算值	预测值	相对误差	级比偏差	计算值	预测值	相对误差	级比偏差
2014	146 874.21	147 049.67	0.0012	0.0060	142 269.39	143 113.30	0.0059	0.0235
2015	148 176.81	147 994.81	0.0012	0.0024	142 750.70	144 474.08	0.0121	0.0061
2016	147 615.47	148 946.03	0.0090	0.0103	142 229.91	145 847.79	0.0254	0.0132

3. 预测结果与分析

根据预测模型对粮食主产区 2017~2025 年的耕地生态足迹与生态承载力进行预测，再以预测结果为基础计算出粮食主产区耕地生态足迹指数，结果如表8所示。数据显示，粮食主产区粮食生产的耕地生态足迹与耕地生态承载力均呈现稳定增长趋势，耕地生态足迹从 2017 年的 149 903.36 千公顷上升至 2025 年的 157 786.87 千公顷，年均增长率为 0.64%；耕地生态承载力以 0.95% 平均增长率从 2017 年的 147 234.57 千公顷上升至 2025 年的 158 814.17 千公顷。可见，在现有农业生产方式、粮食种植结构和粮食产量水平等因素不发生较大变动的前提下，粮食主产区耕地生态承载力的增长速度要高于耕地生态足迹的增长速度，其耕地生态赤字状况将得到明显改善。分阶段来看，2017~2022 年，粮食主产区耕地生态足迹始终大于耕地生态承载力，表现为耕地生态赤字，耕地生态处于弱不可持续状态。2023~2025 年，耕地生态承载力超出耕地生态足迹，表现为耕地生态盈余，耕地生态逐渐从弱不可持续向弱可持续状态转变。

表8　　　　　粮食主产区耕地生态可持续利用结果预测

	2017年	2018年	2019年	2020年	2021年	2022年	2023年	2024年	2025年
EF（千公顷）	149 903.36	150 866.84	151 836.52	152 812.43	153 794.61	154 783.10	155 777.95	156 779.19	157 786.87
BC（千公顷）	147 234.57	148 634.53	150 047.81	151 474.52	152 914.80	154 368.77	155 836.57	157 318.32	158 814.17
EFI（%）	-1.81	-1.50	-1.19	-0.88	-0.58	-0.27	0.04	0.34	0.65

五、研究结论与启示

(一) 研究结论

1. 粮食主产区耕地面积缩减且占全国耕地面积的比重下降,粮食产量的增加主要依靠粮食单产水平的提高,由此造成单位耕地面积农药化肥过量使用、耕地过度开发利用和耕地质量破坏加剧等现实问题

目前,粮食主产区粮食单产水平已接近极限,增速放缓,2016年甚至出现1.03%的负增长现象。四川、河北、安徽、黑龙江、内蒙古是仅有的粮食单产低于主产区平均水平,同时也是粮食产能增长幅度最大的五个省区,其中,黑龙江2007~2016年的粮食单产增速高达60.4%。总体看来,在现有农业生产方式下,依靠提高粮食单位面积产量来实现总产量增加的难度将持续加大。

2. 粮食主产区持续的粮食增产在保障国家粮食安全的同时加大了耕地生态足迹,耕地生态足迹与粮食产量呈现出基本一致的变化趋势

黑龙江省、吉林省和内蒙古自治区的耕地生态足迹增长显著,江苏、河南和山东的耕地生态足迹虽有所下降但绝对数值仍然保持较高水平。从粮食作物种植结构来看,玉米和稻谷类粮食作物是耕地生态足迹的主要贡献源。粮食主产区耕地生态承载力始终小于耕地生态足迹,耕地生态赤字波动中变化,2015年和2016年 EFI 值处于(-3.8%)赤字稳定的弱不可持续状态。

3. 粮食主产区各省耕地生态状况省际差异明显,空间分布不均衡,越是产粮大省和经济发达地区,耕地可持续利用水平越低

粮食主产区粮食安全保障的耕地生态赤字最为严重的地区主要集中在河南省、安徽省和江苏省,东北产区和湖北省耕地生态状况良好。

4. 从预测结果来看,2017~2025年,粮食主产区耕地生态承载力的增长速度高于耕地生态足迹的增长速度,并于2023年出现耕地生态盈余

尽管,粮食主产区耕地将逐步实现从耕地生态赤字向耕地生态平衡或耕地生态盈余的过渡,但仅仅是从弱不可持续向弱可持续状态转变,

2025 年 EFI 值仅为 0.65%，远未达到强可持续水平，粮食主产区耕地资源生态安全保护任重而道远。

（二）启示

1. 减少粮食主产区粮食增产压力，缓解耕地压力

耕地压力过大是导致耕地资源生态环境问题的根本原因。一方面，统筹利用国际国内两个市场、两种资源，适度扩大进口。在立足粮食基本自给，确保口粮绝对安全的基础上，充分利用国际农业资源，适度进口重要农产品有利于缓解主产区的资源环境压力。以大豆为例，2016 年我国大豆进口量为 8 300 万吨，如果大豆的单位面积产量以 2.25 吨/公顷，单位面积化肥使用量以 0.15 吨/公顷计算，相当于减少了 36 890 千公顷的粮食播种面积和 553 万吨的化肥投入。另一方面，提高粮食主销区粮食自给能力和产销平衡区的粮食综合生产能力。粮食主销区和产销平衡区要切实承担起粮食生产责任，提高粮食自给率，降低粮食主产区粮食调出水平。

2. 粮食主产区耕地生态安全保护要根据各省实际情况因地制宜，优化粮食作物种植结构

例如，在山东和河南两个农药化肥严重超标的耕地生态赤字区，可以适度缩减作为耕地生态足迹主要贡献源的玉米的生产，扩大需肥量少的大豆种植面积。加强对粮食主产区各省耕地生态具有比较优势的粮食作物种植的支持，以永久基本农田和主体功能区规划为基础，合理划定稻谷、小麦、玉米粮食作物的生产功能区和大豆等粮食作物生产保护区。

3. 建立健全粮食主产区耕地资源生态补偿制度，加快推进农业生产方式由过度依赖资源环境的粗放发展向绿色生态可持续发展转变

粮食主产区粮食生产活动具有显著的正外部性，但耕地生态赤字的存在说明当前的粮食生产活动是以牺牲资源环境为代价的，要加大对粮食主产区生态环境的补偿力度。积极响应农业部号召，继续推行农药化肥零增长行动，走产出高效、资源节约、环境友好的农业现代化道路。

参考文献

[1] 聂英：《中国粮食安全的耕地贡献分析》，载《经济学家》2015年第1期。

[2] 张士功、纪纯、邱建军、唐华俊：《中国耕地资源安全问题及其对策研究》，载《中国农学通报》2005年第12期。

[3] 朱红波：《我国耕地资源生态安全的特征与影响因素分析》，载《农业现代化研究》2008年第2期。

[4] 宋振江、杨俊、李争：《长江中下游粮食主产区耕地生态安全评价——基于省级面板数据》，载《江苏农业科学》2017年第20期。

[5] 杨曙辉、宋天庆、陈怀军、欧阳作富：《中国耕地生态安全危机的影响及思考》，载《农业科技管理》2012年第3期。

[6] 张锐、刘友兆：《我国耕地生态安全评价及障碍因子诊断》，载《长江流域资源与环境》2013年第7期。

[7] 李明薇、陈伟强、郧雨旱、马月红、郭蕊蕊：《基于投影寻踪模型的河南省耕地生态安全评价》，载《水土保持研究》2018年第4期。

[8] 陈璐、胡月、韩学平、郭翔宇：《国家粮食安全中主产区粮食生产及其贡献的量化对比分析》，载《中国土地科学》2017年第9期。

[9] 蒋黎、朱福守：《我国主产区粮食生产现状和政策建议》，载《农业经济问题》2015年第12期。

[10] 王一杰、邸菲、辛岭：《我国粮食主产区粮食生产现状、存在问题及政策建议》，载《农业现代化研究》2018年第1期。

[11] 罗海平、宋焱、彭津琳：《基于Costanza模型的我国粮食主产区生态服务价值评估研究》，载《长江流域资源与环境》2017年第4期。

[12] 王燕辉、陈卓、曹禺、张俊梅、苏刚：《河北省近20年耕地生态安全动态变化及阻力分析》，载《水土保持研究》2017年第1期。

[13] 施开放、刁承泰、孙秀锋、左太安：《基于耕地生态足迹的重庆市耕地生态承载力供需平衡研究》，载《生态学报》2013年第6期。

[14] 王琦、易桂花、张廷斌、别小娟、刘栋、何冬、徐嘉昕：《基于生态足迹模型的四川省耕地资源评价》，载《长江流域资源与环境》2018年第1期。

[15] 刘秀丽、张勃、昝国江、何旭强、张调风：《基于生态足迹的甘肃省耕地资源可持续利用与情景预测》，载《干旱区地理》2013年第1期。

[16] 付恭华、鄢帮有：《中国未来的粮食安全与生态可持续性问题研究——基于粮食生产过程生态足迹的实证分析》，载《长江流域资源与环境》2013年第12期。

[17] 顾晓薇、王青、刘建兴、李广军：《基于"国家公顷"计算城市生态足迹的新方法》，载《东北大学学报》2005年第4期。

[18] 吴开亚、王玲杰：《基于全球公顷和国家公顷的生态足迹核算差异分析》，

载《中国人口·资源与环境》2007年第5期。

［19］刘某承、李文华：《基于净初级生产力的中国各地生态足迹均衡因子测算》，载《生态与农村环境学报》2010年第5期。

［20］吴隆杰：《基于生态足迹指数的中国可持续发展动态评估》，载《中国农业大学学报》2005年第6期。

［21］戴攸峥：《农村耕地抛荒的多层治理》，载《南昌大学学报（人文社会科学版）》2017年第4期。

我国粮食气候生产潜力对气候变化时空响应的实证研究

——基于粮食主产区341个气象站的监测数据

邹 楠 罗海平[①]

一、引言

民以食为天,食以粮为本,粮食安全在任何时期都是一个关系着国家安全的重要基石。我国2017年粮食产量达6.1亿吨,连续五年维持在6亿吨以上,稳居世界第一粮食生产大国的地位,连年的丰收让"粮食生产可放松"思想开始抬头。但根据经济学人智库发布的《2018全球粮食安全指数报告》,中国排名第46位,属于中上游水平,但排名逐年下降,其中"自然资源与韧性"指标排名处在中等水平,我国粮食安全仍面临压力。我国粮食和物资储备局局长张务锋在十九大报告后接受记者采访时曾表示,"作为13亿多人口的大国,粮食安全什么时候都不能轻言过关。"中国作为人口和农业大国,若要"将饭碗端在自己手里",粮食生产在任何时候都绝不能放松。因而目前仍强调粮食生产在为国家继续稳抓粮食安全提供政策依据的同时也具有一定的警醒作用。

粮食生产是以作物生长为基础的,光温水热土等自然要素是其主要的产量依赖,其中光温水热直接是气候资源,而土壤要素也间接与气候相联系(Van et al., 1993)。1960年以来,我国大部分地区的日照时数就出现减少的现象,1981~2007年全国全年作物生长期内日照时数与1961~1980年相比减少了125.7小时(郭建平,2015)。根据联合国政府间气候变化专门委员会(IPCC)发布的第四次评估报告,1906~2005年的近100年间全球地表平均气温升高了0.74℃(周广胜,2015),而中国近100年地表升温幅度约为0.5℃~0.8℃,与全球变暖趋势一致且形式

---

① 作者简介:邹楠(1996~),女,四川宜宾人,南昌大学经济管理学院研究生。

更严峻（丁一汇等，2006）。同时全球气候变暖的背景下，我国降水年际变化和区域差异更加显著（覃志豪等，2015）。根据《中国气候变化监测公报（2015）》，1961~2015年我国平均≥10℃的年活动积温及年累计暴雨站日数呈明显增加的趋势。IPCC于2018年10月8日发布特别报告，预计全球气温持续升高，更是为气候变化敲响了警钟。气候变化影响了全球大部分地区的作物和其他粮食生产，且负面影响更普遍（谢立勇等，2014）。同时，极端气候的频发更不利农业生产，中国气象局在2015年发布的《中国极端天气气候事件和灾害风险管理与适应国家评估报告》中指出，"我国极端天气气候事件种类多、频次高、阶段性和季节性明显，区域差异显著，影响范围广。"如2008年初的南方低温雨雪灾害截至2008年2月24日已造成农作物受灾面积达1.78亿亩，绝收2536万亩，因灾直接经济损失达1516.5亿人民币。在极端气候中，极端高温干旱天气对粮食生产的负面影响尤为显著（贺大兴，2017）。根据《2018年中国气候公报》，目前极端干旱事件呈区域性和阶段性特征，2010年西南五省的大旱造成了9553.5万亩的受灾面积。因而保障气候变化下的粮食生产对于新时期维护我国粮食安全至关重要。

农业技术是不断进步的，人为要素对粮食产量的影响越来越发挥着决定性作用，但无论是现在还是未来，作物的生长都不可能完全离开自然要素，其中最重要的就是年均气温、积温、年降水量和年日照时数（魏兴华等，2015）。气候生产潜力就是从气候资源的角度去考虑农业生产的上限，指一个地区除气候条件以外的其他农业生产要素如土壤肥力、农业技术等在适宜条件下，由辐射、温度和降水等气候要素共同决定的土地单位面积的作物可能经济产量。当前学术界对于气候生产潜力的研究常见的模型有Tharnthwaite Memorial模型、Miami模型、农业生态区划（AEZ）模型及机制法模型，其中机制法模型在反映气候资源匹配状况上具有优势且在全国有较好的普适性（史泽艳，2005），因此在学术研究中应用最为广泛（陈百明，1991）。基于数据搜集及整理难度、各地粮食生产限制因素不同及不同粮食作物所需的气候条件不同三点，对气候生产潜力的研究大多只划定在某一个省份或地区范围内，或是针对某一粮食作物进行。白美兰等（2010）采用Tharnthwaite Memorial模型及Miami模型测算了内蒙古地区的气候的粮食生产潜力，认为目前内蒙古地区气候承载力较高且在未来温度升高2℃的情况下也会持续提高。刘琰琰等（2016）利用AEZ模型测算四川盆地近50年玉米的气候生产潜力，其结果为生产力下降且气候倾向率为 -408~34kg/(ha·10a)。谢云等（2003）采用机制法模型研究东部地区 1955~1990 年夏秋粮作物气候生产潜力的时空变化,认为长江中下游地区的生产潜力呈增加趋势而其他地区则相反。韩荣青等（2014）同样采用了机制法模型对粮食主产区生产潜力对气候波动的响应进行研究,认为气候波动使旱地的生产潜力下降了 5.55%,水田下降 1.09%。在逐级递减的机制法模型的运用中,学者选取的阶段修正方法也有所区别,使得结果也略有差异。

综合研究文献,当前对气候生产潜力的研究存在以下问题和不足:(1) 研究大多针对某一个省份或地区,从而数据分析的结果有一定的特殊性,缺乏一个能代表全国气候生产潜力变化的研究结果;(2) 研究大多关注气候生产潜力的年际变化趋势及影响气候因素,而缺乏对省际差异的深入探讨;(3) 大多研究在机制法模型的运用时缺乏对不同修正方法的对比及比较。针对以上不足,本文选取我国粮食主产区作为研究区域,利用 1981~1985 年及 2011~2015 年两个五年时段的对比探讨粮食主产区近 30 年的气候变化特征及气候变化影响下的生产潜力时空响应特征,以此来反映当前全球气候变暖背景下我国的粮食安全状况,以期为粮食生产适应未来气候变化提供政策研究的依据。

二、研究区域概况

我国粮食主产区包括河南、河北、内蒙古、辽宁、吉林、黑龙江、江苏、山东、湖北、湖南、江西、安徽、四川 13 个省（区）。粮食主产区贡献了全国约 75% 的粮食产量和 80% 左右的商品粮,对我国粮食安全的保障具有举足轻重的作用（王一杰等,2018）。根据国家统计局发布的公告,2018 年全国粮食播种面积 117 037 千公顷,总产量 65 789 万吨,每公顷单位面积产量 5 621 公斤,其中粮食主产区播种面积 100 647 千公顷,总产量 58 143 万吨,每公顷单位面积产量 5 841 公斤,分别占比 86%、88.38% 及 103.93%。按地理区域划分,我国粮食主产区主要分布在内蒙古高原、东北、黄淮海地区及长江中下游流域,地形以平原为主,气候以季风气候为主,季节变化明显。我国粮食主产区气候的区域差异较大,13 个粮食生产大省（区）横跨了我国除热带外所有的温度带,自南向北依次分布于亚热带、高原气候区、暖温带、中温带和寒温带。根据《2018 年中国气候公报》,当前粮食主产区气温资源大致呈南北两端向中部地区递减的分布态势,2018 年春夏秋三季气温比常年同期偏高,冬季偏低；降水资源自东南向西北递减，2018年山东、四川、内蒙古、吉林、江苏和安徽六省（区）的降水较常年偏多，其余省份偏少；日照资源自西北向东南递减，2018年高原地区、东北、华北和内蒙古等地的日照时数大多在2 500小时以上，华南地区在1 500~2 000小时之间。可见我国粮食主产区光、温、水气候资源的匹配较好。

三、研究方法与数据来源

（一）研究方法

本文选取逐级订正的机制法模型对气候生产潜力进行估算。从气候资源角度计算作物最大产量，最主要一条途径就是要使光合作用率达到最大，作物生长的"光"是作物光合作用的能量来源，"温"是光合作用进行的条件，而"水""气"是光合作用的原料（邓根云，冯雪华，1980）。由于CO_2对粮食产量的影响并不仅局限于作物生长本身，因此本文在此不考虑"气"这一气候要素，而是运用机制法模型分次加入"光""温""水"这三种基本气候资源逐级订正得到气候生产潜力。本文具体研究思路如下（见图1）：首先选取日照要素通过A-P模型得到太阳辐射量的数据，并以此计算出光合生产潜力；其次光合生产潜力经过系数订正得到光温生产潜力，其过程需要日均温和作物三基点温度联合组成

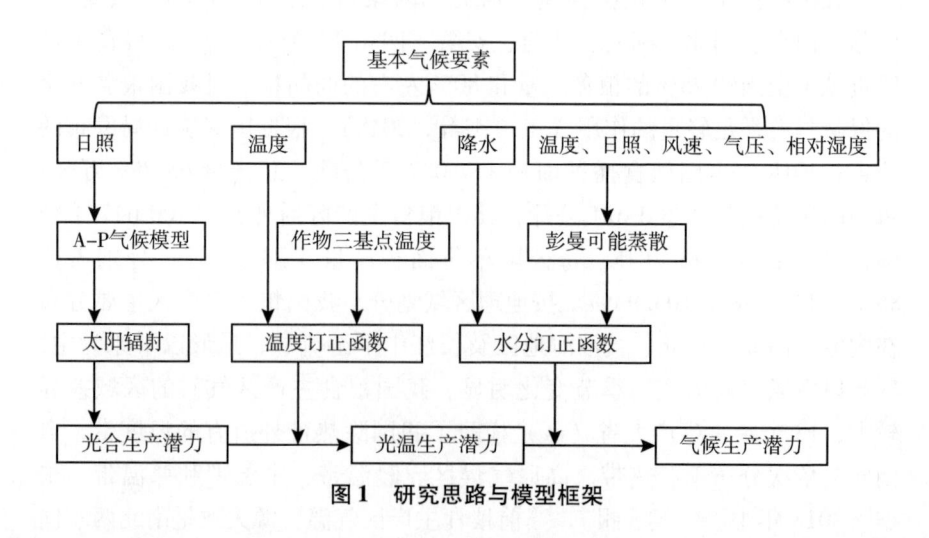

图1 研究思路与模型框架

温度订正函数；最后利用降水和彭曼蒸散构成水分订正函数在光温生产潜力的基础上得到气候生产潜力，其中彭曼蒸散是基于温度、日照和风速等气候要素得到的。

1. 气候生产潜力测算模型

（1）光合生产潜力。光合生产潜力（Y_p）就是一个地区的粮食作物在除光照外其他所有生产条件都适宜的情况下，仅由太阳辐射决定的最大产量。在研究时，光合生产潜力通常表示为用光能利用率的上限计算出的干物质产量（黄秉维，1978）。计算公式如下：

$$Y_p = \frac{10^4}{C} \cdot F \cdot E \cdot Q \tag{1}$$

其中，Y_p 单位为千克/公顷；C 是能量转换系数，即 1 克的干物质所结合的化学能，除油料作物外，大多数作物的平均值为 17.5MJ/kg（邓根云，冯雪华，1980）；F 为光能利用率，即作物光合作用下积累的有机物能量与同期太阳辐射量的比率，本文取 2%；E 为经济系数，即作物的经济产量与生物产量的比例，由于本文不区分作物类型进行研究，因此取大多禾谷类作物的平均值 0.4；Q 为太阳总辐射，单位为兆焦尔/平方米，出于测量难度问题，我国观测太阳辐射的站点较少，而本文是以 341 个气象站所在地点为计算主体，因此选择基于 Angstrom 气候学方法通过推算得到数据。这里选取 Angstrom – Prescott（AP）修正模型，即天文日总辐射量和日照百分比与太阳日总辐射量之间的线性关系模型，参考学者对中国 122 个站点近 50 年数据的 GWR 地理加权回归分析结果（Wang C. L.，2014），得到与本文分析时段接近且误差较小的太阳日总辐射的计算公式为：

$$Q = Q_A(0.161 + 0.614S) \tag{2}$$

其中，Q 为所需的太阳总辐射值（兆焦尔/平方米）；Q_A 为天文辐射日总量（兆焦尔/平方米），即不考虑大气削弱作用下完全由日地天文位置决定的到达大气顶界的太阳辐射量；S 为日照百分率，即实际日照时数与可照时数的比率，这里天文辐射 Q_A 和可照时数 N 的计算均采用 FAO56 模型推荐公式（Allen R. G. etc，1998）：

$$Q_A = \frac{TI_0}{\pi \rho^2}(w_S \sin\varphi\sin\delta + \cos\varphi\cos\delta\sin w_s) \tag{3}$$

$$w_s = \arccos(-\tan\varphi\tan\delta) \tag{4}$$

$$N = \frac{24}{\pi} w_s \qquad (5)$$

其中，T 为一天时长，为 24 小时；I_0 为太阳常数，取 4.92 兆焦尔/小时；$1/\rho^2$ 为日地平均距离订正项，与地球公转弧度表示的日序数（1 月 1 日序号为 1）有关，可由理论公式计算得到；φ 为气象站所在地的地理弧度；δ 为太阳赤纬弧度，即太阳与地球中心点的连线与赤道平面的夹角，与日序数有关；w_s 为时角弧度，即与地球自转相关的太阳高度角。

（2）光温生产潜力。光温生产潜力（Y_t）就是一个地区的粮食作物在除光照和温度外其他所有生产条件都适宜的情况下，由太阳辐射和温度共同决定的最大产量。通过对光合生产潜力用温度订正函数进行修正之后可得到光温生产潜力，计算公式为：

$$Y_t = Y_p \cdot f(T) \qquad (6)$$

其中，$f(T)$ 是温度订正函数，与作物生长所需的温度环境相关。由于不同作物和地区适用的气温条件是不同的，因而根据各自的研究需求和角度国内学者提出了不同的温度订正函数。本文大致比较以下五种方法：①利用温度对作物光合作用和呼吸作用影响系数来订正光合生产潜力（龙斯玉，1985），此方法需要通过实验计算影响系数，因而并不常用。②利用无霜期在全年的占比确定温度订正函数（冷疏影，1992），此方法不用考虑作物和地区的不同特征，适用大面积范围的生产潜力测算，但直接以年为单位在逐日计算中会使得结果缺少准确性。③从作物生长可利用的热量出发，选取日平均温度通过 10℃ 的积温与 9 000℃ 的比值来确认温度订正函数（钟章奇等，2015），此方法同样简便却缺乏精确度。④根据作物生长速率与温度的关系进行分段式线性处理，此方法在目前的气候生产潜力研究中运用最广，有学者通过方法比对得到适用喜温作物的分式函数（侯光良等，1985），也有学者以河南冬小麦为例研究喜凉作物的温度订正函数（李克煌，1981）。但分段线性函数对作物物种不同温度习性具有较强的针对性，无法统一函数形式，且分段温度依靠推算易出现较高的最适温度订正值。⑤针对方法 4 的不足有学者提出了基于现实生产中三基点温度的温度订正函数（马树庆等，1995），此方法依据实际生产数据且考虑到作物生产的三个基本温度条件，因而通过比较本文选取此方法。计算公式为：

$$f(T) = \begin{cases} 0 & T < T_L \text{ 或 } T > T_H \\ \dfrac{(T - T_L)(T_H - T)^B}{(T_S - T_L)(T_H - T_S)^B} & T_L \leq T \leq T_H \end{cases} \qquad (7)$$

$$B = \frac{T_H - T_S}{T_S - T_L} \qquad (8)$$

其中，T_L、T_S、T_H 即是三基点温度，分别是作物生长发育的下限温度、最适温度和上限温度，主要作物的三基点温度如表 1 所示；T 为日均温。

表 1　　　　　　　　　主要作物三基点温度

作物	下限温度 T_L(℃)	最适温度 T_S(℃)	上限温度 T_H(℃)
玉米	11	24	34
马铃薯	2	18	34
大豆	15	25	33
谷子	8	25	30
水稻	10	30	42
冬小麦	3	20	32

资料来源：参考文献马雅丽等（2018）；庞艳梅等（2015）；史定珊等（1994）。

由于本文不区分作物种类，为较准确计算出我国粮食主产区的气候生产潜力，这里采用简单平均的计算方法得到本文计算所需的三基点温度，即 T_L 取 8℃，T_S 取 23℃，T_H 取 34℃。

（3）气候生产潜力。气候生产潜力（Y_w）是在光温生产潜力的基础上通过水分订正函数修正之后得到的，其计算公式为：

$$Y_w = Y_t \cdot f(W) \qquad (9)$$

其中，$f(W)$ 为水分订正函数，与有效降水量和可能蒸散有关，其公式为：

$$f(W) = \begin{cases} 1 & P \geq ET_0 \\ \dfrac{P}{ET_0} & 0 < P < ET_0 \end{cases} \qquad (10)$$

其中，P 是有效降水量（mm）。有效降水即是实际自然降水中植物根层土壤能补充到的部分，对有效降水量计算方法的研究大多都区分不同作物类型进行试验（马建琴等，2015），但本文对气候生产潜力的计算并不针对专门的作物类型，因而此处的有效降水量计算选取最简单的流出量比例系数法。充分供水下的作物可能蒸散量计算则采用 FAO 推荐的

Penman – Monteith 公式。

$$P = R - CR = (1 - C)R \tag{11}$$

$$ET_0 = \frac{0.408\Delta(Rn - G) + \gamma \dfrac{900}{T + 273} U_2 (e_d - e_a)}{\Delta + \gamma(1 + 0.34U_2)} \tag{12}$$

其中，R 为自然降水量（mm），CR 为流出量（mm），C 为从地表和渗入地下的流出量占降水量的比例系数，取 0.20（侯光良等，1985）。Δ 为饱和水汽压曲线斜率（KPa/℃）；R_n 为日地表净辐射（MJ/m²）；G 为日土壤热通量（MJ/m²），在逐日计算中取 0；T 为 2 米高处平均气温（℃）；U_2 为 2 米高处风速（m/s）；e_d 为饱和水汽压（KPa）；e_a 为实际水汽压（Kpa）；γ 为干湿表常数（KPa/℃）。所需数据均可通过气象台站观测资料直接获取或通过理论公式计算得到。

2. 响应系数

综上可见，日照资源、温度资源和水分资源分别为光合生产潜力、光温生产潜力和气候生产潜力的主要影响气候要素。为反映各基本气候要素变化对各生产潜力的影响力，本文基于经济研究中表示两个变量依存关系的弹性系数概念提出响应系数。计算公式如下：

$$r_p = \frac{\Delta Y_p / Y_{p_1}}{\Delta S / S_1} \tag{13}$$

$$r_t = \frac{\Delta Y_t / Y_{t_1} - \Delta Y_p / Y_{p_1}}{\Delta \overline{T} / \overline{T}_1} \tag{14}$$

$$r_w = \frac{\Delta Y_w / Y_{w_1} - \Delta Y_t / Y_{t_1}}{\Delta K / K_1} \tag{15}$$

r_p 表示光合生产潜力对日照资源的响应系数，$\Delta Y_p / Y_{p1}$ 表示 1981 ~ 1985 年及 2011 ~ 2015 年两个时段的年平均光合生产潜力变化率，$\Delta S / S_1$ 为两个时段的年平均日照时长变化率；r_t 表示光温生产潜力对温度资源的响应系数，$\Delta Y_t / Y_{t1}$ 表示 1981 ~ 1985 年及 2011 ~ 2015 年两个时段的年平均光温生产潜力变化率，为两个时段的作物生育期 $\Delta \overline{T} / \overline{T}_1$ 内平均日均温变化率；r_p 表示气候生产潜力对水分资源的响应系数，$\Delta Y_w / Y_{w1}$ 表示 1981 ~ 1985 年及 2011 ~ 2015 年两个时段的年平均气候生产潜力变化率，$\Delta K / K_1$ 为两个时段的缺水率变化率。

缺水率表示作物的水分亏缺情况，将最大蒸散定义为需水量，其与降水量之差即为缺水量，缺水率即为缺水量与需水量之比（庞艳梅等，

2015)。缺水率的正负分别表示作物生长的水分亏缺和盈余，且数值越大程度越高。计算公式如下：

$$K = \frac{ET_0 - P}{ET_0} \times 100\% \qquad (16)$$

(二) 数据来源及处理

气象数据均源自国家气象局的中国气象科学数据共享服务网。本文选取逐日计算的方法，涉及的逐日气象资料包括降水量、平均相对湿度、10米处平均风速、日照时长和平均、最高及最低气温。经过数据检查选择了粮食主产区13个省份有稳定观测数据的341个气象台站。站点整体分布较均匀，分布集中度自东南向西北递减，其中江苏省站点最密集，而内蒙古自治区最分散，主要散布在内蒙古的东部地区。气象台站的选址要求四周空旷平坦，避免局部地形对气象观测的影响，总体来看是符合我国耕地分布规律的，因而选取这341个气象台站作为本文气候生产力的研究主体具有一定的准确性和代表度。最后将计算结果用各省站点数量作除数进行平均处理得到各省数据进行空间差异比较，并采取1981~1985年和2011~2015年两个时段的年平均数据来反映气候的波动及气候生产潜力对其的时空响应。

数据缺值处理参考学者于2001年提出的方法（刘钰，2001）。具体处理为：（1）日照数据缺测采取艾伦（Allen）等人修正的Hargreaves方程对太阳辐射量进行计算；（2）风速数据缺测时采取利用邻近气象站的风速资料进行替代的方法；（3）相对湿度数据缺测时可用最低气温近似计算实际水汽压；（4）降水数据缺测较难处理但缺测较少，为本文分析需要，将缺测数据采取利用邻近气象站的降水资料进行替代的方法；（5）平均气温数据缺测采取取最低最高气温平均的方法，最高最低气温缺测采取利用邻近气象站的气温资料进行代替的方法。

四、结果分析

(一) 光合生产潜力对气候变化的时空响应特征

太阳辐射总量的多少直接决定了光合生产潜力的大小，而其中起最主要作用的气候资源是日照。1981~1985年粮食主产区年平均日照时长为6.25小时，而2011~2015年为5.94小时，整体下降4.88%，较之温度和降水资源波动幅度较大。经过两个时段年平均日照时长的对比，研究区域内13个省份除江西省外均有所下降，因此粮食主产区的日照资源呈现普遍减少的趋势。从空间变化上看，华北平原下降幅度最大，其中河南省最为明显，下降19.41%，而内蒙古自治区、辽宁及黑龙江省的下降幅度较为微小，其中变化率最小为辽宁省，仅下降1.45%。

　　日照时长的减少导致光合生产潜力的变化也呈下降趋势。从图2可以看出，2011~2015年时段全部五年的年光合生产潜力均小于1981~1985年时段，1981~1985年粮食主产区年平均光合生产潜力为22 927.28千克/公顷，2011~2015年为21 728.41千克/公顷，整体的年际波动为三个生产潜力中最大，下降3.11%。利用2015年和1985年两年数据进行对比，光合生产潜力减少的站点有243个，占比71.26%，表明大部分地区的光合生产潜力都在减少，而非个别地区的异常下降，增加的站点主要集中在河北省北部、四川省西部和辽宁省东南部。从空间分布看，光合生产潜力大体呈自北向南递减趋势，经过两个时段的对比可以从图中看出，黑龙江、吉林、河北、山东、河南五个省份的光合生产潜力有明显的下降，其中河北、河南省下降最多为7%，而内蒙古自治区、湖北和辽宁三省几乎没有变化。

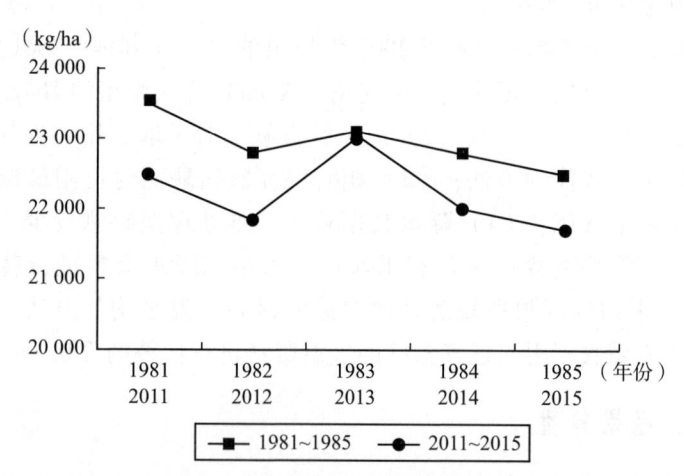

图2　粮食主产区1981~1985年、2011~2015年光合生产潜力变化

　　总的说来，从时间变化上看，1981~1985年时段到2011~2015年时段，粮食主产区日照时长下降了4.88%，由此带来了光合生产潜力下降3.11%，生产力对日照资源的响应系数为63.73%。从空间变化上看，黑龙江省的光合生产潜力有较为明显地减少趋势，但日照时长的下降幅度却较小，因此响应系数较高为200.15%，生产力对日照变化的反应在粮食主产区中最为敏感。相反，江西省日照时长的增加却带来光合生产潜力的下降，响应系数为负，日照资源对江西省光合生产潜力的影响较小。

（二）光温生产潜力对气候波动的时空响应特征

日照时长增减基础上的温度资源变化影响着光温生产潜力的大小，其影响主要来源于温度有效期长短及温度有效期内温度变化两个方面。温度有效期是指一年内日平均气温在作物生长上下限温度范围内的天数，即作物的有效生长期。在不存在水分胁迫和极端高温的情况下，潜在生长期的延长整体上是利于增产的（许吟隆，2018），在温度有效期内，平均温度越接近高产条件下的最适温度，光温生产潜力越大。根据前文三基点温度，将日平均气温处于8℃~34℃之间的时期作为温度有效期，最适温度为23℃。1981~1985年粮食主产区年平均温度有效期为227天，年平均气温为15.94℃，而2011~2015年为236天和16.52℃，分别上升4.02%和4.00%。经过两个时段年平均温度有效期及温度的对比，研究区域内13个省份均有所上升，因此粮食主产区的日照资源呈现普遍增加的趋势。从空间分布看，温度有效期大体呈自南向北递减趋势，江西省的温度资源最丰富，而黑龙江最缺乏，二者相差大于100天，资源分布具有较大的差异性。在两个时段比较下，温度有效期的区域差异大体保持一致，并无明显的变化，其中江苏和四川省上升幅度较大。

生长期的延长以及平均温度向最适生长温度的接近一定程度上抵消了日照时长较大幅度下降对光温生产潜力的影响。1981~1985年粮食主产区年平均光温生产潜力为12 961.27千克/公顷，2011~2015年为12 944.91千克/公顷，整体的年际波动为三个生产潜力中最小，仅下降0.13%。从变化趋势看（见图3），粮食主产区的光温生产潜力在两个研究时段呈"扁X"型波动：1981~1985年呈下降趋势而2011~2015年呈上升趋势，表明虽然年际整体差异性不大但近30年的气候变化利于光温生产潜力的增长。从空间分布看，光温生产潜力的区域差异及区域变化差异较大，省际波动在9 649.18~15 058.94千克/公顷之间，极值差距近两倍。经过两个时段的对比可以从图中看出，湖北、河北、山东、河南四个省份的光温生产潜力有明显的下降，其中河北省下降最多为

6%，而内蒙古自治区、吉林、四川、辽宁和湖北省有明显的上升，其中内蒙古自治区上升最多为 6.62%。利用 2015 年和 1985 年两年数据进行对比，光温生产潜力增加的站点有 222 个，占比 65.10%，减少的站点主要集中在江西、湖南两省以及黑龙江省西部、安徽省中部及湖北省西南部地区。

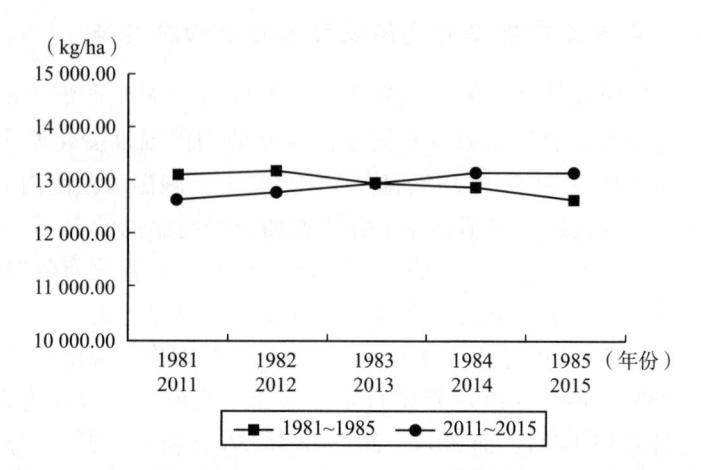

图 3　粮食主产区 1981～1985 年、2011～2015 年光温生产潜力变化

总的说来，从时间变化上看，1981～1985 年时段到 2011～2015 年时段，粮食主产区温度有效期增加了 4.02%，由此带来了光温生产潜力下降 0.13%，在光合生产潜力变化基础上增加了 2.98%，生产力对温度资源的响应系数为 74.08%。从空间变化上看，吉林省的光合生产潜力呈下降趋势，但温度有效期的增长却使得光温生产潜力有明显增加，因此响应系数较高为 222.48%，生产力对温度变化的反应在粮食主产区中最为敏感，其次为内蒙古自治区、黑龙江、辽宁和四川省，其响应系数都超过了 100%。相较而言，江苏省温度有效期 5.32% 的上升幅度却未使光温生产潜力有明显的增加或较小幅度的减少，响应系数在粮食主产区中最小，仅为 26.33%。

（三）气候生产潜力对气候波动的时空响应特征

日照、温度和水分共同影响着气候生产潜力的大小，水分资源的影响从有效降水量及蒸散两方面来体现。水分是作物光合作用的直接参与者，水分胁迫会降低干物质生产（董永义等，2013），同时水分与蒸散的平衡是作物高产的前提条件之一（张凤珍等，2012）。首先从年有效降水量看水分资源的变化情况。1981~1985年粮食主产区年平均有效降水量为712.08毫米，2011~2015年为708.24毫米，并无显著变化趋势。但区域差异明显，受地理条件限制，年降水量大体呈自东南向西北递减的趋势。江西省拥有最丰富的降水资源，内蒙古自治区水资源则相对最为贫乏，二者差距超过1 000毫米。经过两个时段的比较，地区差异特征并无变化，且差距愈发加大。降水相对缺乏的省份降水量呈下降趋势，黑龙江南部、内蒙古中部、辽宁、吉林、山东南部、河南东部地区大部分站点年降水量减少，而降水丰富的江西、湖南省全部站点年降水量增加，均衡之下使得粮食主产区的整体降水资源相对保持稳定。

表2反映了粮食主产区13个省份缺水率的时空特征。从表2中可以看出粮食主产区整体呈现水分亏缺的状态，符合我国水资源稀缺的现状。但缺水率除2011年外逐年下降的趋势也反映了粮食主产区水分资源情况有好转的趋势。2011年缺水率达34.15%，为研究时段中最高值，根据《2011年中国水资源公报》，2011年全国降水总量比常年值偏少9.4%，是1956年以来年降水量最少的一年，同时北方冬麦区、长江中下游和西南地区接连出现三次大范围严重干旱，因此降水量的异常和气象灾害的发生导致了2011年缺水率的异常偏高，总体缺水率仍是递减趋势。剔除2011年的异常之后，从空间特征看，内蒙古自治区、河北、河南、东北三省、江苏、山东和四川的缺水率始终为正，为水分亏缺区，其中内蒙古缺水率稳定保持在50%以上，山东和河北省的大部分年份突破50%，为严重缺水区；湖南省和江西省的缺水率始终为负，尤其江西省部分年份保持在-50%以下，为水分盈余区；安徽和湖北省的缺水率波动较大，二者都表现为从水分亏缺区向水分盈余区转变的趋势。

粮食主产区缺水率的增长使得气候生产潜力在光温生产潜力下降的基础上又有所下降。1981~1985年粮食主产区年平均气候生产潜力为8 990.73千克/公顷，2011~2015年为8 882.41千克/公顷，整体下降1.20%。从变化趋势看（见图4），1981~1985年呈明显上升趋势而2011~2015年呈波动上升趋势，但两个时段对比下的整体下降表明近30年水分资源的贫乏状况并没有明显好转且年际波动较大。从空间分布看，气候生产潜力大体呈自东南向西北递减趋势，区域差异严重，省际波动在3 103.26~14 489.70千克/公顷之间，极值差距近5倍。经过两个时

表2 粮食主产区各省缺水率变化

单位：%

地区	1981年	1982年	1983年	1984年	1985年	2011年	2012年	2013年	2014年	2015年
安徽	3.42	-4.28	-21.42	-10.06	-2.40	8.02	3.97	19.46	-21.33	-26.71
河北	66.01	65.59	64.63	62.87	45.38	60.35	45.82	55.05	66.29	58.32
河南	50.87	28.72	25.86	15.37	31.18	38.19	47.72	55.01	38.81	36.08
黑龙江	36.31	56.01	35.49	35.06	38.18	51.41	30.68	19.30	38.57	39.53
湖北	17.67	-25.18	-42.44	3.29	6.46	20.69	11.61	18.37	-4.47	-3.24
湖南	-19.37	-53.26	-30.03	-14.79	-6.57	16.45	-53.48	-0.45	-41.71	-52.53
吉林	38.78	57.43	36.50	39.45	28.66	50.52	21.45	20.45	50.73	44.36
江苏	28.05	19.61	14.87	9.68	1.82	14.07	18.73	36.81	-0.42	-11.85
江西	-40.79	-51.94	-63.32	-42.44	-25.36	-5.73	-91.28	-11.00	-49.16	-103.23
辽宁	49.54	53.86	42.47	37.69	9.74	40.32	12.15	27.08	61.85	49.45
内蒙古	73.54	76.74	71.49	68.09	68.18	76.96	62.72	66.30	70.84	72.34
山东	69.54	53.99	60.40	42.63	34.86	37.64	46.27	42.76	58.27	50.76
四川	25.42	25.94	23.05	25.39	19.24	35.02	20.42	25.42	20.21	20.75
主产区	30.69	23.33	16.73	20.94	19.18	34.15	13.60	28.81	22.19	13.39

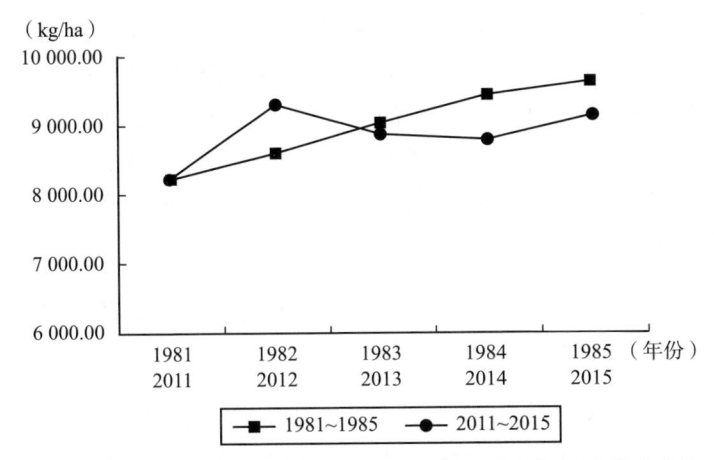

图 4　粮食主产区 1981～1985 年、2011～2015 年气候生产潜力变化

段的对比可以从图中看出，变化主要集中在中部地区，河南、湖北、安徽、江苏四省有明显下降趋势。利用 2015 年和 1985 年两年数据进行对比，气候生产潜力减少的站点有 201 个，占比 58.94%，增加的站点主要集中在四川省西部、湖北省东部、安徽及江苏省中部以及内蒙古自治区的西北部地区。

总的说来，从时间变化上看，1981～1985 年时段到 2011～2015 年时段，粮食主产区缺水率增加了 1.14%，由此带来气候生产潜力下降了 1.20%，在光温生产潜力变化基础上又下降了 1.07%，生产力对水分资源的响应系数为 94.96%。从空间变化上看，内蒙古自治区始终维持在严重缺水的状态，年际差异较小，但气候生产潜力却增加 15.84%，因此响应系数较高为 370.94%，生产力对水分变化的反应在粮食主产区中最为敏感，其次为辽宁、河北及山东三省，其响应系数都超过了 100%。相反，江苏和江西省缺水率的下降却带来气候生产潜力的下降，响应系数为负，水分资源对江苏及江西省气候生产潜力的影响较小。

五、结论与启示

（一）气候变化下粮食主产区光、温、水资源仍具有良好配置

从整体上看，粮食主产区的日照资源在三种基本气候资源中波动最大，呈明显下降趋势，温度资源的波动方向与之相反，波动幅度仅略次于日照资源。而相较于日照和温度，水分资源的年际变率最小。因此气

候变化下粮食主产区光、温、水资源的组合状况并无明显变化趋势。从区域上看，粮食主产区各省（区）的气候资源波动同样具有组合效应，未有一省出现三种资源同时减少的状况，且资源配置合理，水分缺乏的省份具有较丰富的光照或温度资源。因此粮食主产区光、温、水资源配置良好，我国当前气候变化仍利于农业生产，提高粮食产量需要把握好对气候资源的利用，增强光、温、水资源对粮食生产的组合效应。

（二）气候变化下粮食主产区气候生产潜力总体呈下降趋势，区域差异明显

从1981~1985年时段到2011~2015年时段，粮食主产区的光合生产潜力、光温生产潜力及气候生产潜力均呈现下降趋势，且三者的区域差异逐次增大。光合生产潜力的整体年际波动最大，但区域差异最小，13个粮食生产大省（区）的光合生产潜力均在20 000~26 000千克/公顷范围内，而气候生产潜力却有近五倍的极值差，表明各气候资源对生产力的影响程度不同。因此，近30年的气候波动对气候生产潜力具有不利的影响，强调粮食安全必须将气候变化纳入主要考虑因素。且即使在整体良好的气候资源配置下气候生产潜力仍具有较大的省际差异，我国在巩固粮食主产区地位时应注意各省的资源状况，因地制宜。

（三）气候变化下粮食主产区光、温、水资源对气候生产潜力的影响逐次增强

从整体上来，粮食主产区对气候变化的响应敏感系数从高到低依次为水分资源、温度资源和日照资源。从区域上看，安徽、江苏省气候生产潜力变化主要响应于日照资源变化；河南、湖北、湖南、江西、四川省为温度资源；河北、山东省为水分资源；黑龙江、吉林省为日照和温度资源；辽宁、内蒙古为温度和水分资源。因此，水分资源分布的极度不均衡造成了气候生产潜力明显的区域差异，且各省相对缺乏的气候资源就是其气候生产潜力变化的主要影响因素。我国发展农业生产中应重点关注水分资源，水分稀缺省份提高水资源利用率及灌溉技术，而水分丰富省份则需要发展农业技术，提高光照及温度资源利用率以提高单产。

参考文献

[1] Van G M, Merckx R, Vlassak K. Microbial biomass responses to soil drying and

rewetting: The fate of fast and slow growing microorganisms in soils from different climates [J]. *Soil Biology & Biochemistry*, 1993, 25: 109 – 123.

［2］郭建平:《气候变化对中国农业生产的影响研究进展》,载《应用气象学报》2015年第1期。

［3］周广胜:《气候变化对中国农业生产影响研究展望》,载《气象与环境科学》2015年第1期。

［4］丁一汇、任国玉、石广玉、宫鹏、郑循华、翟盘茂、张德二、赵宗慈、王绍武、王会军、罗勇、陈德亮、高学杰、戴晓苏:《气候变化国家评估报告（Ⅰ）：中国气候变化的历史和未来趋势》,载《气候变化研究进展》2006年第1期。

［5］覃志豪、唐华俊、李文娟:《气候变化对我国粮食生产系统影响的研究前沿》,载《中国农业资源与区划》2015年第1期。

［6］谢立勇、李悦、徐玉秀、赵迅、宋艳玲、姜彤、林而达:《气候变化对农业生产与粮食安全影响的新认知》,载《气候变化研究进展》2014年第4期。

［7］贺大兴:《极端气候对中国粮食产量影响的定量分析》,载《中国农业资源与区划》2017年第4期。

［8］魏兴华、宋开辉、崔步礼:《粮食产量的自然与人为影响因素定量分析——以济南市为例》,载《湖北农业科学》2015年第15期。

［9］史泽艳:《中国东部地区作物生产力模拟对比研究》,北京师范大学,2005年。

［10］陈百明:《"中国土地资源生产能力及人口承载量"项目研究方法概论》,载《自然资源学报》1991年第3期。

［11］白美兰、郝润全、高建国、李喜仓、杨晶:《内蒙古地区气候资源生产潜力及其人口承载力分析评估》,载《干旱地区农业研究》2010年第6期。

［12］刘琰琰、陈超、庞艳梅:《四川盆地玉米生育期气候资源及生产潜力的变化特征》,载《中国农学通报》2016年第19期。

［13］谢云、王晓岚、林燕:《近40年中国东部地区夏秋粮作物农业气候生产潜力时空变化》,载《资源科学》2003年第2期。

［14］韩荣青、郑度、戴尔阜、吴绍洪、赵明华:《中国粮食主产区生产潜力对气候波动响应研究》,载《资源科学》2014年第12期。

［15］王一杰、邸菲、辛岭:《我国粮食主产区粮食生产现状、存在问题及政策建议》,载《农业现代化研究》2018年第1期。

［16］邓根云、冯雪华:《我国光温资源与气候生产潜力》,载《自然资源》1980年第4期。

［17］黄秉维:《自然条件与作物生产——光合潜力》,载《农业现代化概念》,中国农林科学院,1978年。

［18］Wang C L, Yue T X. Solar radiation climatology calculation in China [J]. *Journal of Resources and Ecology*, 2014, 5 (2): 132 – 138.

［19］Allen R G, Pereira L S, Raes D, et al. *Crop evapotranspiration* [M]. FAO Irrigation and Drainage, 1998: 56.

[20] 龙斯玉:《江苏省农业气候资源生产潜力及区划的研究》,载《地理科学》1985年第3期。

[21] 冷疏影:《地理信息系统支持下的中国农业生产潜力研究》,载《自然资源学报》1992年第1期。

[22] 钟章奇、王铮、夏海斌、孙翊、乐群:《全球气候变化下中国农业生产潜力的空间演变》,载《自然资源学报》2015年第12期。

[23] 侯光良、刘允芬:《我国气候生产潜力及其分区》,载《自然资源》1985年第3期。

[24] 李克煌:《河南作物生产潜力的估算和分析》,载《农业气象》1981年第3期。

[25] 马树庆、郭顺姬、白亚梅、戴阁文:《东北区农业气候土壤资源潜力及开发利用研究》,载《地理科学》1995年第3期。

[26] 马雅丽、郭建平、赵俊芳:《晋北农牧交错带作物气候生产潜力分布特征及其对气候变化的响应》,载《生态学杂志》2019年第3期。

[27] 庞艳梅、陈超、马振峰:《未来气候变化对四川省水稻生育期气候资源及生产潜力的影响》,载《西北农林科技大学学报(自然科学版)》2015年第1期。

[28] 史定珊、毛留喜:《冬小麦生产气象保障概论》,气象出版社1994年版。

[29] 马建琴、何胜、郝秀平:《作物实时灌溉预报中有效降雨量的计算方法》,载《人民黄河》2015年第5期。

[30] 刘钰、L. S. Pereira:《气象数据缺测条件下参照腾发量的计算方法》,载《水利学报》2001年第3期。

[31] 许吟隆:《气候变化对中国农业生产的影响与适应对策》,载《农民科技培训》2018年第11期。

[32] 董永义、徐寿军、王聪、郭园、高彩婷:《水分对作物生长发育影响的模拟研究进展》,载《北方园艺》2013年第10期。

[33] 张凤珍、张沛明、公晓霞:《水分对农作物生长的影响》,载《吉林农业》2012年第12期。

基于 PSR 结构范式的中国粮食主产区的水资源生态安全与粮食安全关联性研究

罗逸伦　罗海平[①]

一、引言

党的十九大报告中强调，"实施食品安全战略，让人民吃得放心。"要确保食品安全，首先应从食品来源入手，保障粮食安全。粮食生产是一个综合的过程，在耕地、水源、资本、劳动技术等要素的综合作用下，粮食才能稳定、优质产出。其中，耕地、水源等生态因素是保障粮食安全的基础。陈百明等（2004）探讨了耕地资源变化对粮食生产的影响，发现耕地面积年变化率和粮食播种面积年变化率之间具有一定的相关性；粮食播种面积变化率和粮食产量变化率之间相关性较强，两者的变化基本同步。然而，我国一直以来，都面临着严峻的生态问题。我国人均耕地资源、人均水资源量均落后于世界平均水平。我国人均耕地只有 1.5 亩，低于世界人均 5 亩的水平；人均水资源量为世界的 1/4，位列世界第 110 位。并且我国耕地、水质遭到不同程度污染破坏。据调查显示，全国 1/5 耕地遭到重金属污染，75% 湖泊水域受到不同程度污染，40% 城市地下水严重污染。罗海平（2018）提出，随着城市化发展，我国正面临着耕地资源减少、土壤破坏严重、水资源短缺、水污染加剧、农业生物多样性减少等种种问题。

2016 年中央一号文件提出加强资源保护和生态修复，实现粮食生产与农业生态的协调与可持续。国务院总理李克强在作政府工作报告时也强调："要加强污染防治和生态建设"。生态安全是粮食安全的重要支撑，在关于粮食安全问题的研究领域，国内研究主要集中于从耕地资源的角度分析粮食生产，以研究粮食安全问题并提出解决建议。鲁奇（1999）

[①] 作者简介：罗逸伦（1999~　），女，江西南昌人，南昌大学前湖学院学生。

从人类增加粮食产量的方式出发，认为盲目开拓耕地和对耕地不断强化现代要素投入，在增加粮食产量的同时，付出资源环境牺牲的代价。要保证粮食安全，应走高效集约道路，加强耕地管理和保护。张士功（2005）分析了耕地资源与粮食安全的关系，提出要在稳定耕地资源数量的前提下，提高耕地质量，并同时注重耕地资源利用问题，从而保障粮食安全。杨学利（2010）认为要稳定粮食耕种面积，加大农业基础设施投入，加快农业科技创新。然而，作为生态安全中另一重要因素的水资源，国内研究却极少将其与粮食安全联系。

目前，国内关于水资源安全的研究主要集中在水资源状态问题分析、水资源安全评价指标构建、水资源安全评价、水资源安全管理、水资源保障体系等方面。张利平等（2009）阐述了中国水资源总量丰富，但人均占有量低；水资源供需矛盾突出，旱涝灾害频繁；地区分布不均，水土资源不相匹配；水资源利用率低，污染严重的现状。并分析了我国水资源安全目前存在的水资源供需矛盾严重，水资源利用效率低下；水质危机导致水资源危机，生态环境恶化严重；水资源管理缺乏科学体制等主要问题。面对水资源现状，许多研究者致力于构建更加科学完善的评价指标体系，来研究水资源安全状态。贾绍凤等（2002）从水资源压力指数的研究出发，将水资源安全分为总体安全、社会安全、经济安全，建立区域水资源安全评价体系。孙月峰等（2014）从水资源是由资源、社会、经济子系统耦合而成的复杂系统的观点出发，建立了以生命安全、经济安全、生态环境安全、社会安全、管理安全为评价指标，专门针对城市水资源安全的模糊综合评价模型。面对长期存在的水资源安全问题，孙才志等（2007）从水资源安全供给、需求、贸易、政策、技术和法律6个方面，研究了水资源安全保障体系的基本组成框架，在一定程度上完善了我国水资源安全战略的研究内容。

可以看出，对水资源安全的评价指标选取逐渐全面，体系逐渐完善，保障体系与战略也愈发科学，但是研究者多只针对水资源研究水资源自身状态，缺乏将水资源安全与所造成的影响食物关联性分析。刘渝（2010）分别研究了水资源安全状态与粮食安全状态，但并未深入研究水资源安全与粮食安全的关联性。因此，本文从水资源的角度出发，致力于研究水资源与粮食安全的关联性。

二、水资源安全概念界定

目前，学术界没有给水资源安全下统一的定义。夏军等（2002）认为水资源安全问题是指水资源（量与质）供需矛盾产生的对深灰经济发展、人类生存环境的危害问题。郑通汉（2003）认为狭义的水资源安全是指在不超出水资源承载能力和水环境承载能力的条件下，水资源的供给能够在保证质和量的基础上满足人类生存、社会进步与经济发展，维系良好生态环境的需求。还有人认为，水资源安全就是水资源不经受超过自我净化外的污染。

不同学者分别从水资源供给、水资源承载力、水资源污染的角度探讨了水资源安全定义。其中，笔者非常赞同将三种角度整合的，由代稳（2012）所提出的概念："水资源安全是指国家或区域利益不因供水灾害，干旱缺水，水质污染，水环境破坏等造成严重损失，水资源的自然循环过程和系统不受破坏或严重威胁，在某一具体历史发展阶段下，水资源能够满足区域国民经济和社会可持续发展的需要。"

三、研究区概况

由于地理、土壤、气候技术等条件的差异，各个不同区域粮食产量分异明显。基于中国国家统计局2017年统计数据，河南、河北、内蒙古、辽宁、吉林、黑龙江、江苏、山东、湖北、湖南、江西、安徽、四川13个省（区），粮食总产量52 138.3万吨，约占全国粮食总产量79%，是我国粮食产量主要贡献区域。因此，我们将以研究13省（区），即我国粮食主产区为例，研究中国粮食安全。

从区域规划上看，粮食主产区主要分布于长江中游区、黄淮海区和东北区。其农业用水多取自附近水源（长江、黄河等）及地下水。但是由于改革开放初期只注重发展速度、忽视环境影响，作为主产区主要用水来源三江（辽河、海河、淮河）和三湖（太湖、滇池、巢湖）等地均受严重污染。90%以上地下水遭受不同程度的污染，其中60%污染严重，危及到粮食产量和产能。因此，本文将以中国粮食主产区为研究区域，探求水资源安全与粮食安全的关联性。

四、研究方法与数据来源

在生态领域安全评价问题研究上，PSR模型是最为常用的模型。刘渝等（2010）在分析水资源生态安全和粮食安全内涵、特征和关系的基础上，就是通过对1997~2006年中国水资源生态安全和粮食安全PSR（压力、状态及响应指标体系）的动态变化分析，发现中国粮食安全呈现稳定上升趋势，水资源生态安全呈下降趋势。但是，其权重计算方式仅为简单加总，会产生一定的误差。因此本文基于PSR模型及熵权法，通过压力、状态、响应指标研究水资源生态安全与粮食安全，并进一步探究两者之间的关联性。

（一）PSR模型介绍

PSR，即压力（Pressure），状态（State），响应（Response）。最初，加拿大统计学家大卫 J. 瑞布和托尼·芬德（David J. Rapport and Tony Friend, 1979）提出PSR。20世纪八九十年代，PSR由联合国环境规划署（UNEP）和经济合作与发展组织（OECD）共同发展起来，用于研究环境问题的框架体系。现在，PSR模型是生态系统健康评价学科中常用的一种评价模型。

PSR模型，通过"压力—状态—响应"这一思维逻辑，体现了人类与环境之间的相互作用关系。人类通过各种活动从自然环境中获取其生存与发展所必需的资源，同时又向环境输出能量与废弃物，从而改变自然资源存量与生态环境质量，而自然和环境状态的变化又反过来影响人类所摄取的资源，进而影响社会经济活动效益。由此，社会通过环境政策、经济政策和部门政策，加之意识和行为的变化而对这些变化做出响应。如此循环，构成了人类与环境之间的压力—状态—响应关系。在模型中，压力指标表征人类的各种活动对环境的作用；状态指标表征一定时间段内环境状态和环境变化情况；响应指标体现社会和个人对已发生的不利于人类生存发展的生态环境变化进行补救的措施。利用具体指标，将压力—状态—响应关系清晰化。

这种将评价对象的压力—状态—响应指标与参照标准相对比的模式被许多国内外学者推崇，广泛应用于水资源、土地资源指标体系研究、农业可持续发展评价指标体系研究、区域环境可持续发展指标体系研究以及环境保护投资分析等领域。因此，本文选用PSR模型评价水资源生态安全与粮食生态安全，并进一步探索其关联性。

（二）评价指标选取

根据PSR概念模型，本文从水资源生态安全与粮食安全关联性角度，构建水资源生态安全和粮食安全的评价体系，以"压力""状态""响应"为准则层，以9个可以反映主产区实际粮食安全情况和11个主产区水资源安全情况的具体评价指标为指标层的水资源生态安全和粮食安全的评价体系。

在此研究领域，已有许多研究者，根据不同的背景、研究对象以及研究区域简历安全指标评价体系。贾绍凤等（2005）从区域水资源压力指数的研究出发，完善水资源压力指标建设。孙月峰等（2014）专门针对城市，从生命安全、经济安全、生态环境安全、社会安全、管理安全五个方面，建立水资源安全的模糊综合评价模型。前者，以区域为研究对象；后者，以整个社会为研究对象，各有不同优点值得参照。

因此，在评价指标的选择上，我们参照了多位研究者的指标体系，并以现实为基础，筛选与本文密切相关且有适当数据的指标（见表1），并构建了本文水资源安全与粮食安全指标体系（见表2）。

表1　　　　　　　　　　　　安全指标

	研究相关指标	指标内涵
粮食安全	1. 人均粮食产量	人均占有粮食总产量，由粮食总产量除以人口总数求得
	2. 人均耕地面积	人均占有耕地总量，由耕地除以人口总数求得
	3. 粮食产量	粮食作物的生产量
	4. 复种指数	与单位耕地面积产量呈正相关
	5. 农作物成灾面积	农作物成灾面积反映农作物受灾程度，数值越大，反映受灾程度越大
	6. 总人口	人口总数，反映人口对粮食的压力
	7. 人口自然增长率	一定时期内人口自然增加数（即出生人数减去死亡人数）与同期平均总人口数之比。人口自然增长率是反映人口自然增长的趋势和速度的指标，同时也是反映粮食安全压力指标
	8. 人均粮食需求量	人均对粮食的需求，反映粮食安全压力
	9. 国家财政土地治理相关项目支出	国家用于对土地综合整治，调整土地关系的支出
水资源安全	1. 水资源总量	各种水资源总和
	2. 人均水资源量	某一个时期按人口平均每个人占有的水资源量
	3. 有效灌溉面积	指有一定水源，灌溉工程及设备已配套，在一般正常情况下，能正常灌溉的耕地面积

续表

	研究相关指标	指标内涵
水资源安全	4. 农业用水总量	用于灌溉和农业牲口的用水使用量
	5. 人均用水量	人均用水人口的用水量，用于反映水资源安全压力
	6. 水灾成灾面积	形成水灾的区域面积
	7. 水库数	可以一定程度上反映水利设施建设
	8. 水库总库容	可以一定程度上反映水利设施建设规模
	9. 水土流失治理面积	可以一定程度上反映水环境治理
	10. 节水灌溉面积	可以一定程度上反映节水技术应用面及效率
	11. 除涝面积	治理涝区的区域面积

表 2　　　　　　　　　安全指标 PSR 分类

	压力	状态	响应
粮食安全	农作物成灾面积	人均粮食产量	国家财政土地治理相关项目支出
	总人口	人均耕地面积	
	人口自然增长率	粮食产量	
	人均粮食需求量	复种指数	
水资源安全	农业用水总量	水资源总量	水库数
	人均用水量	人均水资源量	水库总库容
	水灾成灾面积	有效灌溉面积	水土流失治理面积
			节水灌溉面积
			除涝面积

（三）指标运算

1. 指标的计算方法

依据前文建立的 PSR 指标体系，确定指标标准值，将各指标值标准化并转换为指数。

由于所有的指标数据原始值在统计学中属于截面数据，且量纲不一。这对系数的计算存在严重的影响，故此本文利用极差标准化方法对参评指标进行量纲统一，对于正向指标（即越大越安全的指标）：

$$X_{ij} = \frac{X_{ij} - \min X_j}{\max X_j - \min X_j}$$

对于反向指标（即越小越安全的指标）：

$$X'_{ij} = \frac{\max X_j - X_{ij}}{\max X_j - \min X_j}$$

上式中 X_{ij} 和 X'_{ij} 分别为第 i 年第 j 个指标的原值和标准化后的数值；$\max X_j$ 和 $\min X_j$ 分别为第 j 指标的最大值和最小值。

2. 数据来源

粮食安全评价指标值以及水资源生态安全指标值（原始数据）均来自《中国农村统计年鉴》《中国水利年鉴》、中国国家统计局数据以及各省年鉴。

3. 熵权法确定权重

水资源安全与粮食安全评价关键是建立科学的评价指标体系和确定各指标权重。常用的权重确定方法有：层次分析法（AHP）、主成分分析法等。由于主观确定指标权重具有较强主观性，易造成结果，因此，本文采用熵值法，用客观变量信息的无序度来衡量信息的效用值，从而确定权重。

信息熵是对于系统无序程度的度量，信息的无序度越低，系统越不稳定，该信息的效用值就越大，即该指标的权重较大，反之信息熵越大，该指标所能提供信息量越小，该指标的权重也越小。所以本文利用 matlab，依据指标值的无序度，完成各指标权重计算，理论计算步骤如下：

（1）假设数据有 n 行记录，m 个变量，数据可以用一个 $n \times m$ 的矩阵 A 表示（n 行 m 列，即 n 行记录数，m 个特征列）。

$$A = \begin{bmatrix} X_{11} & \cdots & X_{1m} \\ \vdots & & \vdots \\ X_{n1} & \cdots & X_{nm} \end{bmatrix}$$

（2）数据的归一化处理。

X_{ij} 表示矩阵 A 的第 i 行 j 列元素。

$$X'_{ij} = \frac{X_{ij} - \min X_j}{\max X_j - \min X_j}$$

（3）计算第 j 项指标下第 i 个记录所占比重。

$$P_{ij} = \frac{X_{ij}}{\sum_{1}^{n} X_{ij}}$$

(4) 计算第 j 项指标的熵值。

$$E_j = -k \sum_{1}^{n} P_{ij} \times \log(P_{ij})$$

$$k = \frac{1}{In(n)}$$

(5) 计算第 j 项指标的差异系数。

$$g_j = 1 - e_j$$

(6) 计算第 j 项指标的权重。

$$W_j = \frac{g_j}{\sum_{1}^{m} g_j}$$

五、结果与分析

(一) 粮食安全状态与水资源安全状态变化趋势

由图1观察水资源安全状态与粮食安全状态评价值可知，中国 2008~2017 年，水资源安全状态与粮食安全状态总体均呈上升趋势。其中，粮食安全状态总体稳步上升。2008~2011年，粮食安全水平增长幅度较大，自2011年起，呈平缓增长，并在2015~2016年有所下滑后，在2017年迅速增长。然而水资源安全状态水平虽然总体呈增长趋势，但是水资源安全水平较低，并且总体增幅不大，各年间波动较大。2008~2011

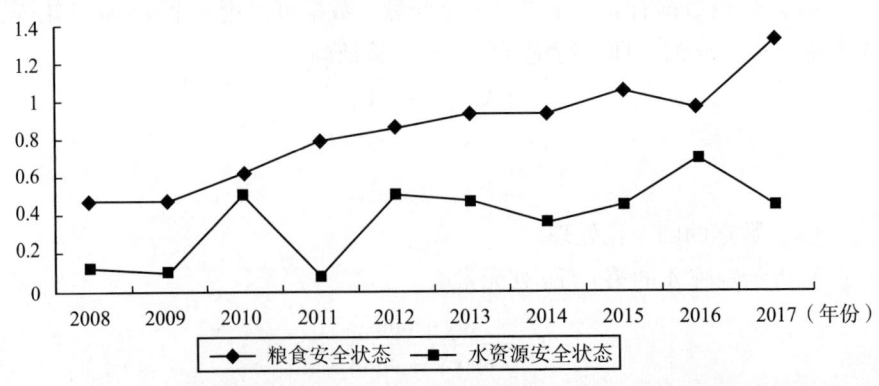

图1 中国 2008~2017 年水资源安全状态和粮食安全状态对比图

年水资源安全水平大幅波动，除 2010 年安全状态值相比较高外，其余 3 年安全状态欠佳且小幅递减。2012 年，水资源安全状态值大幅增长，自此之后，除 2016 年再次增长，其余年份水资源安全状态值稳定在 0.4 左右，并持续有较小幅度波动。2015～2017 年，粮食安全状态走势与水资源状态走势刚好相反，说明这 3 年存在以牺牲水资源安全的情况追求粮食高产。

（二）粮食安全、水资源状态演化原因分析

在粮食安全方面，由图 2 可知，2008～2017 年，粮食安全压力与粮食安全响应呈高度耦合性。压力、响应指标值之间的高度耦合说明当粮食压力变化时，刚好做出及时恰当的响应，致使我国粮食安全状态逐年稳定向好发展。这些及时的响应，与政府政策分不开。在农业补贴方面，每年补贴只增不减。并且，在补贴类型方面，逐步引导农民保护环境，共护环境。2010 年中央 1 号文件强调继续加大国家对农业农村的投入力度，按照总量持续增加、比例稳步提高的要求，不断增加"三农"投入。

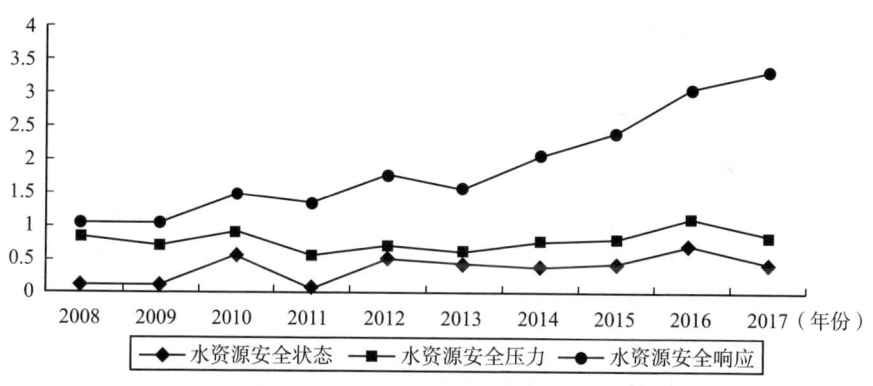

图 2　中国 2008～2017 年水资源安全指标关联性比较

在水资源安全方面，由图 3 可知，2008～2017 年，水资源安全压力指标值较为稳定，在 0.5 附近波动，而水资源安全响应值持续增长且增幅较大。相比于水资源安全响应值，水资源安全状态增长幅度极小，且有大幅波动。水资源安全状态的大幅波动，很可能与过度响应有关。我国一直长期面临着人均水资源量少、水资源短缺、水资源污染、水利设施不健全、缺乏水利供能等问题。由于我国水资源时空分布不均，农业发展不断要求水利供能提高，水利基础设施逐步完善，配套发展。"十五"

期间，我国仅一年新增水电站数就有 3 194 座；"十一五"期间，全国共完成水利建设投资超过 7 000 亿元。"十二五"期间，中国水利投资更是超过 2 万亿元。并且"十三五"规划中，仍继续将完善水利基础设施网络列为重点领域，欲加大水利建设投资。

图3　中国2008～2017年粮食安全指标关联性比较

（三）水资源安全粮食安全关联性分析

水资源安全是粮食安全的重要支撑。水资源安全直接影响到农业用水保障度。由于我国水资源时空分配不均，农业水土资源配比不合理，以及庞大的人口基数等自然因素致使水资源短缺长期存在，影响着农作物生长质量、农业产出效率降低。同时，由于我国农业用水技术含量低、水利设施旧、管理体制落后等现状，加剧了水资源短缺、水资源利用效率低等问题，进一步农业用水需求施压。并且随着工业发展，污水废水排放造成的水质污染日益加剧。含有污染物的水源引用于农业生产中，致使农产品重金属含量超标等问题层出不穷，危及粮食安全、食品安全。

由图 4 可知，水资源安全响应与粮食安全状态指标值均呈上升趋势，两者具有耦合关系，且水资源安全响应指标值增长速率远高于粮食安全。这与国家对水资源安全建设的重视分不开。随着国家对水利建设投资引导、鼓励、投资的增加，水利设施建设、节水农业推进一定程度上支撑了粮食安全状态值的稳步增长。但是，在水利设施增长速率较快的年份，如 2013～2017 年，粮食安全状态值增长速率反而减小。水利设施建设固然有解决水供能问题、提高水资源利用效率等裨益，但过快的投入建设也会给环境造成压力，影响环境自然循环，反映在粮食安全上。

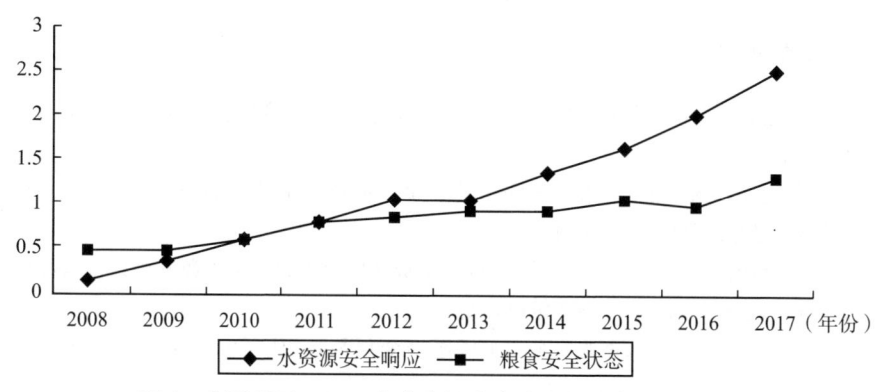

图 4　中国 2008~2017 年水资源安全响应与粮食安全对比图

六、结论与建议

我国水资源安全与粮食安全状态值总体呈增长趋势,但水资源安全状态增长幅度小且波动较大。水资源安全是粮食安全的重要支撑,粮食安全水平稳步上升,水资源环境维持不变,略有提高。国家已足够重视水资源与粮食安全问题,也致力于修复保护水资源环境,解决水资源问题,但是力度应适当调整,在自然环境可接受的范围内建设完善水利设施。

面对我国目前的水资源安全问题:(1)研制推广节水技术。政府加大水利技术研发支持投入比例,鼓励引导科研人员开发节水新技术,并积极推广节水技术在农民生产过程中的应用,提高粮食生产以及水资源利用效率。(2)积极进行污水循环处理。水污染问题的直接原因是污水排放量超出水循环本身的净化范围。自 2011 年来,中国污水排放量持续增长,由 2011 年的 428 亿吨增长到 2015 年的 544 亿吨,年均复合增长率为 6.2%。由于工农业持续发展,中国生活污水的排放量还将继续增长,预计到 2020 年将会达到 718 亿吨,2016~2020 年的年均复合增长率将达 5.9%。将污水进行处理后排放,并将处理后达标的水资源循环利用,不仅能解决水污染问题,还能满足是短缺缺口。(3)科学决策水利建设。水利建设的完善,能够转化水资源提供动能,防御减少洪涝灾害,调配解决水资源供需问题,一定程度上为农业发展、粮食安全提供保障。但是其对环境的影响不可忽视。过度建设水利设施,容易造成水质污染加深、地下水位下降、土壤沙化等问题,进一步威胁粮食安全。根据具体地域情况,具体分析建设重要性与必要性,科学决策水利设施项目建设。

参考文献

[1] 鲁奇：《中国耕地资源开发、保护与粮食安全保障问题》，载《资源科学》1999年第6期。

[2] 夏军、朱一中：《水资源安全的度量：水资源承载力的研究与挑战》，载《自然资源学报》2002年第3期。

[3] 贾绍凤、张军岩、张士锋：《区域水资源压力指数与水资源安全评价指标体系》，载《地理科学进展》2002年第6期。

[4] 郑通汉：《论水资源安全与水资源安全预警》，载《中国水利》2003年第11期。

[5] 陈百明、周小萍：《中国近期耕地资源与粮食综合生产能力的变化态势》，载《资源科学》2004年第5期。

[6] 张士功：《耕地资源与粮食安全》，中国农业科学院，2005年。

[7] 孙才志、杨俊、王会：《面向小康社会的水资源安全保障体系研究》，载《中国地质大学学报（社会科学版）》2007年第1期。

[8] 张利平、夏军、胡志芳：《中国水资源状况与水资源安全问题分析》，载《长江流域资源与环境》2009年第2期。

[9] 杨学利、张少杰：《当前我国粮食安全现状及对策研究》，载《经济纵横》2010年第6期。

[10] 刘渝、张俊飚：《中国水资源生态安全与粮食安全状态评价》，载《资源科学》2010年第12期。

[11] 代稳、谌洪星、仝双梅：《水资源安全评价指标体系研究》，载《节水灌溉》2012年第3期。

[12] 孙月峰、张表志、闫雅飞等：《基于熵权的城市水资源安全模糊综合评价研究》，载《安全与环境学报》2014年第1期。

[13] 罗海平、王妍华、朱勤勤：《生态安全视阈下的我国粮食安全问题：态势及风险防控》，载《农业经济》2018年第11期。

我国粮食主产区粮食生产水资源利用及影响因子研究

黄晓玲　罗海平[①]

一、引言

我国水资源严重缺乏，2017年，我国水资源总量为28 761.2亿立方米[②]，约占全球水资源的6%。虽然我国水资源总量大，但由于我国人口众多且水资源时空分布不平衡，我国有约1/4的省份面临严重缺水问题。尽管我国淡水资源居全球第四，但2017年我国人均水资源拥有量仅为2 074.53立方米，是全球水资源贫乏的主要国家之一。2017年全国总用水量为6 043.4亿立方米。其中，生活用水占总用水量的13.9%，工业用水占21.1%，农业用水占62.3%，人工生态环境补水（仅包括部分河湖、湿地人工和城市环境用水）占2.7%[③]。在各类水资源的使用中，农业用水占比超过一半。保障农业用水尤其是农业灌溉用水成了维系我国粮食安全的关键，水资源的强有力支撑也对粮食安全有重要意义。

丁雪丽认为，当前我国农业用水依然处于低效水平，粮食生产中的水资源利用效率存在较大的提升空间。面对水资源日益呈现短缺的趋势，不少学者都针对农业生产的实际状况提出了相关措施。对于现代农业来说，关键举措应当落实于保障最根本的粮食安全，因地制宜运用全方位的节水手段来助推农业进步与发展（杨友军，2018）。为支撑国家粮食安全，提供合理的农业水资源基本保障，提出建设节水高效的现代灌溉农业和集雨增效的现代旱作农业的战略举措（王浩等，2018）。杨静等学者

[①] 作者简介：黄晓玲（1999~　），女，广东惠州人，南昌大学经济管理学院学生。
[②] 资料来源：国家统计局编：《中国统计年鉴》（2018），中国统计出版社2018年版。
[③] 资料来源：水利部：《2017年全国水利发展统计公报》（2018），中国水利水电出版社2018年版。

提出,在农业用水总量不增长的刚性约束下,以提高粮食生产的水资源利用效率为中心,挖掘节水潜力,转变单纯供给管理水资源的管理方式,实施最严格水资源管理制度下的供需协调管理方式,优化配置、合理开发、高效利用、严格保护将是水资源支撑我国粮食安全的基本原则和战略举措。

不少学者通过数据测算,得出影响农业用水效率的因子。中国农业用水效率不仅受自然地理和基础设施等条件变量的影响,而且诸如其他投入要素的价格以及农村居民人均收入等经济变量也是显著影响用水效率的重要因素(王学渊、赵连阁,2008)。粮食生产的技术效率与农业水资源压力指数呈反向变化。粮食生产技术效率的提高将为农业资源的可持续利用提供更大的空间(李颖明,2007)。在我国的产粮结构中,粮食主产区对粮食生产起着支撑作用。多角度全面阐述主产区的粮食生产状况,科学判断主产区粮食生产中面临的问题,能够为相关部门提供决策参考,对于加强主产区建设,提高其粮食生产能力,更好保障国家粮食安全具有重要意义(王一杰等,2018)。

以往关于粮食生产以及水资源的各种影响因子测算的文献很多。尽管这些实证研究采用的分析方法不同,但其研究范围主要是全国,相对于粮食主产区而言,这一研究范围太广,不利于有针对性地对粮食生产的情况进行分析。而大多数文献在根据数据或者模型进行测算后,会对粮食生产中水资源存在的问题进行分析,并提出解决对策。参考以上国内研究状况,本文将水资源视为中国农业生产的一个主要投入要素,根据2017年13个粮食主产区的数据构建模型,并利用SPSS软件进行多元线性回归分析,识别出影响农业用水效率的因素。

二、粮食主产区概况及存在问题分析

粮食主产区是指地理、土壤、气候、技术等条件适合种植某些粮食作物并具有一定的资源优势、技术优势和经济效益等比较优势的粮食重点生产区。我国粮食主产区包括辽宁、河北、山东、吉林、内蒙古、江西、湖南、四川、河南、湖北、江苏、安徽和黑龙江13个省份。

我国粮食主产区属农业发达地区,但农业单位产值耗水量仍很高。全国粮食主产区贡献率较高的区域是黄淮海地区(29.17%)、长江中下游地区(21.40%)和东北地区(11.23%)(焦艳平等,2006)。粮食主产区是全国粮食生产的主要提供者,其粮食生产能力关乎全国粮食安全的大局。2017年全国13个粮食主产区粮食总产量达52 138万吨,比2016年增产5 049万吨,增长10.7%,主产区粮食产量占全国粮食总产量的78.8%[①]。由此可见,粮食主产区所生产的粮食对全国粮食产量的贡献率较大,为维护国家粮食安全做出了突出贡献。

(一) 粮食主产区概况

1. 东北粮食主产区

东北粮食主产区包括辽宁省、吉林省、内蒙古自治区和黑龙江省四个省份。东北地区属温带季风气候,四季分明,夏季温热多雨,冬季寒冷干燥。年降水量400~800毫米,由东南向西北递减,无霜期为100~180天。东北地区的耕地面积达4.0068亿亩,且黑土和黑钙土分布广泛,土壤土层深厚,有机质含量高,适宜发展农业。

由于气候冷湿,东北地区低地多沼泽,水资源比较丰富,地表径流总量约为1 500亿立方米,东部多于西部,北部多于南部,水库、湖泊淡水面积达1 358万亩。同时,东北地区森林覆盖率高,在冬季可延长冰雪消融的时间,有助于发展农业及林业。但由于纬度位置较高,且离冬季风的源地较近,农作物生长易受到低温冻害的影响。

2. 黄淮海粮食主产区

黄淮海粮食主产区包括河北省、山东省、河南省、江苏省及安徽省北部地区。黄淮海地区是华北、华东和华中的结合部,属半干旱、半湿润气候区,年降水量500~900毫米,降水季节分配不均,集中在夏季,7~8月的降水量约占全年的45%至65%。黄淮海地区的耕地面积约占全国总耕地面积的25%,是我国几大农业区中耕地面积最多的地区。

黄淮海地区光、温、水资源的配合优于东北、西北地区,其光照仅次于青藏高原和西北地区。该地区的热量可满足喜凉、喜温作物一年两熟的要求。冬小麦是黄淮海地区的主要粮食作物之一,其种植面积居该地区种植作物的首位。

而由于黄淮海地区人口稠密,工农业发达,需水量大;且水资源利

---

① 资料来源:国家统计局:《中国统计年鉴》(2018),中国统计出版社2018年版。

用率低、污染及浪费现象严重,该地区水资源状况日益紧张。水资源成为制约该区农业发展的主要限制因子,尤其是在冬小麦的生产过程中。

3. 长江流域粮食主产区

长江流域粮食主产区包括江西省、湖南省、四川省、湖北省、江苏省及安徽省南部地区。长江流域属亚热带季风气候,雨热同期,气候温暖湿润,年积温高,降水年内分配不均,平均年降水量1 067毫米。该地区的农作物生长期长,农业生产的光、热、水、土条件优越。长江流域有耕地3.5亿亩,农业生产值占全国农业总产值的40%。

长江流域粮食生产区的水稻产量占全国的70%,棉花产量占全国的33%以上。油菜籽、芝麻、蚕丝、麻类、茶叶、烟草、水果等经济作物,在全国也占有非常重要的地位。成都平原、江汉平原、洞庭湖区、鄱阳湖区、巢湖区和太湖区都是我国著名商品粮基地。由于夏季强降水过程多,降水强度大且雨区覆盖范围广,长江流域易发生洪涝灾害,造成粮食减产,农作物生产有较大损失。

(二) 粮食主产区的水资源现状

人多水少、水资源分布不均是我国的基本水情。2017年全国水资源总量28 761.2亿立方米,比多年平均偏多3.8%;全国年平均降水量664.8毫米,比多年平均偏多3.5%。全国农业用水3 766.4亿立方米,占用水总量的62.3%。与上年相比,用水总量增加3.2亿立方米,农业用水量减少1.6亿立方米。全国人均综合用水量为436立方米,农田灌溉水有效利用系数0.548[①]。

根据数据测算,2017年我国13个粮食主产区的水资源量仅占全国的37.8%,与主产区的粮食贡献率有较大差距。

结合2018年统计年鉴的数据,水资源开发利用率为人均用水量与人均水资源量的比值;万元国内生产总值用水量为用水总量与GDP的比值;单位粮食产量用水量是农业用水总量与粮食产量的比值。平均计算的则是13个粮食主产区各项指标的均值。

从表1中可看出,部分粮食主产区的水资源总量不及平均水平。东北

---

① 资料来源:水利部:《2017年全国水利发展统计公报》(2018),中国水利水电出版社2018年版。

我国粮食主产区粮食生产水资源利用及影响因子研究

表1　2017年全国与13个粮食主产区水资源开发状况及消耗情况

地区	水资源总量	人均水资源量	人均用水量	供水总量	农业用水总量	水资源开发利用率	万元国内生产总值用水量	单位粮食产量用水量	用水总量
全国	28 761	2 075	436	6 043	3 766	21	73	0.569	6 043
辽宁	186	426	300	131	82	70	56	0.350	131
河北	138	185	242	182	126	131	53	0.329	182
山东	226	226	210	210	134	93	29	0.249	210
吉林	394	1 447	465	127	90	32	85	0.216	127
内蒙古	310	1 228	745	180	138	61	117	0.424	188
江西	1 655	3 593	538	248	156	15	124	0.704	248
湖南	1 912	2 796	478	327	194	17	96	0.630	327
四川	2 467	2 979	324	268	161	11	73	0.460	268
河南	423	443	245	234	123	55	53	0.188	234
湖北	1 249	2 119	493	290	148	23	82	0.520	290
江苏	393	490	738	591	281	150	69	0.777	591
安徽	785	1 261	466	290	158	37	107	0.394	290
黑龙江	743	1 957	931	353	316	48	222	0.427	353
平均	837	1 473	475	264	162	57	90	0.436	265

资料来源：根据《中国统计年鉴》（2018）相关数据计算。

注：表格各指标的单位为水资源总量（亿立方米）、人均水资源量（立方米/人）、人均用水量（立方米/人）、供水总量（亿立方米）、农业用水总量（亿立方米）、水资源开发利用率%、万元国内生产总值用水量（立方米/万元）、单位粮食产量用水量（立方米/千克）、用水总量（亿立方米）。

粮食主产区占有全国5.7%的水资源，利用全国16.62%的农业用水，生产了全国25.92%的粮食。通过对13个粮食主产区的单位粮食产量用水量进行比较，发现地区间的粮食生产用水量存在较大差异。江苏省的单位粮食产量用水量最高，高于全国水平；而河南省的单位粮食产量用水量仅占全国水平的33%。

从2007~2017年的统计结果看，农业用水虽基本维持在3 600亿~3 900亿立方米，但农业用水供需之间存在巨大缺口。同时，水资源开发利用率趋于饱和，如处于长江流域粮食主产区的江苏省，其水资源开发利用率也已达到150%，东北粮食主产区的黑龙江省，其水资源开发利用率高达222%。由《2017年全国水利发展统计公报》可得出，按可比价计算，万元国内生产总值用水量比2016年下降6.4%；农业灌溉用水计量率达到61%。

水资源短缺问题已成为制约粮食安全和经济发展的突出问题。为实现粮食主产区粮食生产的可持续发展，解决粮食主产区潜在的水资源问题已刻不容缓。

（三）水资源利用存在的问题

1. 供需矛盾日益加剧

我国水资源总量达28 761亿立方米，但我国人均水资源占有量约为2 075立方米，人均水资源量不及世界人均占有量的1/4，水资源需求与供给之间的不平衡使我国面临较严重的水资源短缺问题。

随着我国城镇化进程的加快，人们生活水平的提高和气候的变化，我国北方地区农业干旱缺水状况加重，农业用水面临的挑战加大。人口的增长加速了工业用水和生活用水对农业用水的挤占，加剧了农业用水短缺的形势。全国水资源综合规划成果显示，我国多年平均缺水量为536亿立方米，其中农业缺水约300亿立方米，工程性、资源性、水质性、管理性缺水并存。2017年全国农田因旱受灾面积9 946千公顷，成灾面积4 490千公顷[①]。

2. 用水效率不高

我国农业用水存在较大的浪费，主要体现为灌溉用水系数较低以及

---

① 资料来源：《2017年全国水利发展统计公报》（2018），中国水利水电出版社2018年版。

水资源利用率较差。一是据我国《水利改革发展"十三五"规划》显示，我国农业灌溉水利用系数仅为 0.53 左右，远低于发达国家 0.80 的平均水平。二是在节水滴灌领域，采用喷滴灌技术的耕地的面积占所有节水灌溉耕地面积的 29.01%，仅占全国有效灌溉面积的 13.68%，而发达国家采用喷滴灌节水技术的比例达到 70%~80%。虽然我国近年来大力投资于节水灌溉设施的建设，使农业用水效率出现了一定程度的提升，然而相比发达国家，我国的节水灌溉能力整体仍处于较低水平。

《2017 年全国水利发展公报》中显示农业灌溉有效利用系数 0.548，这意味着每使用 1 立方米水资源，有 0.548 立方米被农作物吸收利用。我国水资源匮乏且分布不均、农业灌溉用水利用效率低下，大力发展节水灌溉是缓解我国水资源紧张的必然要求，也是构建节约型社会、建立水生态文明体系的重要手段。

3. 水环境恶化

根据对全国 24.5 万公里河流水质评价结果，Ⅰ~Ⅲ类水水质河长占 78.5%，全国重要江河湖泊水功能区水质达标率 76.9%[①]。2017 年全国废水排放总量达 6 996 610 万吨。根据《2017 年中国生态环境状况公报》，2 145 个测站地下水质量综合评价结果显示：水质优良的测站比例为 0.9%，良好的测站比例为 23.5%，无较好测站，较差的测站比例为 60.9%，极差的测站比例为 14.6%。

工业废水、生活污水和其他废弃物进入江河湖海等水体，超过水体自净能力会造成水体污染。这会导致水体的物理、化学、生物等方面特征的改变，从而影响到水的利用价值，危害人体健康或破坏生态环境，造成水环境恶化的现象。

4. 水资源缺乏合理配置

水资源合理配置是指从资源、环境、经济社会协调出发，以高效利用为目标，通过工程措施和非措施对水资源进行配置，使生活用水，生态环境用水、合理配置。

华北地区水资源开发程度已经很高，缺水对生态环境已造成了影响。

---

① 资料来源：《2017 年全国水利发展统计公报》(2018)，中国水利水电出版社 2018 年版。

目前黄河断流日益严重，却每年调出 90 亿立方米水量接济淮河与海河，因此，对水资源的合理配置和布局，区域间的水资源的调配要依靠包括调水工程在内的统一规划和合理布局。

综合上述，我国水资源总量丰富，但地区分布不均，年内分配集中，北方部分地区水资源开发利用已经超过资源环境的承载能力，全国范围内水资源可持续利用问题已经成为国家可持续发展战略的主要制约因素。

三、我国粮食主产区水资源利用的实证分析

（一）变量选取与数据来源

影响粮食生产区水资源利用的因子有资源禀赋、科技水平、经济发展状况、物资资料等。其中，资源禀赋是农作物播种面积、粮食总产量、水资源总量等因素的概括；科技水平包括水利工程数量、有效灌溉面积、农业机械总动力；经济发展状况涵盖人口数量、人均粮食需求等；物资资料则包含农药、化肥施用量、农用塑料薄膜使用量等。

根据影响因子对粮食生产的影响程度，本模型设置的变量为 $food$、$material$、$land$、$water$、$labor$ 和 $capital$。

$food$ 是因变量，表示粮食产量，即农业生产经营者在日历年度内生产的全部粮食数量。$material$ 表示粮食生产中的物质投入，由本年内实际用于农业生产的化肥数量即化肥（按折纯法计算）施用量表示。$land$ 代表土地投入，由农业生产经营者在日历年度内收获农作物在全部土地（耕地或非耕地）上的播种或移植面积即农作物总播种面积表示。$water$ 表示水资源投入，用灌溉用水量即灌区从水源引入的用于灌溉的水量表示。$labor$ 表示劳动力投入，用农、林、牧、渔业就业人员数表示。$capital$ 表示资本投入，依据全部农业机械动力的额定功率之和，即农村电农业机械总动力的数据。ε 表示随机误差项，反映未纳入模型中的其他各种因素的影响。

本研究所使用的数据均来源于《中国统计年鉴》（2018）。文中大部分变量是不言自明的，有些则需特殊说明。其中，灌溉用水量采用农业用水×90% 进行折算。具体数据如表 2 所示。

表2　　　　　　　　　　13个粮食主产区2017年数据统计

省份	Food（万吨）	material（万吨）	Land（千公顷）	water（亿立方米）	labor（万人）	Capital（万千瓦）
辽宁	2 330.7	145.5	4 172.3	73.44	519.5	2 215.1
河北	3 829.2	322	8 381.6	113.49	535.3	7 580.6
山东	5 374.3	440	11 107.8	120.6	1 192.9	10 144
吉林	4 154	231	6 086.2	80.82	307.1	3 284.7
内蒙古	3 254.5	235	9 014.2	124.29	280.6	3 483.6
江西	2 221.7	135	5 638.5	140.67	463.5	2 309.6
湖南	3 073.6	245.3	8 322	174.33	565.7	6 254.8
四川	3 488.9	242	9 575	144.45	792.2	4 420.3
河南	6 524.2	706.7	14 732.5	110.52	1 129.3	10 038.3
湖北	2 846.1	317.9	7 956.1	133.29	695	4 335.1
江苏	3 610.8	303.9	7 556.4	252.54	1 484.6	4 991.4
安徽	4 019.7	318.7	8 726.7	142.38	516.2	6 312.9
黑龙江	7 410.3	251.2	14 767.6	284.76	413	5 813.8

资料来源：根据《中国统计年鉴》（2018）整理而成。

（二）模型分析

通过采取简单多元回归分析建立粮食产量与各投入要素的线性回归方程，着重分析粮食产量与农业用水之间的关系。

$$Food = \alpha \times material + \beta \times land + \gamma \times water + \delta \times labor + \eta \times capital + \varepsilon$$

运用SPSS进行线性回归分析，可计算出表3的回归分析系数，由此所得的线性回归方程为：

表3　　　　　　　　　　回归分析系数表

模型	未标准化系数 B	未标准化系数 标准误差	标准化系数 Beta	t	显著性
（常量）	10.443	864.149		0.012	0.991
material	0.482	5.242	0.045	0.092	0.929
land	0.389	0.211	0.784	1.846	0.107
water	1.960	7.885	0.077	0.249	0.811

续表

模型		未标准化系数		标准化系数	t	显著性
		B	标准误差	$Beta$		
	$labor$	-0.395	1.247	-0.094	-0.317	0.761
	$capital$	0.067	0.200	0.112	0.336	0.747

因变量：$food$（万吨）。

$$Food = 10.443 + 0.482 \times material + 0.389 \times land + 1.960 \times water \\ - 0.395 \times labor + 0.067 \times capital + \varepsilon$$

粮食主产区的回归模型结果说明：主产区物资投入每增加1%，粮食产量将增加0.48%；土地投入每增加1%，粮食产量将增加0.39%；水资源投入每增加1%，粮食产量将增加1.96%；劳动力每增加1%，粮食产量将减少0.395%；资本投入每增加1%，粮食产量将增加0.067%。

经过标准化处理，得到各因素的权重如下：$material$ 所占权重为0.146，$land$ 所占权重为0.118，$water$ 所占权重为0.595，$labor$ 所占权重为0.121，$capital$ 所占权重为0.020。由此可见，水资源对粮食生产的影响程度显著。

从方差分析表中可以看出，模型的 F 统计量的观察值为6.318，p 值为0.16，在显著性水平为0.05的情况下，可以认为粮食产量同物质投入量、土地投入面积、水资源使用量、劳动力投入、资本投入存在显著线性关系。

在结果输出的 Model Summary 表格中显示了模型的拟合情况，其中复相关为0.819，回归方各样本数据点拟合程度强，说明模型对数据的拟合程度较为理想。

通过这一模型的实证分析，可得出粮食产量与水资源的关系密切。由此，分析粮食生产中水资源利用存在的问题，并在此基础上有针对性地提出相关措施与建议对提高粮食生产的质量与数量，及保障我国粮食安全有重要意义。

四、结论与政策建议

据专家预测，约2030年前后，在中国实际可利用水资源量约为8 000亿~9 500亿立方米的情况下，用水总量将达到每年7 000亿~8 000亿立方米，需水量已接近可利用水量的极限。

当前，部分地区水资源利用率趋于饱和，农业用水供需矛盾对提高水资源利用效率和效益，强化节水观念，切实转变用水方式提出了新的要求。

（一）着力构建有利于水资源节约保护的长效机制

各个地区严格落实国家出台的水资源管理制度，完成"三条红线"控制指标工作。通过加强水资源开发利用控制红线管理，严格实行用水总量控制；通过加强用水效率控制红线管理，全面推进节水型社会建设；通过加强水功能区限制纳污红线管理，严格控制入河湖排污总量。

水资源的相关部门要严格遵守国家的相关法律法规，真正将水资源的管理制度落到实处。通过建立水资源管理责任和考核制度、健全水资源监控体系、完善水资源管理体制、完善水资源管理投入机制、健全政策法规和社会监督机制等措施保障最严格水资源管理制度贯彻落实。

相关部门要严格控制用水制度，各流域要制定长期可持续发展的供求方案，明确水资源的使用情况以及各个地区的年度用水量。遵守协调发展、综合利用的原则，合理控制用水量，以此来确保流域水资源的合理性利用。

政府应加强水资源和粮食安全的协同发展建设和战略研究，制定水安全中长期规划和战略线图，不断推进水管理的体制与制度创新。

（二）全面推进节水型社会建设

水资源的保护与可持续利用是目前我国水资源管理工作中的重要环节，这项工作的可持续推进需要相关部门以及广大人民群众的共同参与。

对于相关工作部门而言，强化水资源统一管理，深化水价改革，征收水资源费，实行计划供水、取水许可制度，是保证节水目标实现的重要措施。通过健全水资源节约、保护方面的法律法规，依法行政、严格执法，加大对违规取水、偷排偷放、污染水体等行为的打击力度。在水资源管理中，树立以供定需的水资源管理模式，减少过去的不合理供水，促进各行业、部门及个人节约用水。

为了进一步提升居民节水的意识，相关部门需进行相应的节水宣传教育，加大宣传关于水资源使用的法律法规，在"世界水保护日"进行集中的宣传，并通过媒体、电视等渠道来开展水保护活动，以此提高广大人民群众节约用水的意识。在此基础上，人们要自觉树立节约用水的意识，共同建设节水型的社会，改变传统用水的不良行为，形成全社会关心水利、重视水利、支持水利、参与水利的良好氛围。

（三）利用技术手段，提高水资源用水效益

当前我国的水资源利用方式比较粗放，2017年农田灌溉水有效利用系数仅为0.548[①]，与世界先进水平0.7~0.8有较大差距，这对提高农业水资源用水效益提出了新的要求。

大力发展农业节水，加强灌区节水改造和田间节水灌溉，提高农业节水水平。通过研究推广适宜性强的抗旱新品种，进行节水抗旱作物栽培管理、作物抗旱特性改良与利用来推进品种节水。通过调整优化农作物的品种结构，调减耗水量大的作物，扩种耗水量小的作物，进而大力发展雨养农业来推进结构节水。通过推广保护性耕作、秸秆还田、增施有机肥等技术，提高土壤蓄水保墒能力等来推进农艺节水。在工程上，完善农田灌排基础设施，推进规模化高效节水灌溉工程建设，大力发展管道输水，减少渗漏蒸发损失，提高输水效率。在节水制度上，推进农业水价改革，合理确定不同区域、不同作物灌溉定额和用水价格，增强农民节水意识。

在运用技术手段时，需重视粮食生产中水资源投入及效率提升，在量与质上做到双层把控。通过不断提升水资源生产效率水平，发挥技术、生产规模优势，逐步缓解粮食生产中水资源压力。

参考文献

[1] 丁雪丽：《粮食生产中的水资源利用效率分析》，载《经济研究导刊》2018年第7期。

[2] 杨友军：《浅谈水资源胁迫下基于粮食安全的现代农业技术创新趋势及策略》，载《农经管理》2018年第21期。

[3] 王浩、汪林、杨贵羽：《我国农业水资源形势与高效利用战略举措》，载《中国工程科学》2018年第5期。

[4] 杨静、陈亮、陈霞：《我国粮食安全的水资源支撑问题研究》，载《河北经贸大学学报》2013年第6期。

[5] 王学渊、赵连阁：《中国农业用水效率及影响因素》，载《农业经济问题》2008年第3期。

---

① 资料来源：水利部：《2017年全国水利发展统计公报》（2018），中国水利水电出版社2018年版。

［6］李颖明：《粮食主产区农业水资源可持续利用分析》，载《中国农村经济》2007年第9期。

［7］王一杰、邸菲、辛岭：《我国粮食主产区粮食生产现状、存在问题及政策建议》，载《农业现代化研究》2018年第1期。

［8］焦艳平等：《我国主要农业区粮食产量贡献率分析》，载《作物杂志》2006年第1期。

决策咨询

江西省工业园区产业集群发展困境与升级路径

彭继增　徐　浩[①]

借鉴国际产业的发展模式,产业集群化模式在我国推广迅速,并已表现出明显的发展优势和较强的竞争力,对区域经济的发展具有越来越重要的推动作用。产业集群的竞争优势源于企业所能支配和利用的资源以及对资源的整合能力,通过发展产业集群可以整合实现资源的协同效应。本文根据《中国制造2025》、"十三五"规划,以及《江西省"十三五"工业园区和产业集群发展升级规划》,积极探索各工业园区推进特色块状经济集群化发展,着力构建多元支撑、链条完整、协作紧密、绿色低碳的特色产业体系,可以为江西省工业园区产业集群升级提供路径选择。

一、江西省工业园区产业集群发展现状

江西省工业园区主营业务收入总量在2009年之后就呈现快速增长态势,2010年接近1万亿元,2013年底接近2万亿元,3年实现了翻番,2015年超过2.5万亿元,2017年实现收入2.87万亿元。当前,面对经济下行、成本攀升等多重压力,全省工业园区保持平稳健康发展。2018年上半年数据显示,全省工业园区主营业务收入实现1.16万亿元,与上年同期相比下降了19.4%。全省规模以上工业实现主营业务收入14 647.9亿元、增长15.0%,较上年全年增速提高3.9个百分点,高出全国平均5.1个百分点。截至2018年6月,全省有省级重点工业产业集群77个,2017年完成主营业务收入1.53万亿元,同比增长17.5%;实现利税1 417.6亿元,同比增长20.7%;从业人员159万人;投产企业14 201家。其中,轻工业集群14个,电子信息产业集群12个,装备业集群8

---

① 作者简介:彭继增,南昌大学中部中心副主任,南昌大学经济管理学院副院长、教授、硕士生导师。

个，纺织业、有色金属产业集群各7个。从规模方面来看，江西省省级重点工业产业集群中，主营业务收入过百亿元产业集群55个，其中，过500亿元5个，过千亿元1个（见表1）。

表1　　　　　省内主营业务收入过500亿元产业集群名单　　　　单位：亿元

	2016年	2017年
南康家具产业集群	1 010	1 330
新余钢铁及钢材加工产业集群	577.5	653.5
上饶经开区光伏产业集群	560	603
鹰潭高新区铜合金材料产业集群	408	546
贵溪铜及铜加工产业集群	504	530

江西省产业集群中。园区产业呈现"集聚速度较快、集群效应明显、集约水平提升"的良好态势。

（一）集聚速度较快

自2016年开始主营业务收入过千亿的园区有四个，分别是南昌高新技术产业开发区、南昌经济技术开发区、九江经济技术开发区、南昌小蓝经济技术开发区，收入的增加反映了园区产业聚集较快的状况（见表2）。

表2　　　　　省内前四位园区主营业务收入变动表　　　　单位：亿元

	2016年	2017年	2018年二季度
南昌高新技术产业开发区	1 911.1	2 141.5	1 112.0
南昌经济技术开发区	1 108.7	1 227.5	585.4
九江经济技术开发区	1 062.8	1 142.2	579.2
南昌小蓝经济技术开发区	1 047.4	1 136.0	500.1

全省104个工业园区聚焦战略性新兴产业、传统优势产业，每个工业园区明确了1个首位产业，企业向首位产业加快集聚，主导产业首位度明显提升，2017年1~9月，各园区首位产业集聚投产企业13 442家、从业人员154.7万人，占全省园区的75.4%和66.9%。

（二）集群效应明显

2018年1~4月，全省11个过千亿元工业产业共实现主营业务收入7 115.6亿元，同比增长16.3%，占全省规模以上工业比重78.4%；实现利润总额430.1亿元，同比增长33.2%，占全省规模以上工业比重78.9%。2018年1~6月，全省工业园区38个行业大类中，12个主要工业行业依托各地区优势主营业务收入均实现增长，10个行业实现"两位数"增长，光伏、装备制造、电子信息、有色金属、石化、建材等行业均实现15%以上增长。战略性新兴产业增加值增长11.4%，占规模以上工业比重16.9%，同比提高1.6个百分点；高新技术产业增长11.3%，占规模以上工业比重33%，同比提高1.3个百分点；装备制造业增长12.5%，占规模以上工业比重25.4%，同比提高0.6个百分点。

（三）集约水平提升

新兴产业增速加快、占比提升，成为带动全省工业园区集约发展的主要推动力。2014年能源消耗10万吨以上的企业49户，综合能源消费量3 346.02万吨标准煤；2015年能源消耗10万吨以上的企业51户，综合能源消费量3 373.91万吨标准煤；2016年能源消耗10万吨以上的企业55户，综合能源消费量3 373.65万吨标准煤。综上分析，能耗过10万吨的企业数增加，而综合能源消费量并未呈现明显增长，甚至略有下降，表明集约水平提升。2018年上半年，全省工业用电410.4亿千瓦时，同比增长7.28%；其中制造业用电266.4亿千瓦时，增长11.32%。多数新兴产业用电大幅增长，部分高耗能行业用电下降。电子信息、装备行业用电分别增长66.77%、45.15%；光伏、有色金属、钢铁行业用电量分别下降16.45%、7.26%、3.06%。以航空、光伏、锂电、电子信息、新能源汽车、新材料、生物医药、节能环保等新兴产业为首位产业的工业园区达到39个，占全省工业园区总量的39%；高新技术产业快速发展，占比突破30%，带动全省工业园区效益明显提升，亩均投资强度、利润分别达到389.1万元和9.95万元，同比分别提高24.3%和27.5%。

江西省工业园区产业集群发展取得了一定成果，随着我国经济发展进入新常态，以新产业、新业态、新模式为核心的新动能不断增强，旧有的工业园区产业集群难以满足地区经济发展的现实需要。江西省工业园区产业集群存在规模小、集聚水平低、产业同构程度高、竞争力弱等诸多问题，影响了产业集群的发展。

二、江西省工业园区产业集群发展困境

（一）产业集群经济规模偏小，产业集聚水平不高

截至 2018 年 6 月，全省 77 个产业集群只有南康家具产业集群的主营业务收入超过千亿元。2016 年南康家具产业集群实现营业收入 1 020 亿元，正式跨入千亿产业。2017 年，继续保持高速增长态势，实现主营业务收入达 1 307 亿元，同比增长 28.1%。77 个产业集群中具备较强影响力和带动力的集群不多，大多数产业集群缺乏实力雄厚、技术领先、带动作用强的龙头企业作支撑。江西省产业集群表现出明显的集聚水平不高、优势不突出等现象，工业园区表现出盲目招商引资的特征，导致不少工业园区都是"小而全"的综合型工业园区，缺乏各自特色。江西石化产业形成了九江石化产业、永修有机硅产业、乐平精细化工产业、樟树—新干盐化工产业、赣州氟化工产业、贵溪硫磷化工产业六大产业板块；但是，各产业板块大企业偏少，中小企业占 90% 以上，企业之间未能形成紧密的产业链，使得下游深加工应用和延伸力量也较为薄弱。

（二）产业同构现象普遍，产业集群竞争优势不突出

江西省 100 个工业园区之中，主导产业不突出、产业分工不明确的园区有很多。截至 2018 年 6 月，江西省大部分园区都有 3 个以上的主导产业，最多的有 6 个主导产业，其中有 3 个以上主导产业的园区有 73 个，占比 77.7%。这些园区存在产业结构不合理、产业布局不协调、产业园区布局分散、产业发展和项目选择随意等问题，难以形成体量大、带动广、竞争强的产业集群。以医药产业为例，江西强力推动医药产业结构调整升级，促进创新药物产业化，形成樟树、小蓝、袁州和进贤四大医药产业集群；但是，医药产品仍以中医药为主，化学药品、原料药发展水平较低，药品多仿制移植和剂型改进，产品同质化严重、技术含量较低，导致销售额虽大但利润率偏低。

（三）产业创新能力不强，产业集群发展缺乏内生动力

科技进步是企业发展的重要推动力，对企业经营发展具有内生影响。江西省企业研发活动覆盖面小，截至 2018 年 6 月，全省规模以上工业企

业研发覆盖率仅为11.5%。在全国1 369家国家级企业技术中心中，江西仅有15家。企业研发经费占主营业务收入比重仅为0.41%，低于全国0.84%的一半。全省建立研发机构的规模以上工业企业仅有705家，研发机构普及率仅为7.8%。就江西省的锂电产业来看，锂资源虽然较为丰富，但锂云母提取碳酸锂工艺还不成熟，生产成本也比较高，影响了锂资源的规模化开发和利用；大容量动力电池尚属空白，关键材料如隔膜和电解液大都是从国外进口，所掌握的锂离子技术要真正达到商业化运作阶段仍需时日且存在较大的市场风险。光伏产业也面临着相同的困境。江西省光伏主要集中在产业链上游的硅料和硅片，原料、设备、技术、市场"四头"均在国外，晶硅电池生产用高档设备仍需进口，薄膜电池工艺及装备水平明显落后。

（四）资源集约利用水平不高，产业集群增长结构不合理

园区用地指标紧张，用地指标报批困难，同时又普遍存在大量闲置和低效用地现象，批而未用率偏高，土地利用强度偏低，全省园区综合容积率只有沿海发达省份的一半左右。截至2016年底，江西省共有批而未用土地超70万亩，即便已存在如此多的土地存量，2018年的国有建设用地供应仍计划提供15.9万亩的新增工业用地，正是这种"开发一片是一片"的粗放型发展模式人为地造成用地效率不高，造成土地供需矛盾突出，制约了园区转型升级发展空间。此外，江西省工业园区过度依赖要素投入驱动，长期形成的结构性矛盾和粗放的增长方式等问题尚未得到解决，导致面临的资源环境约束日益加剧。

（五）园区服务平台建设落后，产业集群社会功能设施不完善

江西省共性技术、政务服务及科技创新服务等平台经前期建设，虽有一定的积累，但相对于发达地区总体上依然薄弱。由于体制和政策等方面的限制，基础资源出现条块分割、部门封闭、单位所有的局面，缺乏共享机制及政策，利用率低、分散重复、资源浪费的现象十分突出，导致工业园区开展"互联网+"缺乏先发优势。园区企业物流成本普遍偏高，集聚效应得不到更好体现。金融配套服务不完善，融资手续烦琐、周期长、成本高，导致园区融资难。多数园区尚未建立完整有效的"一站式"服务大厅，导致交易成本较高，从而也抑制了产业集群发展。

三、江西省工业园区产业集群升级路径

(一) 加快体制机制改革,释放转型升级新活力

首先,要理顺管理体制,优化管理模式,提高管理绩效。依据"小政府、大社会,小机构、大服务"理念,积极探索"大部门制改革、扁平化管理、企业化服务"管理模式,推进工业园区管理标准化、服务企业化和去行政化。重点完善招商引资机制,探索多样化招商模式,加强项目科学布局。推进招商机制市场化运行,选取有效的项目招商模式和利益分享机制。还需引入竞争激励机制,推进园区用人体制改革,激发人才创新潜能。

同时,应该加强政策保障,推动转型发展。抓紧研究制定工业园区管理条例,明确工业园区的法律地位、管理体制、运行机制和管理权限等事项,推动工业园区依法建设,为产业发展提供强力支撑。加强资金扶持,推动省级产业扶持、科技创新、生态环保等专项资金和产业转型升级发展等各类基金优先支持工业园区产业集群发展。建立江西省战略性新兴产业与国内外产业基金常态化对接机制,推动金融机构在省级重点产业集群内设立分支机构。强化要素保障,优先保障重大产业项目用地,优先保障集群企业煤电油供给,优先保障铁路货物运输。按照"管理扁平化、服务企业化"要求,进一步创新园区体制机制。进一步修改和完善工业园区综合考评办法,加快建立有升有退、优胜劣汰的动态管理和激励约束机制,推动工业园区产业集群创新发展、转型升级。

(二) 强化创新驱动和"两化融合",打造转型升级新引擎

首先,要强化科技创新,增强竞争优势。强化创新驱动,坚持终端高端引领,在半导体发光照明、中成药分离提取等领域推进一批重点技术创新,集中力量建设若干产业化重大项目。大力实施工业企业技术改造"三千计划",推动每个集群重点打造 2~3 家有品牌效应的龙头企业。

其次,以工业化与信息化"两化融合"为主线,创新驱动、智能制造与"互联网+"应用为驱动,多元化发展为特色,开拓江西工业园区和产业集群升级新空间,引导产业集群不断向智能化、创新化和多元化转型升级。一方面,江西省发展需要增强创新驱动能力,推进协同创新体系建设,激发大众创业、万众创新的活力;另一方面,需要深化"两

化融合"，推进智能制造，在集群企业实施"智能工厂""数字化车间"改造，着力培育一批示范企业，建设一批智能制造产业基地。推进技术管理体系建设，鼓励重点企业参与国家和国际标准制订及修订，增强在行业内的话语权。

同时，深入推进工业园区功能完善战役，重点建设技术研发、信息共享、检验检测、物流配送、电子商务、原料和能源集中供应、排污处理等公共服务平台，完善产业集群发展的支撑体系。支持工业园区推行"互联网+政务服务"，建立封闭式运行、一站式审批的便利化政务服务平台，实现园区事园内办结，推进企业投资便捷化。聚焦产业集群和生产性服务业，推动工业园区采取"互联网+平台"方式，建设一批生产能力分享平台。开展智慧集群试点，推进"互联网+"和云计算技术的运用，选择10个集群开展试点。强化考核评价，建立健全产业集群统计调度制度，实现动态管理，促进产业集群持续健康发展。

（三）推进产业集群绿色发展，创新转型升级新模式

一方面，加快传统产业集群绿色改造升级，推行绿色集约发展。江西省需要对钢铁、有色、化工、建材、轻工、印染等传统制造业绿色改造，采用绿色工艺技术装备，加强绿色产品研发力度，打造绿色产业链和绿色供应链。坚持把工业园区打造为未来工业新城，加快从形态开发向功能开发转变，打造宜居宜业宜创的投资环境，为产业集聚集群集约发展拓展空间。实施基础设施提升工程，形成"信息通、市场通、法规通、配套通、物流通、资金通、人才通、技术通、服务通+双创平台"的新"九通一平"。

另一方面，积极构建绿色工业体系，开展示范园区建设。构建绿色工业体系，制定绿色工业发展规划、节能环保产业行动计划，是江西省工业经济发展的必然要求和趋势。为此，需要建设绿色工厂，加大先进节能环保技术、工艺和装备的研发力度，加快制造业绿色改造升级。

最终，落实到产城融合，推动国家级和重点省级工业园区率先转型。合理确定公共服务设施、市政基础设施布局和配置标准，注重发展生活性服务业，提升综合服务功能，促进园区和城镇资源共享、设施配套、功能互补。支持省级工业园区产业配套能力建设，加快发展物流、金融、信息、科研、培训等生产性服务业，适当建设商业综合体、教育、医疗、交通出行等公共设施，增强社区服务功能。

（四）促进产业集群培育壮大，助推转型升级新战略

产业集群是工业园区发展的重要支柱，工业园区则是培育产业集群的主要载体。工业园区发展升级的核心是产业升级，产业升级的关键是工业升级，工业升级的核心动力是产业集群加快发展。

为此，江西省工业园区首先需要加强龙头企业培育引进。增强产业集群带动能力，聚焦发展一批核心竞争力强的大企业。优选一批有成长前景、有爆发空间、有增长后劲、有突破潜力、有管理优势的成长型企业，实施重点扶持。同时，还需要完善延伸产业链条，提高产业集群配套水平，加快发展大批具有"专精特新"特征的中小企业，促进中小企业对龙头企业的支撑作用。其次，要突出规划引导，组织编制全省工业园区总体发展规划。科学确定全省工业园区的区域布局、产业定位和未来发展方向。开展园区发展与产业、土地、城乡、生态环境等规划"多规合一"试点，形成一个区域、一本规划、一张蓝图。突出"一园一主业、一业一特色"的规划理念，以发展新经济培育新动能为核心，聚焦产业集群路径构建、布局优化、功能分区，指导工业园区合理确定首位产业和主攻产业。

在全省优选符合条件的工业园区，重点扶持建设 20 个产业层次高、协同效应好、公共服务优、特色优势足的省级新兴产业集聚区，打造一批具有较强影响力的开发区产业品牌。推动工业园区围绕主导产业设立园中园，加快发展先导示范园、高端产业园、临港生态园、创业创新园等新型功能园区，努力形成各有侧重、特色鲜明、多元并举的产业功能格局。推进省内产业集群之间合作对接，并加强与武汉城市圈、长株潭城市群的区域合作，打造一批特色鲜明、优势互补的产业集群。

锂电产业成为江西省新兴支柱产业的条件与几个关键性问题

刘耀彬　钟海燕[①]

一、锂电产业有足够成为江西省新兴支柱产业的条件与优势

(一) 资源储量丰富,能够支撑锂电大规模发展

一是江西省具有丰富的锂矿资源。宜春锂云母、赣州锂辉石储量丰富,已探明可开采氧化锂储量高达250万吨。宜春钽铌矿进行扩能改造后,锂云母年产量可达到16万吨以上,可加工生产碳酸锂1.2万~2万吨。丰富的锂矿资源为江西省锂电产业的发展提供了坚实基础。

二是江西省锂矿资源复合程度高。江西省的宜春钽铌矿就是一座富含锂、钽、铌、铷、铯等多种贵重金属的综合型矿山,全采区矿石可采储量1.5亿吨,氧化锂可采储量为110万吨,占全国的31%,世界的12%,是世界上最大的矿石类锂矿山。

(二) 产业基础厚实,能够支撑锂电全产业链发展

一是近几年江西省锂电产业发展势头迅猛。全省已经初步形成"锂矿原料→碳酸锂→锂电池材料→锂电池→应用环节"的产业链雏形,相对全国而言具有后发优势。

二是锂电产业逐步向宜春、新余两大聚集区集中。宜春具有"亚洲锂都"之称,规划建设了20平方公里的国内首个锂电产业园区,全市共有锂电企业百余家,其中投产企业过半,形成了较为稳健的上下游对接的产业体系,以锂电新能源为核心的产业链条日益紧密。2017年1~6月,宜春经开区实现财政收入10.55亿元,增长13.2%,其中,锂电产

[①] 作者简介:刘耀彬(1970~　),男,湖北麻城人,南昌大学经济管理学院教授,博士生导师。主要研究方向为城市经济、生态经济。

业做出了重要贡献。新余市也提出将锂电产业打造成千亿产业，新余高新区是"国家新能源科技城"，全国新能源行业最具投资价值的高新区。1~7月，全市锂电产业主营业务收入完成95.82亿元，同比增长192.16%。预计2017年、2018年全市锂电产业主营业务收入分别可达到150亿元、220亿元，成为全市新的经济增长点。

（三）人才储备充分，能够支撑锂电发展升级

江西省的人才队伍建设一直不断发展与完善。两市培养和引进了一批锂电产业科技人才，形成了包括领军人才、骨干人才、技术人才、梯队人才在内的人才体系。江西省还与清华大学、北京大学等一批国内科研院所以及国家锂电重点实验室建立和保持了良好的联系与协作机制，并开设了锂电新能源专业，培养大批专业性技术人才和技能性人才，为锂电产业发展培养大批实用型人才。

（四）政府政策扶持正助力锂电发展壮大

江西省已将锂电产业列为全省十大优势高新技术产业和第四个千亿元产业工程。宜春市出台了《关于加快锂电新能源产业发展的决定》，新余市也先后制定出台了《关于促进动力与储能电池产业加快发展的意见》等文件，坚持把锂电产业作为战略性支柱产业，举全市之力推进锂电产业发展。政府的大力扶持是将锂电打造成省支柱产业的重要支撑。

（五）新旧动能转换为江西省锂电发展赢得广阔市场机遇

2017年2月24日，省委、省政府出台《关于加快发展新经济培育新动能的意见》，将发展新经济培育新动能作为重点工作。因此，发展具有高密度、无记忆、转换效率高、重量轻、寿命长、无污染等优势的锂电池，对实现新旧发展动能转换具有重要意义。当下，长三角、珠三角、环渤海地区对尾气治理、汽车管理政策越来越严厉，节能环保成了汽车生产消费的"指挥棒"，新能源车将成为汽车产业新增长点、市场新动能。据统计，2017年1~6月，新能源汽车产销分别达21.2万辆、19.5万辆，同比增长19.7%、14.4%。新能源汽车成为当下发展潮流，而锂电作为集各种优势于一身的新型汽车动力源，必将为江西省锂电产业赢得新一轮爆发性增长商机。

二、锂电产业快速发展面临的几个关键性问题

（一）短板是提锂技术不强，产业集聚亟待加快

一是提取技术亟待提升。江西锂资源虽然较为丰富，但锂云母提取碳酸锂工艺还不成熟，生产成本也比较高，影响了锂资源的规模化开发和利用；大容量动力电池尚属空白，关键材料如隔膜和电解液大都是从国外进口，所掌握的锂离子技术要真正达到商业化运作阶段仍需时日，且存在较大的市场风险。

二是产业亟待规模化、集聚化。锂电及电动汽车产业受制于关键技术瓶颈，锂电资源优势没有转化为产业优势，电动汽车也没有规模化，锂电产业集群虽初具轮廓，但龙头企业对产业链的带动能力还略显不足。

（二）产业规模较小，产业链亟待延伸

宜春的锂电生产企业中，多数是顺应宜春市政府大力发展新能源的优惠政策转型而来，发展还处于初级阶段，还较少有知名大企业来投资。生产规模上受资金投入、技术水平、管理水平等的限制，发展较为缓慢。新余虽然在近年来，能够抢抓新能源产业发展机遇，大力发展锂电产业，但发展较晚、基础较弱，完整配套的产业链还未很好地形成，产业衔接联系也不够紧密。相比日本、韩国的锂电产业，中国的锂电产业基本都定位于中低端市场，产业链发展严重不均衡。

（三）配套引资力度不够，创新激励机制亟待完善

一是锂电产业招商引资力度不足。锂电产业是资金密集型和技术密集型产业，技术的研发与创新、产业的专业化与升级都需要大量的资金支持。虽然目前宜春、新余等地新签的锂电新能源项目不断增加，签约金额也与日渐增，但总体说来，锂电产业创新发展资金严重不足，特别是对于新兴锂电产业的吸引力来说，招商引资仍然有很大的发展空间。

二是企业内部尚未形成有效的创新激励机制。目前，宜春和新余锂电企业大都属于新型企业，技术创新的激励机制还没有建立起来，适应技术创新的经营环境和条件也还没有形成，对锂电产业创新驱动发展形成重要影响。

三、将锂电打造成为江西省新兴支柱产业的三大关键路径

(一) 实施"纵向技术改造、横向技术整合",推动提锂技术升级,打牢高新技术产业发展根基

一是锂电企业要进行纵向技术改造与技术创新,解决锂电发展中的技术瓶颈,占领技术制高点,大大提升提锂技术。对现有提锂技术加以改造创新,力争在锂云母提取锂及其深加工、正极材料等方面实现新突破,促进锂产品从工业级碳酸锂、工业级氢氧化锂等基础锂产品向电池级碳酸锂、电池级氯化锂、电池级氢氧化锂、高纯碳酸锂、电池级金属锂等高端锂产品延伸,将资源优势转化为产业优势。

二是注重横向技术整合,提升技术整体溢出效应。鼓励企业入驻高新技术产业园区和大学科技园区,加强与大学、科研院所的产学研合作,联合攻关提锂过程的关键技术和共性技术问题。大力开展高校、科研院所、行业企业、政府等各创新主体的协同创新,实现各参与方创新资源及创新能力的整合、利用,促进知识、技术的共享、转移与扩散,并最终转化为企业的技术优势与产品优势,转化为江西省锂电产业技术优势与产品优势。

(二) 通过"掌控上游、突破中游、集聚下游",纵向整合锂电全产业链

一是要掌控上游,从源头上加强锂矿资源监管控制。江西省虽然具有大量的锂矿资源,但倘若不对资源开采加以管理约束,则很可能造成资源的滥开滥采,不利于把握现有的资源优势发展锂电产业。因此,应当加大对宜春钽铌矿及宜丰、奉新、高安交界地锂资源矿区的监管,依法严厉打击乱采滥挖,坚决从源头上杜绝资源外流;严格执行相关法规,加快对宜春市锂矿资源探矿权、采矿权收储整合,确保其氧化锂含量达到选矿价值矿山的探矿权和采矿权管控全覆盖。

二是要突破中游,增强龙头企业带动效应。做强锂电产业集群,增强龙头企业的竞争力。江西省锂电产业集群虽初具轮廓,但龙头企业对产业链的带动能力还略显不足。处于产业链演化的中级阶段、产业集群发展投资导向阶段的上市公司江特集团,在其特种电机、富锂锰基锂电池、转向系统变频电机已获得成功的基础之上,应利用自身的资本与技

术知识优势，继续促进产品升级换代。对赣锋锂业公司和江特锂电池材料公司，要不断加大技术创新步伐，增加价值环节，推进相关企业聚集。通过龙头企业的带动作用，逐步将锂电产业打造成为江西省的优势支柱产业。

三是要集聚下游，强化全链招商引资。创新招商手段，以锂电池全链产业发展战略为指导，以重点环节为切入点，以重大工程、重大项目为载体，综合运用产业链招商、以商招商、情感招商、会议招商等多种方式，形成锂电池产业特色集聚基地，使资源优势转化为产业优势，并最终转化为经济优势，实现资源的综合高效利用，将锂电产业打造成为江西省的新兴支柱产业。

（三）着力"配套优惠、资金支持、平台打造"，营造良好的锂电发展环境

一是切实发挥政府的政策导向作用。制订切实有效的扶持锂电产业发展的相关配套政策，在土地出让、金融服务、税收等方面给予充分的优惠，提高全社会发展锂电产业的积极性。

二是引导锂电产业的民间投资。加大政府投资，发挥政府基金的引导作用，积极引导社会资金进入锂电产业。通过建立健全公共服务体系，在政策、市场、信息咨询等方面为社会资本投资提供便利，创造宽松的投资环境。

三是突出产业发展平台建设。打造资金保障平台。创新信贷模式，加大对"银园保""财园信贷通"的支持力度，加强银企对接，帮助中小微锂电企业解决"融资难"。打造人才技术平台。鼓励引进一批博士、教授（高工）、管理人才及学科带头人等高端专业人才，为江西省锂电产业快速发展提供人才支撑。

南昌进军"万亿元城市俱乐部"的新发展路径

刘耀彬　阮文龙[①]

一、"万亿元城市俱乐部"特点与分布

2017年，无锡和长沙的GDP在2017年首次突破万亿元。我国共有14个城市先后进入GDP万亿俱乐部，分别是上海、北京、广州、深圳、天津、苏州、重庆、武汉、成都、杭州、南京、青岛、长沙、无锡。从行政级别上看，北京、上海、天津、重庆为直辖市，广州、深圳、武汉、成都、杭州、南京、青岛为副省级城市；苏州、长沙和无锡为地级市，其中长沙是省会城市。其中，北京、上海、天津、重庆、广州、深圳、武汉为超大城市（即常住人口1 000万人以上的城市）。从地理位置来看，"万亿元城市俱乐部"的分布有以下特点。

第一，14个城市中有10个分布在东部地区，中部与西部地区各有2个。这说明东部地区依然是中国的经济重心，"东部率先发展"是不争的事实。目前，上海成为中国首个GDP突破3万亿的城市，深圳首次超越广州，重庆则取代天津成为首个跻身万亿俱乐部前五的西部城市。相反，曾经作为中国经济重心的东北地区却没有一个城市入围万亿俱乐部，侧面反映了东北地区的衰落。

第二，"弓箭型布局"十分明显。14个城市完全分布在沿海经济带、长江经济带与京广经济带上。14个万亿元城市的分布构成了一张弓箭，其中沿海经济带是弓，京广经济带是弦，长江经济带则是箭。长江经济带上分布有9座万亿元城市，其万亿元城市分布之多仅亚于沿海经济带（10个）。随着区域经济格局的调整，长江沿线地区的城市在未来有望进入"万亿城市俱乐部"。

[①] 作者简介：刘耀彬（1970~　），男，湖北麻城人，南昌大学经济管理学院教授，博士生导师。主要研究方向为城市经济、生态经济。

第三，14个城市完全坐落于中国的菱形经济重心区域范围之内。其中环渤海地区、长江三角洲地区、珠江三角洲地区与成渝地区所构成的菱形区域是中国的经济重心，这些地区都分布在胡焕庸线以东地区。长江三角洲、珠江三角洲与京津冀依然是万亿元城市的主要集中地区，14个万亿元城市中有9个分布在这三个经济中心区域。这三个区域的共同特点是人口与经济活动高度密集。

二、"万亿元城市俱乐部"形成经验

从现有的14个"万亿元城市俱乐部"的发展过程分析，一个城市的经济活动高度集聚利益于几个方面：

第一，经济发展具有深厚的历史底蕴。上海、青岛与天津在新中国成立前就是国家的经济中心，在相当长的时期内，这些城市不断创新和更新，走在了城市发展前列。苏州是国家历史文化名城和风景旅游城市，国家高新技术产业基地，长江三角洲城市群重要的中心城市之一。无锡作为中国民族工商业发祥地之一，本身具备强大的实体经济底蕴。武汉曾经作为民国首都、工业重镇，历史文化底蕴深厚，现作为国家中心城市，全国工业、科教基地和交通枢纽，发展潜力日益增大。长沙是"一带一路"中国节点城市，长江经济带中心城市，具有深厚的历史底蕴和浓厚的现代气息。

第二，能够选择城市自身特色发展道路。对"万亿俱乐部"城市进一步分析会发现，城市定位非常关键，既影响其发展战略，也影响其经济结构。以青岛为例，2011年，国务院批复《山东半岛蓝色经济区发展规划》，这是中国第一个以海洋经济为主体的发展战略。作为中国沿海重要中心城市、国际性港口城市，青岛依托自身区域优势，大力发展蓝色经济。据统计，2017年青岛市蓝色经济占GDP的比重超过1/4。武汉作为中部地区重要枢纽，位于"一带一路"重要位置，不仅拥有新中国老工业基地的基础，还拥有以光电产业等优势产业的武汉东湖高新区，作为全国科教基地的武汉通过走"资智聚汉，创新发展"之路成功上榜。长沙作为历史名城与区域性消费中心，中国的文化创意、工程机械以及IT等产业的重要集聚地，同时作为国家级"两型社会"建设综合配套改革试验区，近年来秉承"心忧天下，敢为人先"的文化精髓，在创新发展方面领跑中部地区，长沙走出一条与众不同的有自身特色的发展道路。

第三，获得国家政策支持和区位条件优越。一方面，沿海沿江对外开放对这些城市经济社会的发展注入了新的动力和活力。这些城市处在改革开放前沿,政策优惠让它们吸引了大量的资金和人才,学习了国外的先进技术和管理办法,对它们的管理、技术、市场等方面产生巨大的外溢效应。同时,这些城市坚持实施开放带动战略,开放型经济成为这些城市经济的重要支撑力量。另一方面,通江达海的优良区位条件对这些城市迅速崛起发挥了巨大的推动作用。除了个别例外,万亿元城市都临海或靠江,海陆交通便利,有利于招商引资和经贸往来。它们利用与周边国家接壤的区位优势,积极发展边境贸易和经济合作,沿边开放不断提升。

第四,创新驱动特点普遍明显。紧盯外部环境变迁带来的机遇与紧跟全球技术发展潮流并不断创新,才是一个城市能否步入万亿元俱乐部的关键。从创新驱动方面看,以广州为例,2017年广州先进制造业增加值占制造业比重达到66%左右,现代服务业增加值占服务业比重达到67%左右,研发经费支出占地区生产总值比重达到2.7%。从产业分布看,北京和上海早就以第三产业为增长主导。2017年北京第三产业实现增加值22 569.3亿元,增长7.3%。其中,金融、科技服务、信息服务等优势行业对全市经济增长的贡献率合计达到53.3%。而上海,过去5年第三产业增加值占全上海生产总值的比重从60.2%提高到69%,战略性新兴产业的制造业部分产值占工业总产值的比重提高6.8%。不进则退的规律同样适用于城市发展,一些二线城市跨入"万亿元城市俱乐部"甚至是超越这些城市并非没有可能。

三、南昌进军"万亿城市俱乐部"的新路径

(一)深入推进工业强省战略,推动新时代南昌工业加速崛起

一是点燃工业发展热情,做大做强南昌工业。2017年,南昌决定实施工业四年倍增行动计划,牢牢牵住工业这个"牛鼻子",毫不动摇做大做强工业,以工业发展促进各行各业协调进步,实现"一业兴带动百业兴",推动新时代南昌工业加速崛起,实现高质量发展的成果,使南昌成为江西省带动经济发展的增长极。

二是落实"创新驱动发展"理念,打造新时代南昌工业"航空母舰"。推动现代化南昌工业崛起关键在于创新。南昌应该牢牢抓住"创新驱动发展"不放松,狠抓新兴产业倍增、传统产业转型、新动能培育

"三大工程"，持续推动产业结构优化升级、提质增效，不断补齐工业发展短板。2017年，南昌市青山湖区跻身中国工业百强区。青山湖区在抓好传统产业转型升级的同时，将电子信息产业打造成全区重要的战略先导与支柱产业。2017年该产业实现爆发式增长，同比增长22.4%，高于全市工业12.9个百分点。其中，绿野汽车照明作为全国首个新能源汽车LED车灯项目正式投产。同时，南昌智能装备产业也在迅速崛起。江西明匠智能系统有限公司作为全市引进的第一家从事工业4.0智能制造的国内主板上市公司，为南昌市企业生产线的"数字化"升级迅速带来强劲动力。

2018年，南昌全面启动VR/AR产业基地和应用等内容的开发及商业化进程，将红谷滩智慧之城与VR/AR科技进行完美融合。通过3~5年的时间，南昌将汇集千家虚拟现实企业，形成一个千亿级规模的虚拟现实产业，届时南昌将成为中国虚拟现实第一城。

（二）着力做好"强产兴城"任务，依托赣江新区建设开发高地

一是挖掘全市服务业优势资源，促进现代服务业发展提速提质提效。一方面加速提升生产性服务业。乐化片区交通区位优势显著，以昌北货场为支撑点，打造特色现代物流业；以昌北机场特色小镇为核心，围绕昌北机场做好机场服务业；以全国区域性物流中心为目标，加快南昌市商贸物流新城建设。同时着力培育工业设计、电子商务、信息服务等新兴服务业态，建设一批特色鲜明的专业园区和产业基地。另一方面，升级换挡生活性服务业。以加快发展高端商业业态和引进国际一线商业品牌为重点，大力扶持商贸、餐饮等传统服务业，加快发展健康养老、中医养生等新业态。

二是加快农业发展方式转变，构建现代农业产业体系。以农业供给侧结构性改革为契机，着力做好"补短板、拉长板、树样板"三篇文章。补短板——进一步用好"财政惠农信贷通"等政策，扶大扶强扶优重大农业龙头企业，打造竞争力强、市场占有率高、影响范围广的生态农产品品牌。拉长板——依托南昌市生态资源和生态农业基础，拓展广度和深度，提升农业产业化、规模化水平，形成现代农业产业集群。树样板——以"南昌绿谷"建设为引领，大力推进一村一品、一乡一园建设、"镇村园一体、一二三产互动、产加销对接"的田园综合体，着力打造南昌市城乡融合发展的新支点、农业供给侧结构性改革的新突破口、新农村建设的新样本。

(三) 加快国家绿色金融改革试验区建设步伐,为"美丽南昌"添砖加瓦

一是贯彻国家经济绿色转型升级战略,搭建"绿色平台"的管理架构。"绿色平台"的具体投向,重点围绕南昌支柱产业、重点行业、战略性新兴产业等领域的产业升级和节能减排、低碳环保、绿色经济等方面,主动支持当地调整产业结构、促进绿色经济发展。以交行南昌分行为例,该行对接江西"十三五"绿色金融体系规划,贯彻国家经济绿色转型升级战略,落实总行做好新常态下绿色信贷工作有关要求。截至2017年三季度末,该行人民币各项贷款增长超过10%,"绿色金融"领域贷款增长26.69%,对环境、安全等重大风险企业授信余额为0、全辖绿色贷款不良率为0。

二是落实新常态下"绿色信贷"工作要求,支持地方"去产能"工作和实体经济发展。推进"差异授信"工程,支持绿色经济,严控产能过剩行业。一方面,按照"三去一降一补"政策和绿色信贷要求,结合南昌市战略规划和产业特色,重点支持优势型、成长型和培育型三类高新技术企业;另一方面,坚持开放引领、协同创新,紧抓实体产业和金融创新两条主线,实现融合发展。全市要集中优势力量进行金融创新开放试点,深刻把握新时代经济全面开放和金融双向开放的脉动,用发展的眼光、创造性的思维建立共建、共享的协同发展机制。南昌市的金融机构应该结合优势业务和服务领域,深化南昌金融体制改革,增强金融服务实体经济能力;积极开展金融创新,充分利用境内外"两个市场、两种资源",切实满足企业融资需求、降低融资成本等。

三是推动"产业+金融"创新平衡发展,积极创新绿色金融产品和服务。通过发挥新区产业优势,赣江新区以绿色金融为推力,发挥投、贷、债、租、证、保等金融服务的协同作用,鼓励金融机构在授信机制、产品开发、业务流程等领域创新,加大授信投放,支持光电信息、生物医药、智能装备制造、新能源新材料、有机硅和现代轻纺六大绿色主导产业发展,持续提升绿色金融发展质效,为南昌绿色、生态、和谐发展注入强劲动力。以南昌市的商业银行的绿色金融产品为例,九江银行正在筹划发行40亿元绿色金融债,工商银行正发起设立50亿元绿色发展引

导基金。同时,省财投集团合作发起设立 87 亿元绿色产城融合发展基金。

(四)彰显历史文化和红色文化品牌影响力,打造南昌现代化旅游业新引擎

一是加强保护传承让文物"活"起来。一方面,做好文物保护工作。进一步摸清全市文物资源状况,完成重点文物保护规划,积极保护历史文化名镇名村,形成规模化历史文化街区。积极做好南昌汉代海昏侯国遗址、李渡烧酒作坊遗址、万寿宫遗址等大型古遗址保护和周边环境治理工作,其中,启动南昌汉代海昏侯国遗址申报世界文化遗产工作是重中之重。另一方面,深入挖掘文物的红色文化内涵。以南昌八一起义纪念馆、南昌新四军军部旧址陈列馆、小平小道、陈云旧居陈列馆、八大山人纪念馆等博物馆(纪念馆)为平台,策划实施一批传递社会正能量、弘扬社会主义核心价值观的陈列展览,打造一批爱国主义基地、国防教育基地、廉政教育基地等。

二是推进文物与旅游融合发展。在保护的前提下,合理适度利用好文物资源,促进文物保护与旅游产业融合发展。在文物保护的前提下,建设一批体现南昌历史文化特色的历史文化街区、文化景观和名镇名村。尽早建设完成万寿宫博物院,借助互联网、VR、AR 等现代科技手段,大力推进数字博物馆、智慧博物馆建设,吸引全国各地游客前来旅游参观。特别推进南昌汉代海昏侯国遗址公园建设,着力打造历史文化旅游品牌,实现将文物保护与旅游发展的有机统一。依托滕王阁、梅岭风景名胜区等人文自然资源,以打造国内重要、国际知名旅游目的地为动力,繁荣发展旅游产业,加大旅游景区品牌创建力度,扩大"天下英雄城·南昌"城市品牌影响力。

基于生态安全的我国粮食安全形势、问题与应对措施

王妍华　罗海平[①]

党的十九大报告提出"要确保国家粮食安全，把中国人的饭碗牢牢端在自己手中。"习近平总书记则进一步强调"中国人要把饭碗端在自己手里，而且要装自己的粮食。"习近平总书记关于粮食安全的重要讲话不仅仅为我国粮食安全保障提供了新要求，更为新时期粮食安全保障指明了方向，即中国的粮食安全必须主要依靠自己的地、种植自己的粮食，用自己的粮食养活自己。根据《世界粮食安全罗马宣言》"只有当所有人在任何时候都能够在物质上和经济上获得足够、安全、富有营养的粮食，来满足其积极和健康生活的膳食需要及食物喜好时，才实现了粮食安全。"我国作为世界第一人口大国、第一粮食消费大国，确保中国粮食安全将是我国全球性的一个重大贡献和创举！

一、我国粮食安全保障面临新形势与新问题

一是未来粮食需求持续攀升。2030年我国将迎来人口峰值，口粮需求数量持续攀升，根据预测我国2020年和2033年口粮需求总量将分别达到5.84亿吨和6亿吨。同时，人民生活水平的提高将使得人民的消费逐渐向质量型消费转型，禽蛋肉类高蛋白食物需求将大幅度提高，从而对粮食的间接需求将越来越高。根据预测2025年我国养殖用饲料谷物年需求量将达到21596.83万吨。与之相应的是，未来工业用粮将出现加速增长的趋势。而据国家粮食局数据显示，我国每年生产的粮食从收割损耗到餐桌上的浪费，整个过程粮食的耗损和浪费比例高达35%。鉴于此，我国未来对粮食产量需求将进一步提升。

二是粮食安全保障途径受限。近年随着加入WTO过渡期的结束以及

[①] 作者简介：王妍华（1998~　），女，江西吉安人，南昌大学经济管理学院学生。

金融危机的爆发,我国粮食出口呈小幅下滑态势,而粮食进口则大幅上升,不仅超过了出口,且贸易逆差不断扩大。但由于世界粮食产量现状也不乐观,再加上一些政治因素,有些国家实行禁止粮食出口的政策,我国较高的粮食进口依存度与严峻的外贸形势,也威胁着我国的粮食安全。

三是粮食安全保障基础遭破坏。长期以来我国工业化、城镇化的发展占用耕地的现象越来越严重,生态环境破坏导致耕地减少,粮食产量降低,农药、肥料的不合理利用使得粮食的质量也大打折扣。加之异常天气和极端气候增多等多种因素,导致在我国粮食需求量不断增加的情况下,粮食供给的数量和质量则更难以达到要求,从而粮食安全问题形势将更加严峻。

二、生态安全问题正成为制约并动摇我国粮食安全根基的重要因素

生态安全是粮食安全保障的根本和前提,为此粮食安全保障首要是生态安全!我国自然资源丰富但不丰腴,总体特征是:资源数量多、类型多但多数质量较差;资源总量大而人均占有量小;资源供给增长缓慢且后备不足而需求增长迅速,供需矛盾突出;资源短缺和浪费现象并存。总体来看,我国生态资源安全形势严峻,生态资源承载负担重,尤其是水资源及耕地资源的安全问题最为明显。从整个生态系统以及生态资源来看,支撑我国粮食安全的生态安全保障并不乐观。

(一)我国粮食安全面临严峻的水资源安全问题

一是水资源短缺。我国人口众多,对水资源的需求量极大,是世界上13个贫水国家之一。水作为粮食生产过程中的重要资源,对粮食安全有着重大影响。可以说,没有水安全就无法实现粮食安全。华北平原是我国的重要粮食产区,在粮食生产过程中水资源用量较大,引起地下水位下降、河道断流等环境问题。中国科学院院士刘昌明表示,"目前华北区域浅层地下水都在30米以下,导致土质干化。"灌溉水源缺少,土壤水分不足,粮食作物吸水量不足,不利于作物生长,给粮食生产带来严重威胁。另外,旱灾等极端天气也导致农业用水不足,影响粮食产量的提高。我国灌溉水有效利用系数仅为0.53,与先进国家的0.7~0.8相比有着明显的差距。虽然喷灌、滴灌等新型灌溉方式已经被使用,但仍然有许多地方延用漫灌等传统的灌溉方式,灌溉水资源利用率低,用量大。

二是水污染加剧。随着我国经济社会的快速发展，大量的工业废水和生活废水产生。农村地区污水处理设施并不完善，农民保护生态环境意识不高，生活污水随意排放，再加上农业生产过程中农药、化肥的大量不合理使用。目前，无论是地表水还是地下水，我国的水质污染都非常严重。受污染的水用来灌溉导致被灌溉的土壤有毒有害物质积累，土质不断恶化，甚至不能用来种植作物，导致作物减产。

（二）我国粮食安全面临严峻的耕地安全问题

一是耕地面积减少。我国土地资源绝对数量大、人均占有量小，还有一部分土地质量较差。在现有耕地中，涝洼地占4.0%，盐碱地占6.7%，水土流失地占6.7%，红壤低产地占12%，次生潜育性水稻土为6.7%，各类低产地合计5.4亿亩。随着工业化、城镇化的快速推进，"以地为本"的中国式城镇化正在影响和决定着中国经济的后续发展之路，土地城镇化导致耕地减少、适于耕作的优质耕地减少，使得粮食安全呈现不稳定、脆弱性加剧的趋势。仅2015年全国因建设占用、灾毁、生态退耕、农业结构调整等原因减少耕地面积33.65万公顷。更为严重的是近20年来我国城镇化引起大量农村劳动力涌入城市，大量耕地被抛荒闲置。

二是耕地污染。长期以来，我国城镇工业、生活排污管控不严，严重污染耕地，使土壤中有害物质增加。我国的肥料利用率较低，向土壤中过量施入化肥后，影响土壤中微生物的活性，从而破坏土壤团粒结构，致使土壤板结。施用以农家肥为主的有机肥是我国的传统施肥方式，由于我国畜禽饲料添加剂质量标准不够严格，造成许多地方在饲料中添加大量微量元素，这些微量元素通过禽畜粪便带到土壤中，长期使用有机肥引起土壤的重金属显著富集，使土壤受到污染，进一步影响粮食作物的质量安全。农药的不合理使用使得其不易分解的残毒在土壤中集聚，破坏了以土壤为基础的生物链，土壤变得不适宜粮食作物的生长，影响粮食作物的产量及质量。我国每年有1 200万吨粮食受土壤重金属污染，造成直接损失每年可达200亿元人民币。土壤中的有毒物质被作物吸收会影响作物的质量，更危及人民的身体健康和生命安全。

（三）生物多样性遭到破坏

一是非农业生物多样性减少。生物多样性是所有植物、动物、微生物物种以及所有生态系统及其形成的生态过程，主要包括遗传多样性、物种多样性和生态系统多样性。生物多样性是粮食安全和营养的根本保障。但由于人为、自然原因，我国的生物多样性也逐渐减少，主要表现为珍稀物种的灭绝，植被覆盖率的降低以及农业生物多样性的减少。目前我国的农业生产，施用化肥农药是重要的提产途径，但也对生物多样性造成威胁。如用于控制土壤害虫的杀虫剂甲拌磷等，对蚯蚓等节肢动物也具有杀伤力，蚯蚓在这种环境下难以存活，其对土壤的有利作用难以生效，不利于作物的生长。

二是农业生物多样性减少。农业生物多样性是粮食生产系统的基础，它为人类提供食物、燃料等必备品。农业生态多样性合理搭配具有提高粮食产量、净化水源，控制病虫害等功能，为此农业生物多样性对粮食安全起着非常重要的作用。但是，近年来，多种原因导致农业生物多样性减少。一是石油农业的推广，其提倡的种植和养殖品种单一化，导致许多拥有重要基因资源的传统品种消失；二是化肥、农药的高投入破坏了生态环境，威胁到农业生物多样性。农业生物多样性的减少，直接影响了粮食作物产量，威胁到粮食安全。

三、基于生态安全的我国粮食安全保障措施与对策

（一）加快转变粮食种植和养殖方式，推进农业现代化建设

加快转变农业发展方式，推进农业现代化建设是保障粮食安全的关键。转变农业发展方式，一是要将粮食生产增长依靠土地投入转变为依靠科技投入，创新农业的发展模式，发展土地集约型、科技密集型农业；二是加快开发种类齐全、系列配套、性能可靠的节水灌溉技术和相关产品，大力普及新型灌溉技术；三是研发并推广现代施肥技术和农药喷打技术，测土施肥，精准喷药，控制化肥农药的使用量，提高化肥农药的利用率。

（二）完善农业基础设施建设，增强农业可持续发展能力

完善农业基础设施建设，深入实施藏粮于地、藏粮于技战略，严守耕地红线，保护优化粮食产能。全面落实永久基本农田特殊保护政策措施，实施耕地质量保护和提升行动，持续推进中低产田改造。一是针对传统灌溉方式导致灌溉水源利用率低，水资源浪费的情况，要加强田间工程、农灌沟渠等设施建设，完善农田的灌排体系，努力发展节水灌溉，扩大保灌水田面积；二是进一步加强水利工程建设，提高粮食生产区的

水源涵养能力；三是推进基本农田地改造，加大对中低产田改造，挖掘粮食增产潜力；四是加强损毁工程的修复。

（三）集中治理农业生态环境问题，增强农业生态环境承载力

对于荒漠化、水土流失严重的耕地，实施休耕、退耕的耕作制度，并合理设定补助标准。植树种草，改良农业土壤，恢复并增强土壤生产潜力。开展土壤污染状况摸底清查，深入实施土壤污染防治行动计划，进一步开展重金属污染耕地修复。开展灌溉水源污染调查分析，加大治理水污染的力度。加大农业废弃物资源化利用的技术研发，提高农业废弃物的综合利用率，减轻农业废弃物对耕地环境的破坏。同时注意合理利用好农作物秸秆、人畜粪便等有机肥，增强土壤有机质。

（四）完善生态环境监管体制，完善生态环境补偿制度

对于工业化、城市化进程中产生的对耕地环境的破坏，应该完善生态环境监管体制，制定相关法律法规，严格执行工业废气物排放标准，建立固定的排放体系。对于随意排放、排放不达标等行为，应依照规定进行严厉的处罚。建立合理的生态环境补偿机制，为粮食生产提供一个优质的生态环境。

（五）保护生物多样性，加快研发粮食新品种

一是制定并完善生物多样性保护的有关法律法规，尽可能多的将和农业有关的生物，纳入法中，扩大保护范围；二是加快研发优质高产、抵抗力强、适应力强的粮食新品种，丰富农业生物的多样性；三是设立专门机构，统筹规划种质资源引进与收集、鉴定与研究、保护与利用等工作，大力引进国外种质资源，扩大国内及赴世界各地进行珍稀野生亲缘种的收集考察工作，力争尽早改变中国种质资源的结构与组成，为拓宽品种的遗传基础而创造条件。

（六）适当降低我国的粮食自给率，强化休耕培土

在外部条件允许的情况下抓住机会增加进口，巩固强化粮食储备。从而在一段时期内适当降低我国的粮食自给率，减轻耕地压力和生态承载，以恢复并增强粮食生产潜力。为此，可以通过休耕等方式来减少耕地面积达到保障粮食安全的同时，对耕地进行保护和生产潜力的恢复。

工业强省战略背景下江西省中小及非公有制企业用工难、用才难的问题与对策

罗海平　罗逸伦　艾主河　王圣云[①]

2018年5月，中共江西省委省政府印发《关于深入实施工业强省战略推动工业高质量发展的若干意见》，从而开启了工业高质量发展，建设具有江西特色的现代化经济体系的工业强省之路。"人才"是江西实现工业强省的关键和战略支撑，是江西推动实施"中国制造2025"的最核心驱动力量。根据省工商联的全省企业调查问卷，中小、非公有制企业中51.9%的企业明确表示面临人才缺乏、招工困难等问题。为此，深入分析人才发展中的问题，切实解决企业发展"用工难、用人难"这个老大难问题，是加快推进工业强省战略的前提和基础。

一、江西省用工难、用才难的问题及结症

一是中小企业用工缺口大。用工难是我国内陆地区的一个常态，江西用工难、用才难问题更为突出。江西不是人口大省，加之距离珠三角、长三角等发达地区均较近，长期以来江西人口外流严重。导致江西各地市尤其是县（区）企业普遍存在不同程度的用工缺口。在江西各市县调研中，几乎所有参与座谈的企业均反映存在较大的用工缺口。尤其是县城、县级市等工业企业用工问题更加突出。如鄱阳县一电力电器企业反映，至少缺工200人，不仅影响企业扩大投资，甚至连正常运营都受影响。共青城航群电子、亚华电子、上洋泵业、昌玖服饰等仍存在较大的用工缺口。南昌的龙头企业欧菲光几个园区都存在较大的普工和技术工人以及工程师等各个层级的用工、用才缺口，企业解决用工紧张的唯一办法就是促使员工加班加点高负荷工作。

二是员工难以符合企业用工要求。目前，江西省本地常住人口趋于

[①] 作者简介：罗海平（1979~　），男，四川南充人，南昌大学中国中部经济社会发展研究中心产业经济所所长，副研究员，博士，硕士生导师。

"沙漏型"——青中年力量少,老年、小孩偏多,从而导致用工结构性矛盾在江西省中小企业中较为突出,中老年人渐渐成为县市级企业的用工主力。调研中发现,在乡镇以及县城的工业企业的员工普遍年龄偏大,多为留守老人,生产线工人平均年龄超过40岁,年轻人少。以留守老人和留守妇女为主的企业用工,导致员工的精力、素质难以达到生产需求。加之,留守人员除工厂工作外还要种庄稼、照料家中老小,导致随意离岗的问题较为突出,这不仅带来企业员工管理上的问题,更是极大地影响了企业生产,影响了企业的发展。加之,我国劳动法倾向于维护劳动者权益,对企业在处理员工随意离职等权益时缺乏应有的保护,这些都给企业正常经营带来极大影响。

三是中小企业人员人才流失严重。江西并非人口大省,更非人才强省,在本来就用工紧张人才难求的情况下还面临着大量人才流失。江西每年因就业、高考等外流人口都呈增长态势。据2017年统计,江西省总人口只有4 622.1万人,而跨省流出人口每年保持在585万~594万人之间,总体规模居全国前列。另外江西对高层次人才缺乏先天的区位优势。由于没有优越的人才引进待遇和安置配套措施,造成了不少企业即便开出高薪依然招不到留不住想要的人才。调研中企业反映最多的问题就是"引不来人或留不住人"。相对而言,江西省本地企业引进人才时的奖励政策吸引力不够,政府补贴不高,对引进人才的生活配套设施及相关服务依然不足,不能很好地使人才及家属长久地留下来。另外,江西省企业普遍存在较大的人才和用工流动性,不少企业反映员工干几个月就走给企业正常运营带来极大影响。调研中江西省龙头企业吉安合力泰公司反映,由于科研经费、创新创业平台、住房无法得到保障,公司刚从北京引进海归千人计划人才1人,上班不到10天,就直接离开。

四是用工引才公共服务不健全。首先是缺乏园区公共招工平台。在调研中许多企业希望政府能以优惠政策吸引劳动力向企业所在地聚集,并且希望能为企业人员招聘提供平台服务,以便节约企业的招聘成本提高招聘效率。其次是缺乏社会性公共技能培训。不少企业希望政府能通过公共服务平台进行相应的人才培训,培训的费用由政府、企业、劳动者三方分担。这样既可以解决本地富余劳动力就业和结构性失业问题,又可以有针对性地开展人才培训。再次,政府对企业引进高端人才的支持力度不够。尤其是政府协助非公工业企业做好高级人才引进的工作力度不足,宣传非公企业及政府人才引进政策的主动性不够。许多企业提出能否在人才引进的优惠政策上给予非公工业企业以倾斜,帮助他们吸引和留住高级人才。然后,非公有制企业人才评价和认定受限。非公工业企业所需的人才更注重他们的实际能力而非学历,可能对于非公工业企业来说是高级人才的,也许对于国有企业和大型企业来说只是一般人才。这样由于人才认定上的偏差导致企业高端人才享受不到相应的人才政策。最后,存在公有制和非公有制人才的歧视性待遇。现有的职称技能考核不利于非公有制企业高端人才的成长,非公有制企业职称难评一直是个大问题。

二、工业强省战略下破解江西省用工用才难的对策建议

根据省委省政府《关于深入实施工业强省战略推动工业高质量发展的若干意见》,江西在实施工业强省战略中必须夯实工业人力与人才支撑。完善人才工作格局和体制机制,继续深化人才管理体制改革,创新用人机制和分配机制,重点突破人才开发、培养和使用等方面的制度瓶颈,使人才环境具有集聚效应、人才机制具有活力效应、人才政策具有创新效应。

(一)多途径破解中小企业用工难,为工业强省提供人力保障

一是强化政府和园区用工服务。双向解决人才供需问题,对接人口大省,通过"牵线搭桥",实现校企、地区对接,破解用工问题。鼓励县职业(技工)学校对接企业需求,为企业"订单式"培养面向生产一线的技术技能人才。深化与河南、贵州、新疆等地人力资源机构的务实合作,大力引入一批产业工人,双向解决问题。同时,通过定期召开招聘会和建立网络平台替园区企业提供招工服务。

二是加强园区与企业生活配套服务。优化园区环境,改善公共交通系统,加大高峰期园区公共交通班次,方便员工上下班;并加强小学、卫生院等建设,解决员工子女上学等问题,使人才放心举家齐引,深层扎根,完全解决后顾之忧。

三是推进机器人和两化改造。加大对两化融合、智能制造的支持力度。建议省里技改投入这块重点支持两化融合和智能制造项目,提升企业智能化、数字化水平。降低人力成本。同时,采用比人工更高的精准度自动化设备降低产品报废率,提高生产效率。这种"传统制造"向"智能制造"的转变,通过供应链优化管理,降低了库存成本、人力成

本、管理成本、损耗成本。

(二) 加强蓝领人才培训，为工业强省提供技能人才支撑

一是加快培养技能人才。贯彻落实《江西省中长期人才发展规划纲要（2010~2020年）》，加快培养适应江西省经济转型升级、产业结构优化的技能人才，打造一支数量充足、梯次合理、技艺精湛、素质优良的技能人才队伍。每年举办一届中国技能大赛，力争每年竞赛职业工种超过200个，年均带动30万人以上岗位练兵。将非公有制经济人才培训纳入省培训计划。要制订好职业技能竞赛优秀选手、技术指导专家、教练、优秀单位奖励办法。

二是做好技能提升培训。支持技工院校与非公有制企业开展校企合作，积极对接行业、企业和区域经济社会发展需求，建立实训基地，共建重点专业，实行技能人才定向培养、联合培养。大力开展面向行业企业的职工继续教育，积极推动建设有利于全体劳动者接受职业教育和培训的灵活学习制度。广泛开展职业技能鉴定及社会培训，全面提高蓝领人才的素质。进一步推进就业前培训及岗位技能提升培训。开展非公有制企业技能人才自主评价试点。选择10户左右主营收入百亿元或规模以上工业企业，按要求开展技能人才自主评价试点，促进技能人才在使用中评价、在评价中使用。

(三) 加强创新创业人才培育，为工业强省提供创新驱动新动力

大力实施创新驱动发展战略和人才强省战略，不断优化人才服务保障机制，支持各类人才在非公有制经济企业创新创业。要认真贯彻《中共江西省委关于深化人才发展体制机制改革的实施意见》，积极创建省级服务支持人才创新创业示范基地，为非公有制企业培育更多的创新创业人才。

一是做到人才优惠政策先行先试。各地应围绕完善服务支持人才创新创业政策措施，在示范基地加大改革推进力度，大胆探索，先行先试。

二是做到急需紧缺人才优先开发。示范基地中人才申报优先推荐、优先入选，优先安排到示范基地挂职服务，优先纳入"省突出贡献人才""省政府特殊津贴""庐山友谊奖"等人才荣誉表彰项目的评选。

三是做到人才创新平台优先搭建。对省级及以上院士工作站、博士后创新实践基地、重点实验室、工程（技术）研究中心、企业技术中心、海智工作站等创新平台，优先在示范基地布点，科研成果转化项目优先在示范基地转化。

四是做到人才配套服务优先保障。鼓励支持各地引入海内外知名人力资源机构和猎头公司，鼓励支持示范基地与国内外人力资源服务机构开展合作。

（四）高位推动高端人才计划，为工业强省提供高端人才支撑

一是大力推进"双千计划"落地。加快推进《江西省引进培养创新创业高层次人才"千人计划"实施办法（试行）》即"双千计划"及相关政策的兑现和落实工作。继续做好"才聚江西　智荟赣鄱"高层次人才对接招聘会，加大省市两级"人才新政"的宣传工作力度，增强江西省引才声势和影响力。在选拔政府特殊津贴和百千万人才工程人选活动中，积极向非公有制企业重点倾斜，确保各设区市的推荐企业类人选不少于1/3。

二是积极对接国家重大人才工程。努力引进院士和国家"千人计划"等国内外高端专家，认真遴选院士后备人才，制订并实施企业院士培养计划，打造省企业科技领军人才队伍。每年组织多场次、多形式的非公有制企业招才引智活动，除引进博士外，还要大力引进更为庞大的硕士和优秀大学毕业生，形成支撑企业高质量发展的人才梯队。

三是完善海外人才引进机制。注重加强海外人才联络处建设，组织非公有制企业开展海外高层次人才招聘工作，进一步拓宽高端人才计划领域。实施高端外国专家引进计划，制定鼓励非公有制企业引进重点产业及行业发展中起引领作用的高端外国专家的相关政策。提高对高层次人才服务水平，完善高层次海外人才和项目信息库，对在江西创业落户的"海归"人才实行一条龙服务。为高层次人才解决住房，定期开展健康体检、走访慰问、体育健身、国情考察等常态化活动，协调解决人才子女就学、配偶工作等问题，从"筑巢引凤"到"集凤筑巢"，吸引更多人才汇聚江西，汇聚到非公有制企业。

四是强化校企合作创新产学研机制。加强高端人才培养、科学研究的校企合作，推进产学研深度融合。人才在校期间，应积极引导，通过科研课题研究，并强化实操对接，理论研究高效应用。如泰和县以银杉白水泥院士工作站及博士后流动站和中南大学安福锂电研究院的设立为

契机推进企业与高校间的产、学、研合作，使企业、科研双赢。在沿海地区和院校、企业共建（或者院校在园区共建的）工程技术研究中心、重点实验室、科技企业孵化器等创新平台列入奖励范围，鼓励开发区创新思路，破解发展难题，助推创新升级。并鼓励人才兼任指导，发挥人才最大效用。鼓励园区引进高技术人才，加大科研扶持力度，打造一支技术骨干力量；优化园区环境，改善公共交通系统，加大班次，方便员工上下班；并加强小学、卫生院等建设，解决员工子女上学等问题，使人才放心举家齐引，深层扎根，完全解决后顾之忧。

五是提升企业层次吸引高端人才。企业自身不断修炼内功，通过技术创新和产业布局，加快产业结构优化升级；加大研发投入，完善技术研发投入机制；培育结构合理的科技人才队伍，形成引进、消化、吸收、再创新能力，从而有效推动企业自身发展，进而主动吸引人才。利用资源、平台优势，抓重大项目建设。包装一些重点项目成为国际、省、市重点项目来推进。如袁州区可利用锂资源优势，锂电新能源产业园平台优势，引进上市公司，国内外500强企业，锂电领头企业落户园区。并利用企业品牌效应带动锂电产业发展壮大，在发展自身的同时进一步吸引人才。同时，可以鼓励企业通过柔性引才方式引入在关键技术领域的高端稀缺人才，以提升企业核心竞争力。真正做到以传递留人、以事业留人、以感情留人。

（五）培育赣商和弘扬新时代赣商精神，为工业强省拓展新天地

一是做好培育和服务赣商顶层设计。认真落实中共中央国务院《关于营造企业家健康成长环境弘扬优秀企业家精神更好发挥企业家作用的意见》(2017年9月8日)，加快出台和进一步落实培育和弘扬赣商和赣商精神的政策条例，抓紧推动"赣商英才计划"，理顺并强化省市、县（区）统战部、工商联、企业家协会、商会等服务企业家的职能，健全赣商服务和扶助体系。鼓励各地市出台相应赣商、饶商等地方企业家培育和服务的实施条例和办法。

二是加快推进赣商英才计划落地。启动赣商英才计划，建立赣商英才百千万人才库。利用5年时间逐步培育和选拔赣籍100名在全国或相关领域具有重要影响力的知名企业家、1 000名省级优秀企业家、10 000名地市级具有创新意识和开拓精神的企业家群体，打造百千万江西企业家

梯队。同时围绕入库企业家进行不同层级全覆盖、全方位跟踪服务。

三是加强赣商培训和精神弘扬。充分发挥统战部、工商联、商协会等组织的引领、纽带和服务功能，定期开展海内外赣商大会、饶商大会以及赣商博览会，强化对赣商的联络和凝聚。调动省内外高等学校、科研院所、行业协会商会等资源形成常态化、组织化的企业家培训和交流学习机制。加大党校、行政学院等机构对企业家政治看齐意识的引导和引领，强化赣商"爱赣、富赣、强赣"情怀。以强化忠诚意识、拓展世界眼光、提高战略思维、增强创新精神、锻造优秀品行为重点，加快建立健全企业家培训体系。挖掘、记录、宣传和弘扬"厚德实干 义利天下"的赣商精神，修建赣商博物馆或同心谷·赣商之家。

四是加大新生代企业家的培育。围绕江西各地市新经济、新业态，以双创为抓手，大力发掘、培育和提挈新生代企业家。加快制定省级百千万新生代企业家英才计划（100名在全国或相关领域具有重要影响力的新生代企业家、1 000名省级优秀新生代企业家、10 000名地市级培育的新生代企业家），加大新生代企业家和新业态、新模式的孵化力度，整合各种资源形成"万马奔腾"的江西企业家后备群体。

（六）培育赣鄱工匠和工匠精神，为工业强省铸就江西特质

一是加快打造赣鄱工匠条例制定。以十九大报告和政府工作报告弘扬工匠精神的相关指示和要求为依据，加快赣鄱工匠遴选和弘扬工匠精神的政策条例。建立省—市—县三级特种技能、技艺的挖掘、保护和传承机制，完善工匠人才及工匠精神培育体系。做好打造赣鄱工匠和培育工匠精神的顶层设计，加快推进培育赣鄱工匠的制度和机制建设，为江西非公有制经济高质量发展的人才技术保障提供制度支撑。

二是甄选特种技艺和赣鄱工匠库。全省范围内甄选100项能代表江西传统文化、传统技艺的民间工艺进行重点保护和发掘，1 000项市级文化技能、10 000项行业技术技能人才进行入库管理。对入库项目和工匠进行重点服务和扶持，制订不同层次和等级的支持计划，实现全方位跟踪服务。

三是加强工匠精神的弘扬和引领。加大江西传统工艺、非物质文化、绿色种植、生态食品以及民间传统技能的发掘和宣传，建立专项基金进行专利、品牌保护和市场推广。加快江西工匠技能技术推广培训学习体系建设。对江西工匠进行组织化的培训和交流学习，帮助江西工匠扩大

知名度、取得更大成绩、作出更大贡献。同时强调江西工匠的政治引领,确保赣鄱工匠有技能、有市场、有情怀,使之成为江西的名片和财富。

四是支持江西民间工艺工匠传承。支持江西陶瓷、茶艺、家具、曲艺、老字号、知名小吃等民间技艺的传承,确保匠人和大师后继有人并发扬光大。创新政府扶持和支持江西工匠传承的工作机制,鼓励和支持企业或民间组织自发的工匠培育和传承。结合"大众创业、万众创新"工程,由政府牵头鼓励职业院校和高职青年学生学习江西传统民间工艺以及提升行业技能,将特定传承人和特殊技能学习者纳入政府特殊人才培育计划进行全方位支持和培育。

破解江西省中小及非公有制企业"融资难"的关键措施与对策

罗海平 艾主河 罗逸伦 黄茉莉[①]

非公有制企业在我国贡献了50%以上的税收、60%以上的GDP、70%以上的技术创新、80%以上的城镇劳动就业、占据了90%以上的企业群体,是我国国民经济和社会发展的生力军,是推动经济实现高质量发展的重要基础和支撑。但长期以来,"融资难"一直是制约江西中小及非公有制企业发展的"老大难"问题。2018年上半年,江西省国有企业新增贷款占比达87.77%,而民营企业仅占12.53%。不仅如此,资金流向"脱实入虚"问题非常严重,同期江西省制造业贷款余额2 370.18亿元,不足总贷余额的一成,而房地产新增贷款占比高达53.13%。根据省工商联发放的全省非公有制企业的问卷调查,26.3%的企业面临融资难问题,47.78%的企业认为融资成本上升。2018年5月江西省委、省政府发布《关于深入实施工业强省战略推动工业高质量发展的若干意见》,作为江西工业强省战略主体力量的非公有制企业的融资难问题将成为工业强省战略目标实现的最大障碍,是江西工业强省战略的绊脚石,破解中小及非公有制企业融资难是实现江西工业强省战略目标的关键。

一、"融资难"问题与症结

"融资难"是我国中小及非公有制企业面临的一个长期存在的系统性复杂问题。相对东部沿海地区以及全国总体情况而言,江西省中小及非公有制企业"融资难"问题更突出、更复杂、更普遍、更棘手,其影响也更严重。

一是江西省企业融资方式单一。融资难与我国企业尤其是中小企业过度依赖银行间接融资密切相关。省内中小企业大多还停留在依靠间接

---

① 作者简介:罗海平(1979~),男,四川南充人,南昌大学中国中部经济社会发展研究中心产业经济所所长,副研究员,博士,硕士生导师。

融资解决企业经营所需资金的阶段，大部分企业是有限责任公司，股份有限公司数量较少，有限责任公司按照我国《公司法》的规定是不能公开募集资本的，这很大程度上制约了这些企业扩大资本规模。银行间接融资由于缺乏足额抵押品、财务数据不达标，难以从银行获得足额授信，而直接融资又受到财务管理规范和企业自身实力的限制。2017年江西主办上市企业数39家，新三板上市159家，上市企业数占总企业数比例极低，能通过上市融资的企业比例很低。而通过兼并、重组、收购进行资本运作的企业和引入风险投资的企业同样也不多。一方面，中小企业因其规模小、多数处于传统行业，没有技术优势，很难吸引风险投资或达到资本市场直接融资的门槛条件，需要政府先将它们培育壮大才有可能利用资本市场筹资；另一方面，对于中小企业而言，它们对于上市等直接融资手段了解很少，还有一些企业在观念上有误区，认为企业只要效益好、有销路，就没必要上市。总体而言，省内企业依靠资本市场来筹措资金的比例非常低，向银行贷款成为几乎唯一的融资途径。

二是企业间接融资成本高。我国金融业总体而言不发达，江西则更甚。省工商联问卷调查显示，江西企业的综合融资成本呈上升之势，47.8%的企业表示2017年相对上一年融资成本上升了30%以内。对中小企业而言，能获得政府中小企业担保中心提供的融资担保的企业少之又少，大多数中小微企业只能依靠信用贷款、多家企业联保、商业担保机构甚至民间借贷解决融资需求，能通过正规金融机构如国有商业银行、股份制商业银行、城市商业银行或农业银行融资的较少。鉴于我国银行融资抵押要求高，中小企业中的成长型企业要完全达到银行传统抵押品要求较为困难。调研座谈中，企业普遍反映财园信贷通等政府或园区担保的融资对缓解中小企业融资难以起到重要的作用。但对于一些特殊行业的企业来说受惠面还是不够、力度还有待提高，科技型企业前期需要投入大量资金进行科研工作，所以对于融资额度要求更高。

三是融资门槛太高。我国正规金融体系大多优先向国有企业提供融资便利。国有商业银行和大型股份制商业银行认为非公企业融资没有政府背书或隐含背书，一旦出现无法清偿的风险，救济成本将非常大，故通过种种途径抬高融资门槛，设置较高的担保物条件将大量的中小非公企业排除在融资门槛之外。尽管在国家积极的倡导和政策扶持下，各种针对小微企业的金融产品相继推出，但调研中发现，正规金融机构并没有真正根据中小企业资金需求特点制定个性化产品，许多为应付金融监管机构考核要求,简单照搬原有针对国有企业的产品模式,直接套用到非公企业身上,很显然中小企业在资产规模、主营收入等各方面很难达到大型国有企业的水平,只能在银行满足了国有企业资金需求以后才能分得一杯羹。

四是市场融资风险太大。我国金融监管不健全,高利贷引发的企业倒闭和债务纠纷问题突出。正是由于正规融资艰难,不少企业明知非正规金融体系的资金使用成本相对正规金融体系要高出不少,且一些非正规金融机构资金来源还存在合法性问题,但为了解决资金问题依然不得不冒着陷入高利贷等风险进行融资。不少受访企业提出他们非常想合法融资,非常想争取从正规金融体系融资,但现实经常让他们失望,有些企业冒着非法融资的风险选择尝试新的融资模式,有些企业因缺乏资金或资金周转困难而陷入经营困难甚至无奈退出市场。

五是融资服务不到位。受制于垄断属性,我国银行业服务意识总体较为淡薄。相比于东部沿海地区,江西本地银行服务态度和意识严重不足。某企业反映在浙江能够贷到款,但是在江西的银行却难以贷款。江西本省银行对企业贷款和续贷要求高。江西本省银行普遍可贷金额少、抵押物要求高、放款时间长、手续更复杂、企业续贷时间长、过桥成本高。银行经办人员"吃拿卡要"、故意为难企业等现象依然存在。融资行业歧视问题突出,工业制造、涉农等行业融资更加困难。企业反映,银行通常对中小企业或非公企业进行的贷前审查严于其他企业,贷款审批期限更长,还经常附加一些额外的诸如财务顾问费等名目来变相提高企业的贷款成本。即便是发放了贷款,在贷后检查中一旦发现企业有风险苗头,往往不给任何协商的余地,即使这种风险苗头也许是全行业风险而并非这家企业的具体风险,这时银行的通常做法就是抽贷、提前终止贷款合同或不再续贷,不管是哪种方式,对企业来说同样是灭顶之灾。

六是融资歧视严重。商业银行是信贷业务的主体部门,承担着为中小企业放贷的重任。但在当前金融降杠杆的大背景下,国家严厉控制地方债务,强化金融监管,省内金融机构普遍收紧银根。从而导致信贷资金的发放具有一定的选择性,出现较为突出的融资歧视现象。商业银行倾向于把信贷选择性地放给业绩优良的大企业,因为贷款给中小企业意味着承担更大的放贷风险,所以银行为了规避风险,很少贷款给中小企业,造成了中小企业资金紧缺。另外企业融资中存在较为严重的行业歧视和产业歧视的现象,如银行倾向于新兴产业的贷款,对工业企业、制造业、废物利用以及涉农企业等存在程度不同的歧视性融资标准和要求。

七是政策性融资平台少。受制于企业成长的特定阶段以及企业本身的特殊属性，大量中小、小微企业以及科创型非公有制企业很难通过公开竞争性的市场途径获得商业融资。在这种情况下，具有扶助公益性的政策性融资平台就尤为重要。政策性融资平台是由地方政府发起设立的，通过划拨土地、股权、国债等资产，迅速包装出一个资产和现金流均可达融资标准的公司，必要时再辅之以财政补贴作为还款承诺，以实现承接各路资金的目的。总体来看，江西政策性融资平台尤其是具有较强针对性的融资平台和产品依然太少，并不能满足特定类型的企业的融资需求，如对于一些科技型、创业型小微企业。

八是金融政策不稳定。调研中企业普遍强调政策稳定对企业正常经营的重要性，尤其是金融政策的稳定可能关涉到企业的生死存亡。一项金融政策应是由政府、相关专家和企业代表充分论证后才能发布，政策要具有科学性、可行性、可持续性。金融政策颁布之后，企业通过各种渠道了解到政策，决定进行政策的申请，在准备申请材料的同时，发现政策又改变了，企业做了无用功费时费力，政策也没有达到预期的作用。这样会导致企业对政府产生不信任感，使得政府的凝聚力下降。更为严重的是，金融政策的随意变化，可能导致企业融资中断，以致不能正常经营，甚至导致企业因此而破产，给企业带来毁灭性打击！

二、破解"融资难"的关键措施与对策

破解江西省中小及非公有制企业"融资难"问题是一个涉及各级政府、金融机构和企业的系统工程，是加快企业发展升级的、实现江西工业强省、加速江西进位赶超绿色崛起的关键。

（一）转变融资观念，提升融资水平

我国企业银行依赖性很强，企业拓展融资渠道的动力不足、意识不强。为此，需要通过各种途径向企业家们宣传现代融资理念。各园区或政府主管部门应通过开宣讲会、金融培训等形式，精讲上市过程，让企业家们能够真真正正的了解上市，摆脱以前对上市的误解，鼓励中小企业树立上市的发展目标。而对于想要上市的企业，政府可以搭建平台，让企业能与证券公司进行商洽。对于已经上市的企业，可以采取资金奖励或者税收减免等政策给予支持。同时政府应从资金、人才、技术等方

面，为企业提供全要素支撑，帮助企业改善融资渠道。加大对企业的财务管理培训力度，支持企业建立现代化财务管理体系，提升企业融资水平。

（二）创新金融产品，强化金融服务

金融产品过少是江西省中小企业融资难的一个重要原因。大多数中小企业只能用厂房等固定资产进行抵押，对于无形资产方面则很少有融资产品涉及。为此，银行等金融机构需要根据企业特征和需求不断进行金融产品创新。创新更多金融产品，意味着企业融资能够多元化，能够找到最适合企业的融资方式，而不仅仅是采取实体抵押物的方式。在金融服务方面，银行等金融机构需要为中小企业提供针对性的服务，让中小企业能够少走弯路。通过加强对金融机构服务人员的培训和组织学习，提升工作人员的工作能力和服务意识，减少企业办事流程，提高效率。分类引入各类投资机构、金融机构和中介服务机构，为企业提供"一站式"融资服务。发挥江西互联网金融产业园的窗口作用，推进以产业链金融为特色的江西现代金融服务体系建设。

（三）优化金融体系，精准金融扶助

坚持多方合作，全力打造普惠金融、个性融资、征信体系"三位一体"的金融支持创业模式。运用专项扶持、融资担保、贷款贴息、设立还贷周转金等融资模式，为企业解决融资难题。走出一条以金融杠杆撬动项目引进的新路子。积极组建各类产业引导基金，帮助重大项目、支柱产业、龙头企业解决融资难问题。继续实施"财园信贷通""财政惠农信贷通""科贷通"等政策，加强对特殊企业、特殊行业、特殊需求进行特殊的融资支持。

（四）厘清政府权责，优化产业基金

政府权责在于引导产业发展、扶助中小企业。故以政府牵头的产业基金，其服务于相应产业的广大中小企业。政府应严格控制政府产业基金的流向，保证其资金能够流向中小企业。政府产业基金应该要吸纳更多金融机构，扩大其规模，更好地服务企业。实施招商引资"提档升级"工程，主动适应经济发展新形势新变化，通过理顺机制和运用市场化手段，组建国有参股、民营控股的投资基金和投资公司，缓解过度依赖政府性产业引导基金的风险。加快政府投融资平台市场化转型步伐，划清企业债务与政府债务之间的关系，切实做到政企分开。

（五）强化政策宣讲，狠抓政策落实

好的政策关键在于落实好。对于中小企业而言，金融政策落实首要的是政策宣讲要到位。当一项金融政策发布后，除了通过政府的相关部门网站发布之后，还应该采取微信公众号、微博等新媒体形式进行发布。开展企业家座谈会，召集有需要的企业家们来听取相关政策解读。必要的时候可以派遣相关工作人员去各企业、各工业园发放宣传单或者粘贴宣传海报，要确保所有企业能知晓政策、能运用政策、能切实享受到政策福利。在金融政策尤其是扶助性融资政策落实中要坚决杜绝"玻璃门""旋转门"等现象，要让政策落到实处，确保中小及非公有制企业"融资难"不再难！

大事记

大事记主要内容（2018.1~2018.12）[①]

1. 3月12日，李克强总理来到十三届全国人大一次会议湖南代表团参加审议。湖南省省长许达哲代表说，希望国家将湖南列为创新型试点省份，在长株潭国家自主创新示范区基础上，进一步扩大示范区范围。李克强要求有关部门要认真研究湖南代表提出的建议。总理说，湖南既是老工业基地，也是农业大省，这些年转型升级步伐加快，新动能加速聚集，为中部崛起发挥了重要支撑作用。你们提出的建议，只要有利于创新驱动发展，有利于加快新旧动能转换，我们就坚决予以支持。

2. 6月3日，2018第二届中国（中部）国际酒业博览会在武汉国际博览中心正式开幕。此次中部酒博会由湖北省酒类流通行业协会、湖南省酒业协会、江西省酒类流通协会、安徽省酒业协会共同主办，湖北世纪华博会展服务公司承办。为期3天（6月3~5日）的中部酒博会，以"新时代、新格局、新机遇"为主题，汇集了中国中部地区众多酒企以及国内外知名品牌，是中国中部极具专业性的酒类行业展会。

3. 6月11日，李克强总理来到湖南衡阳市白沙洲工业园考察承接东部产业转移情况。近5年，湖南全省承接产业转移项目超过16 000个，投资总额近17 000亿元，每年带动城镇新增就业70万人以上。李克强说，东部向中西部产业转移既是趋势，也符合经济规律，体现了平衡发展和协调发展。衡阳有"雁城"之称，希望衡阳以及整个湖南当好承接东部产业转移的"领头雁"。李克强总理6月11日在湖南衡阳市白沙洲工业园考察时，一位制造业企业负责人告诉总理，之所以从东部地区转移过来，一个很重要的原因是这里的领导重视和关心。总理说，所谓"领导重视"就是领导服务，"领导关心"就是帮企业省心，不让人为因素干扰企业正常发展，就是要创造最优的营商环境。中西部地区吸引东部产业转移，过去主要靠优惠政策，今后更多比拼的是营商环境。中西

[①] 大事记由南昌大学黄向敏讲师整理汇编。

部地区虽然没有东部地区天然良港等硬环境，但完全可以打造不亚于东部的软环境。李克强总理 6 月 11 日到湖南衡阳市衡南县云集镇白水村考察粮食生产情况。湖南素称"鱼米之乡"，稻谷产量多年居全国首位。李克强详细询问亩产量、亩收入、化肥价格、农机质量等情况，与农民算细账了解多少亩地的种植规模是盈亏平衡点，鼓励农民因地制宜探索多种形式的适度规模经营。总理说，解决好中国 13 亿多人口的吃饭问题，最终得靠切实保护调动农民种粮积极性。种粮是天下大事。国家会下大力气支持农业发展，加大水利设施等基础硬件投入。同时创新体制机制，更大发挥市场作用，确保农民种粮有合理收益。李克强总理 6 月 11 日考察博世汽车部件（长沙）有限公司。这家公司是德国博世集团智能制造项目试点工厂之一。李克强说，不仅德国制定有自己的先进制造战略，美国、日本、法国、韩国等国也都有各自的先进制造战略。中国对世界各国先进制造战略始终持开放态度。李克强对该企业员工说，我们对中外企业一视同仁，你们既是外商独资企业，也是中国企业，与本土企业一样属于中国制造。中国张开双臂欢迎各国企业进入中国扩大投资，开展各种形式的合作。中国承诺坚定保护各类知识产权。李克强总理 6 月 11 日考察博世汽车部件（长沙）有限公司时，企业德方负责人向总理介绍了博世集团自动驾驶技术研发情况。李克强对这位负责人说，默克尔总理多次向中方表示德国愿意与中国共同开发自动驾驶技术。总理当即对随行相关部委负责人提出要求，加快推进中德在自动驾驶领域合作。李克强总理 6 月 11 日在湖南长沙考察时来到 58 集团。该集团旗下的 58 到家通过互联网平台预定保姆、保洁、搬家等上门服务，每年提供就业岗位 210 万个。李克强听取企业运用采集到的大数据对社会就业情况进行分析后说，就业是民生之本，是国家发展的基石。"互联网＋就业"是市场配置就业资源的高效平台，成为观察就业形势乃至经济走势的一个重要窗口。

4. 8 月 16 日上午，2018 中国（湖南）国际轨道交通产业博览会暨高峰论坛（以下简称"轨博会"）新闻发布暨推介会在北京举行，宣布今年轨博会将于 11 月 14 ~ 17 日在湖南举办。

本届轨博会由中国铁道学会、中国国际贸易促进委员会湖南省分会、长沙市人民政府、株洲市人民政府等单位主办，中国中车股份有限公司、中国铁路通信信号股份有限公司、中轨集团有限公司联合主办，迄今已经成功举办两届，产生了广泛的影响，得到了业界的高度认可。

5. 9月19日上午，2018年部省合建中西部14所高校发展规划专题研讨会在山西大学会议中心第二会议室开幕。教育部学校规划发展中心主任陈锋，山西省教育厅副厅长马骏，山西大学党委书记师帅、副校长韩勇鸿、程芳琴，与会50余名嘉宾及该校相关部门负责人参加开幕式。

6. 9月26日，2018年中西部十七省（区、市）人大民族工作座谈会在拉萨隆重召开。会议的主要任务是：深入学习贯彻习近平新时代中国特色社会主义思想，特别是总书记关于民族工作的重要论述，深入交流探讨新时代人大民族工作的经验做法，进一步促进各民族交往交流交融，进一步筑牢中华民族共同体意识，进一步推动中西部民族地区繁荣发展，为实现中华民族伟大复兴中国梦贡献力量。

7. 10月19日，中国中部国际产能合作论坛暨企业对接洽谈会在武汉隆重揭幕。此次论坛主题为"开放发展，合作共赢"，旨在助推中部六省符合产业合作方向与政策的企业高质量"走出去"、高水平"引进来"。上午，国家部委、中部省区的相关负责同志，以及部分外国代表致辞和推介，随后有关方面进行了签约仪式。下午，同时召开了"一带一路"专场等四个专场和企业推介会。

8. 10月19日，2018中国合肥苗木花卉交易大会在安徽省肥西县中国中部花木城举办。本届苗交会遵循生态安全种苗为先、国土绿化良种为本的理念，以"苗会"美丽中国、助力乡村振兴为主题，充分利用线上线下交流合作平台，促进交流发展，进一步开拓市场，加快推进我国苗木花卉产业快速发展。

据安徽省林业厅厅长牛向阳介绍，本次苗交会展览面积首次达到10万平方米，其中：组展招展面积3万平方米，共设特装展位约50个，标准展位506个；除全省各市组织企业参展外，全国31个省（自治区、直辖市）林业厅（局）、5大森工（林业）集团和新疆建设兵团首次集中参展；约有1 800家企业参展，其中，国（境）外有代表性苗木花卉企业10家；约有30家苗木花卉龙头企业和大型采购商参加招商引资现场签约活动；邀请全国各地相关行业协会和组织约5 600多名专业观众参会。

9. 10月26日，"新时代、新营销、新格局——2018中国品牌食品高峰论坛"在湘潭市岳塘区举行，本次高峰论坛着眼于在消费需求剧变、国际贸易摩擦问题的背景下，为中国品牌食品的发展提供创新思维，指引食品行业健康发展。

此次论坛由中国副食流通协会主办，华夏酒报《国家品牌食品周刊》、中国酒业新闻网、中国（中部）岳塘国际商贸城承办。中国农产品市场协会会长张玉香，中国副食流通协会会长何继红，湘潭市岳塘区人民政府副区长李辉，湖南五江轻化集团总裁、湖南省中弘投资管理有限公司董事长肖志军，华夏酒报、中国酒业新闻网总编辑韩文友先后致辞，表达对中国食品工业健康发展的殷切期望。

10. 11月1日上午，以"推动制造业开放合作和高质量发展"为主题的2018中国（郑州）产业转移系列对接活动，在郑州国际会展中心隆重开幕。河南省委书记王国生、省长陈润儿、中国工程院院长李晓红、工业和信息化部副部长罗文共同启动开幕装置。

省委常委、常务副省长黄强主持开幕式，中国工程院主席团名誉主席周济，中国工程院副院长何华武，省委常委、秘书长穆为民，省人大常委会副主任徐济超，副省长刘伟、霍金花，省政协副主席刘炯天，中国航天科工集团董事长高红卫等领导和嘉宾出席开幕式。

11. 11月1日，胡润研究院与中信银行私人银行联合发布《2018中国企业家家族传承白皮书》，从中可对中国高净值人群分布及状态窥知一二。

值得一提的是，在中部六省中，河南省在拥有千万资产的"高净值家庭"以及拥有亿万资产的"超高净值家庭"两个项目上，获得数量"双第一"。

12. 11月1~5日，第十六届中国国际农产品交易会（简称"农交会"）暨第二十届中国中部（湖南）农业博览会（简称"农博会"）将在长沙举行。同期，还将与联合国粮农组织联合举办"全球农业南南合作高层论坛"。

本届展会由农业农村部、湖南省人民政府主办，展会以"质量兴农、品牌强农、绿色发展、乡村振兴"为主题，展出面积达12.8万平方米。参展地区由以往农博会的中部六省扩大到全国31个省（区、市），还将有来自乌干达、泰国、印度、马来西亚、法国等20个国家和地区的200余家国外公司参展，参展企业达1 800家，产品达16 000种。

13. 11月14~15日，2018第五届河南省互联网大会在郑州美盛喜来登大酒店举行，大会主题是构建数字河南，助力出彩中原。

14. 11月14~16日，2018中国国际友好城市大会（简称"友城大会"）将在武汉举行。共有来自60个国家、125个省市、35个城市组织、105个团组，共370名外宾，以及法、美、韩、英四国驻汉总领事及近20家外国驻汉机构代表、国内各省市代表等参会，总规模近800人。友城大会是由中国人民对外友好协会、中国国际友好城市联合会及地方政府联合主办的重要国际会议,大会围绕友好城市工作现状和地方政府发展实际需要,旨在加强中外地方政府对话与合作,进一步推动我国国际友好城市活动而开展,自2008年起每两年举办一届。此次首次在中部地区举办,武汉成为继北京、上海、成都、广州、重庆后,第6个承办该大会的城市。

15. 11月22日,2018年中国鹰潭·龙虎山道文化旅游峰会、第十届海峡两岸道文化论坛、第六届中部六省炎黄文化论坛暨毛体书法《道德经》世界纪录认证文化旅游活动,在仙境缥缈、道韵天成的龙虎山景区隆重开幕。

本次活动由中共鹰潭市委、鹰潭市人民政府、江西省人民政府台湾事务办公室、江西省社会科学界联合会、江西省政府外事办公室、江西省文化和旅游厅主办。

16. 11月24日,"2018中部区块链产业应用高峰论坛"在中国合肥香格里拉大酒店启幕。据组委会透露,本次峰会由特股区块链主办,由区块之家、BIMG媒体联盟协办。

论坛聚集了全球区块链权威专家、领袖、区块链行业企业家、著名投资机构、金融机构、政府相关领导等嘉宾亲临论坛,将聚焦安徽,共同探讨区块链技术经济时代在产业领域的实际应用。

出席本次峰会的嘉宾包括区块链联合发展组织顾问、区块链产业专家、国内区块链教育知名导师、美国普渡大学区块链研究室副主任、腾讯研究院专家研究员、新加坡区块链技术基金会理事等,与会专家将共同在中国合肥解读《区块链产业政策》《区块链应用场景》《区块链发展环境》等精彩话题,必将为广大区块链从业者带来一场无与伦比的行业盛宴。

17. 11月29日,由商务部投资促进事务局主办、赣江新区联合主办的"2018中德汽车大会"在南昌举行。

18. 12月5日,"2018中部(长沙)进口博览会"(以下简称长沙进博会)在长沙开幕,超过47个国家的400多家企业参展,展出面积达2.6万平方米。

据悉,长沙进博会以"开放中部 采购全球"为主题,共设六大展区,展出产品涵盖家具用品、家电数码、食品酒水、运动休闲、平行进口汽车、旅游服务、服务贸易等品类。展会将从12月5日持续至12月9

日,同期将举办签约仪式、进口贸易论坛、连锁商超采购对接会、中外护肤彩妆采购对接会、母婴产品采购对接会等专题活动。

19. 12月6日,由安徽省文化和旅游厅主办、安徽省旅游信息中心承办的2018安徽旅游互联网大会在合肥盛大开幕。本次大会以"智慧赋能,优质旅游"为主题,旨在为旅游部门、旅游景区、旅游企业、互联网企业等搭建合作交流、融合发展的平台,通过业界之间的交流互动,探索当前智慧旅游发展的新应用、新特征和新趋势,从而推动"数字江淮"和安徽旅游强省建设。来自国内旅游和互联网业界领军人物、科研院所的相关知名专家等相聚安徽,围绕大会主题作主旨演讲和对话访谈,就当前智慧旅游的热点话题进行研讨,共谋行业发展新思路。

20. 12月8日,第九届中国汉口北商品交易会在武汉开幕,来自80多个国家的原产地进口商品首发亮相,经贸洽谈会、商品推荐会、合作签约、产品展会等外贸交流合作活动全面开展。

21. 12月9日,由河南省法学会农业与农村法治研究会主办,河南农业大学文法学院承办的河南省法学会农业与农村法研究会2018年年会暨乡村振兴法治论坛在河南农业大学桃李园大酒店举行。

中部研究年度文献索引

中部地区发展现状[①]

[1] 张娟：《基于区位熵的我国中部省域第三产业发展分析——以安徽省为例》，载《商业经济研究》2018年第24期。

[2] 陈亚云、谢冬明、周国宏、赵慧丽、周叶、朱再昱、许跃峰：《中部地区休闲农业可持续发展态势比较研究》，载《中国农业资源与区划》2018年第11期。

[3] 程必定：《"东中一体"协调发展的中部崛起新论》，载《区域经济评论》2018年第6期。

[4] 桂立：《中部地区金融发展减贫效应的实证分析》，载《现代商贸工业》2018年第36期。

[5] 魏建飞、丁志伟：《我国中部城乡经济协调发展的时空格局研究》，载《河南科学》2018年第10期。

[6] 陈莉、任睿：《中部六省绿色智慧城市发展水平评价》，载《淮阴工学院学报》2018年第5期。

[7] 姜佳丽、陈浩：《产城融合背景下中部丘陵地区产业发展与空间布局》，载《山西建筑》2018年第29期。

[8] 刘世鹏：《中部六省普惠金融发展动态研究——基于熵值法与Oaxaca-Blinder分解》，载《现代经济信息》2018年第19期。

[9] 冯艳飞、向万宏：《我国省际间飞地经济发展能力研究——基于东中部十省面板数据的引力模型》，载《管理现代化》2018年第5期。

[10] 方政、龙若霖、贺文慧：《我国中部六省城市基础设施发展水平实证研究——基于2006~2015年面板数据》，载《洛阳理工学院学报（社会科学版）》2018年第4期。

[11] 张小依：《基于"五大发展理念"中部六省经济发展质量测度——以2016年为例》，载《统计与管理》2018年第8期。

[①] 文献整理由南昌大学张莉老师整理汇编。

［12］李瑞鹏、李瑶、安树伟：《中部地区生产性服务业与制造业发展关系研究——基于80个城市面板数据的分析》，载《经济研究参考》2018年第44期。

［13］谷秀娟、高名扬：《中部地区金融发展研究》，载《产业与科技论坛》2018年第15期。

［14］欧阳益知、周丹：《中部地区教育发展的比较研究》，载《成才之路》2018年第21期。

［15］秦琴：《中部地区特色产业发展的现状与路径——以湖南省沅江市为例》，载《吉林农业》2018年第15期。

［16］卢川、黄传霞：《东中部典型都市圈交通一体化发展综述及启示》，载《合肥师范学院学报》2018年第4期。

［17］汤楠、齐美富、吴永福：《中央引导地方科技发展专项资金的监管分析——以中部X省专项资金监管为例》，载《财政监督》2018年第14期。

［18］知网：《东部主导，中部成为新增长极战略性新兴产业发展提速》，载《中国战略新兴产业》2018年第25期。

［19］张大鹏：《旅游发展能减缓特困地区的贫困吗——来自我国中部集中连片30个贫困县的证据》，载《广东财经大学学报》2018年第3期。

［20］杨朝继：《生产性服务业与区域经济的协调发展：以中部地区为例》，载《改革》2018年第6期。

［21］李颜：《中部各省普惠金融发展现状研究》，载《市场周刊》2018年第6期。

［22］韦琳惠、常伟：《新生代农民工返乡发展方式及影响——基于中部16个地市的调研数据》，载《滁州学院学报》2018年第3期。

［23］张金亮：《中部少数民族地区电子商务发展瓶颈及其评价体系》，载《湖北社会科学》2018年第4期。

［24］解冰玉、李璐：《临空经济对区域经济发展的实证研究——基于中部六省面板数据》，载《河南科技大学学报（社会科学版）》2018年第3期。

［25］王丽萍、夏文静：《基于生态足迹理论的中部六省可持续发展评价研究》，载《环境保护》2018年第10期。

［26］张治栋：《新时代中部地区制造业发展新探索——"中部地区制造业发展研究"评介》，载《社会科学动态》2018年第5期。

[27] 豆艳荣、王有炜：《中部6省文化产业发展的绩效测评——基于五大发展理念的实证分析》，载《华北理工大学学报（社会科学版）》2018年第3期。

[28] 王春生：《俄欧洲中部地区工业及科技发展概况》，载《中国科技信息》2018年第9期。

[29] 朱兆钰、刘胜男：《中部六省国家可持续发展实验区创新能力评价研究——基于AHP和DEA的非均一化灰色关联方法》，载《经济研究导刊》2018年第8期。

[30] 吕超：《面向发展战略的区域经济差异评价——评"基于区域经济差异的中部发展战略研究"》，载《高教发展与评估》2018年第1期。

[31] 张大卫：《顺应区域发展战略再平衡　培育中部地区发展新优势》，载《区域经济评论》2018年第1期。

[32] 曹文炼：《中部地区发展的短板与着力点》，载《区域经济评论》2018年第1期。

[33] 欧阳安贞：《中部会展业发展现状探析——以武汉、长沙、合肥、南昌为例》，载《旅游纵览（下半月）》2017年第12期。

[34] 吕丹：《中部六省房地产经济发展空间分析》，载《池州学院学报》2017年第5期。

[35] 郑彤彤：《中部地区现代物流业发展的SWOT分析》，载《中国商论》2017年第28期。

[36] 文小才：《河南省各产业税收发展的影响因素分析——基于中部六省的比较（2011~2015年）》，载《河南财政税务高等专科学校学报》2017年第5期。

[37] 周吉星、李晓红：《中部地区发展能力评价与崛起战略研究》，载《中国集体经济》2017年第28期。

[38] 李娜、张仲伍、张宇：《中部六省包容性城镇化与产业结构的协调发展研究》，载《山西师范大学学报（自然科学版）》2017年第3期。

[39] 宋洁：《县域公共服务的困境与发展——基于中部某省4个县级地区的调查》，载《宁德师范学院学报（哲学社会科学版）》2017年第3期。

[40] 何丹、程伟、龚鹏：《中部地区长江沿线城市群高等教育与区域经济协调发展研究》，载《中国高教研究》2017年第9期。

[41] 张峻：《区域金融发展、股利支付对企业融资影响——基于中

部三省数据实证分析》，载《中国国际财经（中英文）》2017年第17期。

[42] 曾波彦：《应对人口老龄化养老问题发展研究——以中部人口大省湖南省为研究对象》，载《社会福利（理论版）》2017年第8期。

[43] 杨卉芷：《安徽省在中部崛起中的发展策略》，载《合作经济与科技》2017年第15期。

[44] 鲍一帆：《对我国中部省市发展双创事业的探讨——基于江西省创业企业区域及行业分布现状统计分析》，载《工业经济论坛》2017年第4期。

[45] 张玲：《新常态背景下中部六省全要素发展战略研究》，载《管理现代化》2017年第4期。

[46] 谢娜娜、侯志强：《我国中部地区入境旅游发展的省际差异》，载《黎明职业大学学报》2017年第2期。

[47] 桂学文、于文博、余豆豆：《中部六省电子商务发展现状比较分析》，载《科技创业月刊》2017年第12期。

[48] 彭于彪：《中部城市群产业一体化发展研究》，载《武汉金融》2017年第6期。

[49] 王国霞：《中部地区人口迁移与区域经济发展——基于"五普"与"六普"的分析》，载《经济问题》2017年第5期。

[50] 杨乐：《促进中部地区绿色发展的企业环保投资优化》，载《现代企业》2017年第5期。

[51] 薛非凡：《基于主成分分析法的中部六省旅游业发展水平研究》，载《河南科技大学学报（社会科学版）》2017年第3期。

[52] 张琦：《中部地区出版传媒上市公司多元化发展战略模式分析》，载《出版广角》2017年第8期。

[53] 郭向阳、明庆忠、穆学青：《中部地区入境旅游发展演变分析》，载《乐山师范学院学报》2017年第4期。

[54] 李毅、姜天英、刘振国：《基于DEA分析的中部六省高等教育与经济发展的关系研究》，载《黑龙江高教研究》2017年第3期。

[55] 廖文梅、张广来、孔凡斌：《中部六省矿产资源竞争力与区域经济发展相关性研究》，载《企业经济》2017年第1期。

[56]《打造中部崛起新支撑　拓展经济发展新空间——国家发展改革委地区经济司负责人解读《中原城市群发展规划》》，载《中国经贸导刊》2017年第3期。

[57] 郭熙保、桂立：《中部地区金融发展影响技术创新的实证研究——基于省级面板数据的系统 GMM 估计》，载《中南民族大学学报（人文社会科学版）》2017 年第 1 期。

[58] 杨森：《中部省份县域新型农业经营主体发展现状的调查与思考》，载《中国物价》2017 年第 1 期。

[59] 徐柱柱、伍绍杨：《中部六省普通高等教育与经济发展的协调性分析——基于 1998~2013 年发展现状的研究》，载《煤炭高等教育》2017 年第 1 期。

[60] 范恒山：《率先行动　持续开拓　再创东、中部地区发展新辉煌》，载《宏观经济管理》2017 年第 1 期。

[61] 耿莉萍：《中部地区"低碳工业化"和"新型城镇化"协调发展刍议》，载《现代工业经济和信息化》2016 年第 23 期。

[62] 何意雄：《我国中部地区经济发展综合评价研究——基于 E–TOPSIS 法的动态激励模型》，载《商业经济研究》2016 年第 23 期。

[63] 程静、胡亚权、李春生：《我国中部地区农业保险发展与农村经济增长——基于鄂、湘、赣、皖 4 省面板数据的实证研究》，载《江苏农业科学》2016 年第 9 期。

[64] 陈建东：《新常态下中部地区创新发展研究》，载《湖南工程学院学报（社会科学版）》2016 年第 3 期。

[65] 史晓辉、张崇康：《金融危机冲击下中部资源型经济的转型发展》，载《经贸实践》2016 年第 17 期。

[66] 周慧、曾冰：《交通基础设施促进了中部地区城镇化发展吗？——基于面板数据的空间计量证据》，载《华东经济管理》2016 年第 9 期。

[67] 臧珊、栾峰：《人口回流与新型发展要素嵌入——对传统欠发达中部乡村地区新发展现象的思索》，载《上海城市规划》2016 年第 4 期。

[68] 田治安：《新常态下中部地区资源枯竭型城市转型发展研究——以安徽省铜陵市为例》，载《现代商业》2016 年第 24 期。

[69] 何宜庆、宋秋韵、姚江：《中部六省农业现代化与区域经济协调发展的耦合研究》，载《财贸研究》2016 年第 4 期。

[70] 刘艳辉：《居民消费能力、城市人口密度与流通业发展潜力关系分析——以中部六省省会城市为例》，载《商业经济研究》2016 年第

15 期。

[71] 周娟:《中部六省省会城市流通业发展潜力比较》,载《商业经济研究》2016 年第 13 期。

[72] 周昊天:《中部地区对外贸易发展概况及问题研究》,载《中外企业家》2016 年第 19 期。

[73] 曹慧:《基于中部崛起的湖南经济发展分析》,载《科技经济导刊》2016 年第 18 期。

[74] 汪洋、程霖、黄颖:《新型城市化和生态环境协调发展研究——中部 6 省省会城市比较视角》,载《环境保护科学》2016 年第 3 期。

[75] 戴志敏、罗燕:《中国中部地区金融发展、产业结构优化与城镇化》,载《技术经济》2016 年第 5 期。

[76] 颜洪平、陈平:《金融集聚与经济发展耦合协调性评价——以中部六省为例》,载《经济体制改革》2016 年第 3 期。

[77] 张丹丹:《农业经济发展效率综合评估与优化策略——以中部地区为例》,载《对外经贸》2016 年第 5 期。

[78] 廖传俊:《加快中部欠发达地区中长期贷款业务发展》,载《农业发展与金融》2016 年第 5 期。

[79] 胡剑芬:《临空经济区与高新科技产业互动发展的效率分析——以中部地区为例》,载《航空科学技术》2016 年第 5 期。

[80] 彭冬玲:《浅议中国中部地区区域发展研究》,载《时代金融》2016 年第 12 期。

[81] 赵根、张泽云:《新常态下中部城市的经济转型发展路径研究——以安徽省蚌埠市为例》,载《安徽行政学院学报》2016 年第 2 期。

[82] 王圣云、张新芝:《民生福祉导向的中部地区社会发展进程评估》,载《南昌大学学报(人文社会科学版)》2016 年第 2 期。

[83] 周茭盼、钱梦琪:《"中部崛起战略"背景下中部地区会展业的发展途径》,载《经营与管理》2016 年第 4 期。

[84] 郭祎、肖薇薇:《中部六省经济发展的阶段性特征变化研究——基于经济类型区划分的分析》,载《经济研究导刊》2016 年第 11 期。

[85] 沈琼:《新常态下中部地区增长率分化与发展现代农业的思考》,载《社会科学家》2016 年第 4 期。

[86] 孟哲:《技术转移对于促进中部创新发展的意义》,载《现代经济信息》2016 年第 7 期。

[87] 胡绍雨：《促进武汉城市圈发展的财政政策研究——基于中部崛起的战略框架》，载《财会研究》2016 年第 3 期。

[88] 姜阳、任亚、方超：《地区社会融资规模与区域经济发展关系研究——以中部六省为例》，载《金融发展评论》2016 年第 2 期。

[89] 张士杰：《城镇化驱动经济发展的作用机制与动力学特征——基于中部六省的实证研究》，载《经济问题探索》2016 年第 2 期。

[90] 翟晓叶：《中部地区承接产业转移的金融发展问题探析》，载《时代金融》2016 年第 3 期。

[91] 兰馨、兰磊、丁嘉树、郑上雄：《基于 ArcGIS 的中部六省区域经济发展状况分析》，载《地理空间信息》2016 年第 1 期。

[92] 徐敬亮、袁小玉、张丽：《中部地区家庭农场发展的瓶颈分析——以皖北袁小寨村为例》，载《赤峰学院学报（自然科学版）》2016 年第 2 期。

[93] 王方舟：《中部与西部缓冲地带新型城镇化发展战略研究——以河南省三门峡市为例》，载《天津农业科学》2016 年第 1 期。

[94] 耿虹、武明妍：《区域统筹下中部城镇群小城镇非均衡发展策略——以武汉"1+8"城市圈小城镇为例》，载《小城镇建设》2016 年第 1 期。

[95] 赖流滨、张小菁：《中部崛起背景下湖南省科技创新发展对策》，载《中国集体经济》2016 年第 1 期。

[96] 柳思维、杜焱：《中部地区流通产业发展格局的演化及其影响因素》，载《湖南商学院学报》2015 年第 6 期。

[97] 黄小勇、陈运平、肖征山：《区域经济共生发展理论及实证研究——以中部地区为例》，载《江西社会科学》2015 年第 12 期。

[98] 曲婷、张黎：《中部六省绿色发展成效的差异性比较及问题剖析》，载《市场经济与价格》2015 年第 12 期。

[99] 蔡洋萍：《中国农村普惠金融发展的差异分析——以中部六省为例》，载《财经理论与实践》2015 年第 6 期。

[100] 周颖、周清波、甘寿文：《东中部地区农业循环经济发展比较优势与典型模式研究（英文）》，载《Agricultural Science & amp; Technology》2015 年第 11 期。

[101] 丁涛：《我国专利实力与发展民生的关系研究——基于东中部 16 个省市 2012 年数据的灰色关联分析》，载《改革与开放》2015 年

第 21 期。

[102] 黄宇驰、王敏、沙晨燕、王贺亚、黄沈发、王卿：《中部地区战略发展生态安全制约及对策》，载《环境影响评价》2015 年第 6 期。

[103] 任晓怡：《中国中部地区第三产业发展影响因素研究——基于中国中部 80 个城市的空间面板数据分析》，载《技术经济与管理研究》2015 年第 10 期。

[104] 马眸眸：《中部地区对外贸易发展与就业效应的实证分析》，载《统计与决策》2015 年第 19 期。

[105] 陈安、赵曦：《中部六省市域经济发展时空差异演变研究》，载《华中师范大学学报（自然科学版）》2015 年第 5 期。

[106] 李家鸿、丁文斌：《基于因子分析的中部四省低碳发展研究——以湖北、湖南、河南和安徽省动态对比为例》，载《特区经济》2015 年第 9 期。

[107] 徐春莲：《加快中部地区高新技术产业发展研究——以河南省安阳市为例》，载《安阳工学院学报》2015 年第 5 期。

[108] 钱士茹、袁友龙：《风险投资视角下中部地区高新技术产业发展路径研究》，载《科技进步与对策》2015 年第 22 期。

[109] 刘灿之、陈岚月、徐雅琪、陈松、刘晓睿：《我国中部欠发达地区城镇化发展水平调查分析——基于江西省南昌市向塘镇的调查数据》，载《中国市场》2015 年第 34 期。

[110] 梅钊、杨博、胡刚、唐凯：《中部地区小城市新型城镇化发展思路研究——以安徽省界首市为例》，载《小城镇建设》2015 年第 8 期。

[111] 崔木花：《中部六省城镇化与区域经济协调发展动态演化研究》，载《华东经济管理》2015 年第 8 期。

[112] 王圣云、罗玉婷、许双喜：《发展型福祉视域下中部地区经济社会协调发展度动态演化》，载《经济问题探索》2015 年第 7 期。

[113] 贾清萍、贾斐、王健、金小周：《江西高层次科技人才发展特征及其与中部地区的比较》，载《南昌大学学报（理科版）》2015 年第 3 期。

[114] 韩民春、胡婷：《湖北保税区促进外向型经济发展的研究——基于中部六省的比较分析》，载《中国人口·资源与环境》2015 年第 S1 期。

[115] 任晓怡：《中部地区金融发展与产业发展互动关系的实证研

究——基于空间计量经济学的分析方法》，载《金融与经济》2015年第5期。

[116] 王喆薇：《中部地区地铁商业发展研究》，载《科技和产业》2015年第5期。

[117] 宋德勇、吴婵丹、王雪峰：《GVC视角下中部地区产业外向型发展路径研究》，载《改革与战略》2015年第5期。

[118] 贺翀、肖功为：《中部六省工业化、城镇化和农业现代化协调发展测度研究》，载《南通大学学报（社会科学版）》2015年第3期。

[119] 张丽琼：《基于DEA的资源型城市低碳经济发展的效率评价——以中部六省的地级资源型城市为例》，载《品牌（下半月）》2015年第3期。

[120] 刘梦琳、刘金曼：《珠三角地区与中部地区产业联动发展的实证研究——基于湘南承接产业转移视角》，载《商》2015年第16期。

[121] 张勇、何深静：《城市企业主义视角下的政府转型——中部小城济源的发展路径》，载《人文地理》2015年第2期。

[122] 侯茂章、曾路：《省域技术创新发展差异对经济增长的影响研究——基于中部六省和东部五省市的实证分析》，载《工业技术经济》2015年第4期。

[123] 徐阳阳、赵良庆、俞飞：《基于主成分分析法的中部六省经济发展状况比较研究》，载《安徽农业大学学报（社会科学版）》2015年第2期。

[124] 蔡洋萍：《湘鄂豫中部三省农村普惠金融发展评价分析》，载《农业技术经济》2015年第2期。

[125] 邢学杰：《基于门限回归模型的中部六省服务业发展影响因素研究》，载《企业经济》2015年第2期。

[126] 官爱兰、蔡燕琦：《农村人力资本开发对农业经济发展的影响——基于中部省份的实证分析》，载《中国农业资源与区划》2015年第1期。

[127] 胡俊、叶瑞、仝鑫：《城镇化与产业结构对经济发展的影响——基于我国东中部的面板数据》，载《安徽商贸职业技术学院学报（社会科学版）》2015年第1期。

[128] 陈茜、严俊杰：《浅谈中部地区城市发展模式》，载《时代金融》2014年第35期。

[129] 罗晓：《中部区域农村金融创新与农业产业融合发展路径实证

研究》，载《湖北农业科学》2014年第24期。

[130] 明星：《基于层级增长极理论的中部区域发展模式设计》，载《现代商贸工业》2014年第24期。

[131] 王圣云、廖纯韬、许双喜、黄敏：《民生福祉导向下的中国中部地区低碳发展竞争力评价——基于AHP-TOPSIS模型的实证》，载《地域研究与开发》2014年第6期。

[132] 蒋晓光、李理：《经济发展水平对人才聚集的影响分析——以中部和江浙沪地区为例》，载《当代经济》2014年第23期。

[133] 郭静利、郭燕枝：《中部县域经济发展现状和未来展望》，载《农业展望》2014年第11期。

[134] 杨剩富、胡守庚、叶菁、童陆亿：《中部地区新型城镇化发展协调度时空变化及形成机制》，载《经济地理》2014年第11期。

[135] 谢升峰、路万忠：《农村普惠金融统筹城乡发展的效应测度——基于中部六省18县（市）的调查研究》，载《湖北社会科学》2014年第11期。

[136] 周绍森：《论陈栋生区域经济理论对中部发展的突出贡献》，载《区域经济评论》2014年第6期。

[137] 赵宁：《中部地区生态型城镇化发展战略研究——基于城镇化与生态环境的实证分析》，载《理论月刊》2014年第11期。

[138] 侯胜鹏：《中国中部地区发展现代农业的SWOT分析》，载《南方农村》2014年第11期。

[139] 蔡伟、刘艺容：《中部六省城镇化发展与居民消费水平关系的动态研究》，载《中国集体经济》2014年第30期。

[140] 郑琳：《中部地区国民经济和社会发展比较研究》，载《重庆科技学院学报（社会科学版）》2014年第10期。

[141] 王盈、罗小龙、刘晓曼：《后发展地区区域一体化的问题、特征与建议——对中部江西省丰樟高地区区域一体化的实证分析》，载《现代城市研究》2014年第10期。

[142] 陈欣怡：《首位城市与中部发展的研究分析》，载《东方企业文化》2014年第19期。

[143] 孙元元、杨刚强、江洪：《中部地区小城镇建设的城乡统筹发展》，载《宏观经济管理》2014年第10期。

[144] 上官绪明：《物流发展、FDI与出口贸易结构优化——基于中

部地区的实证分析》，载《技术经济与管理研究》2014年第9期。

［145］郑克强、徐丽媛：《中部革命老区（贫困地区）经济社会发展的SWOT分析》，载《企业经济》2014年第9期。

［146］隆雁翔：《长江经济带中部人口与土地城镇化协调发展研究》，载《金融经济》2014年第18期。

［147］舒小林、杨贵琼：《城乡统筹发展与中部地区人口城镇化的路径探索》，载《经济研究参考》2014年第53期。

［148］朱琰洁：《中部六省"四化"发展动态效率及协调度测度研究》，载《商业时代》2014年第24期。

［149］梅文文：《中部六省区域创新能力趋同发展的空间计量经济分析》，载《科技和产业》2014年第7期。

［150］陈明星：《区域发展新棋局下中部地区发展的战略思考》，载《区域经济评论》2014年第4期。

［151］喻新安、郭小燕、王新涛：《区域发展新棋局与中部崛起新机遇》，载《区域经济评论》2014年第4期。

［152］何宜庆、廖文强、白彩全、周德才：《中部六省省会城市金融集聚与区域经济增长耦合发展研究》，载《华东经济管理》2014年第7期。

［153］田杰、何丹：《中部地区长江沿线城市群空间结构与经济发展研究》，载《世界地理研究》2014年第2期。

［154］杨洋：《论不平衡发展与平衡发展的辩证关系——以改革开放以来中国东部、中部、西部经济发展为例》，载《学理论》2014年第14期。

［155］朱翔、范翘、赵先超：《中部地区低碳经济发展潜力比较研究》，载《西北农林科技大学学报（社会科学版）》2014年第3期。

［156］易金平、江春、雷蕾：《中部地区金融发展与经济增长关系的实证研究——以湖北省为例》，载《特区经济》2014年第4期。

［157］巴志鹏：《统筹区域发展视角下的中部地区崛起战略述要》，载《临沂大学学报》2014年第2期。

［158］张启春、朱明：《区际产业转移背景下中部六省发展环境研究》，载《华中师范大学学报（人文社会科学版）》2014年第2期。

［159］徐远华：《金融发展对城乡收入差距的影响——基于中部六省2000~2011年面板数据的实证分析》，载《科学决策》2014年第3期。

［160］魏明慧、张建清：《中部地区城镇化建设路径选择》，载《小城镇建设》2014年第3期。

[161] 喻金田、娄钰华、李会涛:《中部地区"三化"协调发展评价模型构建及其分析——基于农业现代化、工业化和城镇化的考察》,载《企业经济》2014年第2期。

[162] 王四笔:《中部六省区域综合发展评价研究》,载《中国市场》2014年第4期。

[163] 罗自琛、耿明斋:《基于区域经济一体化的中部地区现代物流发展策略研究》,载《物流技术》2014年第1期。

[164] 夏晶:《中部地区金融发展与经济增长统计分析》,载《现代商贸工业》2014年第1期。

[165] 闫彦、王国梁:《基于"精明增长理论"的中部六省会城市发展的比较》,载《山西师范大学学报(自然科学版)》2013年第4期。

[166] 洪开荣、浣晓旭、孙倩:《中部地区资源—环境—经济—社会协调发展的定量评价与比较分析》,载《经济地理》2013年第12期。

[167] 慈教进:《中部农区农业电子商务发展研究——以南阳地区为例》,载《人民论坛》2013年第35期。

[168] 周瑜茜:《中部地区工业化与城镇化融合发展动力机制研究》,载《财经理论研究》2013年第6期。

[169] 何宜庆、王钦萍、白彩全、涂红:《中部六省低碳经济发展潜力的评价分析》,载《金融与经济》2013年第11期。

[170] 乔海曙、王静:《中部地区"两型"城市发展水平研究》,载《中国管理科学》2013年第S2期。

[171] 陆宇海:《中部地区资源环境与经济协调发展时空分析》,载《北方经济》2013年第22期。

[172] 王大友:《关于加快中部地区农村商品流通市场发展的思考》,载《经济研究导刊》2013年第31期。

[173] 朱伟:《我国中部地区城市群物流发展模式研究》,载《中国外资》2013年第21期。

[174] 杜鹏程、李敏、洪艳:《我国中部地区技术创新效率差异性研究》,载《科技进步与对策》2014年第4期。

[175] 唐文娟:《区域经济视角下的中部流通业现状与发展对策研究》,载《商业时代》2013年第30期。

[176] 杨晓宇:《"中部崛起"背景下农业发展问题》,载《开发研究》2013年第5期。

[177] 张琰飞、朱海英：《中部地区"两型"技术创新目标要素协同发展的实证研究》，载《软科学》2013 年第 10 期。

[178] 罗勇：《加快转变中部地区县域经济发展方式的思考》，载《产业与科技论坛》2013 年第 19 期。

[179] 彭迪云、温舒甜：《基于主体功能区视角的产业集群转型发展——以中部地区为例》，载《江西社会科学》2013 年第 10 期。

[180] 官爱兰、蔡燕琦：《农村人力资本开发影响农业发展的省际差异——基于中部省份的面板数据》，载《郑州航空工业管理学院学报》2013 年第 5 期。

[181] 王珍、谢五洲：《中部六省区域物流与经济发展的协整分析与因果检验》，载《物流技术》2013 年第 19 期。

[182] 环保部：《环保部启动中部地区发展战略环境评价》，载《城市规划通讯》2013 年第 18 期。

[183] 黄永香：《中部资源型城市发展战略性新兴产业研究——以娄底市为例》，载《湖南工程学院学报（社会科学版）》2013 年第 3 期。

[184] 郎静：《我国中部贫困地区民营经济发展研究》，载《现代经济信息》2013 年第 18 期。

[185] 张文硕、张婷：《适宜中部现状的城镇化及产业发展策略探索》，载《产业与科技论坛》2013 年第 16 期。

[186] 毛智勇、李志萌、张宜红：《工业化、信息化、城镇化、农业现代化同步发展研究——基于中部地区"四化"发展的分析》，载《农业考古》2013 年第 4 期。

[187] 王新华：《中部六省农村服务业发展水平评价的实证研究》，载《湖南商学院学报》2013 年第 4 期。

[188] 官爱兰、蔡燕琦：《农村人力资本开发影响农业发展的省际差异——基于中国中部省份的面板数据》，载《郑州航空工业管理学院学报》2013 年第 4 期。

[189] 孙郦颖：《增值税转型对我国中部经济发展的影响》，载《商业经济》2013 年第 15 期。

[190] 沈鑫：《中部地区市县同城发展关系研究》，载《规划师》2013 年第 8 期。

[191] 陈志刚：《制度、开放与中部地区金融发展：1996～2010》，载《中南民族大学学报（人文社会科学版）》2013 年第 4 期。

[192] 杨荣海、李亚波：《中国旅游产业发展的金融支持区域差异分析——基于东部、中部和西部面板数据的检验》，载《经济与管理》2013年第7期。

[193] 马泽平：《中部地区现代服务业发展现状及深化对策》，载《商业时代》2013年第19期。

[194] 柏程豫、吴旭晓：《工业化与城镇化协调发展中的工业支撑问题研究——以中部6省为例》，载《开发研究》2013年第3期。

[195] 杨飞虎、伍琴：《基于熵AHP法的中部六省经济发展综合评价研究》，载《价格月刊》2013年第6期。

[196] 吴斌：《乡村转型下的中部地区农业产业化发展研究——以"荆三角"地区为例》，载《陕西农业科学》2013年第3期。

[197] 丁静秋、赵公民：《中部地区生产性服务业集聚发展的影响因素——基于81个地级市数据的实证研究》，载《科技管理研究》2013年第10期。

[198] 汤学兵：《中部地区服务业增长对工业发展的影响分析》，载《区域经济评论》2013年第3期。

[199] 乔海曙、阳旸：《我国中部地区"两型化"社会主义新农村建设发展水平研究——基于"三大财富观"视角》，载《农业现代化研究》2013年第3期。

[200] 胡波：《山西经济结构与中部五省的比较及发展速度之研究》，载《山西财税》2013年第5期。

[201] 毛勇、陈传孝：《对中国中部地区县域金融发展现状的探析》，载《经济研究导刊》2013年第13期。

[202] 何建雄：《我国中部地区县域经济可持续发展问题探索》，载《前沿》2013年第8期。

[203] 罗良针、张阳、王皓楠：《中部地区教育发展与社会公平关系的实证研究》，载《教育理论与实践》2013年第10期。

[204] 陈寿江、李小建：《县域尺度下经济发展水平与社会福利水平之间的关系分析——以中部六省为例》，载《地域研究与开发》2013年第2期。

[205] 李康：《中部地区金融发展与经济增长的关系研究》，载《知识经济》2013年第7期。

[206] 周吉：《中部六省资源、环境与经济发展协调度评估分析》，

载《科技广场》2013年第3期。

［207］《我国中部六省城市群联动发展的多重关系与导向目标》，载《上海城市管理》2013年第2期。

［208］彭菊颖、王宗鹏：《中部六省旅游业发展与经济增长关系研究》，载《金融与经济》2013年第3期。

［209］刘俊英：《中部地区公共支出调整的三维经济发展效应——基于六省面板数据的实证研究》，载《经济经纬》2013年第2期。

［210］蔡海鹏：《中部地区省级开发区转型发展策略研究——以临汾经济开发区为例》，载《城市发展研究》2013年第2期。

［211］冯更新：《中部地区城市群一体化发展研究》，载《城市》2013年第1期。

［212］王学峰、张辉：《中部六省区旅游发展潜力评价体系构建及应用研究》，载《云南社会科学》2013年第1期。

［213］冯亮、丁东洋：《区域低碳经济发展中的政府角色定位——来自中部地区的实证分析》，载《胜利油田党校学报》2013年第1期。

［214］吴超：《安徽省在"中部崛起"战略中发展状况分析》，载《合作经济与科技》2013年第1期。

［215］傅同瑾、段红柳：《中部地区非公有制经济发展问题分析——以益阳市为例》，载《湖湘论坛》2013年第1期。

中部发展对策研究

［1］丁文珺、伍玥：《新时代国家区域政策下中部地区发展的思路及展望》，载《决策与信息》2019年第1期。

［2］汪欣：《区域物流低碳发展能力评价及推进策略——基于长三角及中部地区8省1市的实证分析》，载《河南社会科学》2018年第11期。

［3］王志国：《加快中部崛起需着力破解的难题及对策》，载《长江技术经济》2018年第3期。

［4］周慧：《中部地区城镇化发展：现状、困境及对策》，载《安徽广播电视大学学报》2018年第3期。

［5］彭明旭、廖桂、高璐：《南昌发展现状、潜力及其政策建议——基于中部省会城市比较视角》，载《金融教育研究》2018年第4期。

［6］肖潇：《东中部高新技术产业发展合作模式研究——以半导体照明产业为例》，载《江苏商论》2018年第7期。

［7］陈恩、谢珊一：《中部地区新型城镇化发展的区域特征及其影响因素分析》，载《西北人口》2018年第3期。

［8］李明贤、谭思超：《我国中部五省农村普惠金融发展水平及其影响因素分析》，载《武汉金融》2018年第4期。

［9］谢国辉、何永胜、王卿然：《中国东中部地区风电发展前景分析》，载《中国电力》2018年第3期。

［10］邓焕生：《经济全球化新趋势下中部内陆省份开放发展浅议——以湖南为例》，载《湖南省社会主义学院学报》2018年第1期。

［11］王圣云、单梦静、谭嘉玲：《中部地区经济发展跟踪评价与"十三五"加速崛起对策》，载《地域研究与开发》2018年第1期。

［12］张雪：《优势互补 改革创新 融媒体发展任重而道远——以中部省份江西的融媒体发展情况谈传统媒体和新兴媒体如何融合》，载《传媒论坛》2018年第1期。

［13］曹扬：《中部地区开放型经济发展评价与对策研究》，载《经济

问题》2018 年第 1 期。

[14] 黄耀龙：《甘肃中部地区苹果产业发展现状及建议》，载《甘肃农业科技》2017 年第 12 期。

[15] 刘丽华、赵荆：《中部地区跨境电子商务发展对策研究——以荆州为例》，载《电子商务》2017 年第 12 期。

[16] 陈泠璇：《对于中部地区安徽省蚌埠市经济发展的研究——基于多元线性回归模型分析》，载《商场现代化》2017 年第 23 期。

[17] 唐永伟、唐将伟、陈怀录：《中部农业区城乡互动发展路径研究——以河南省漯河市为例》，载《地域研究与开发》2017 年第 6 期。

[18] 占美森：《中部欠发达地区城镇化特征与未来发展策略研究——以江西九江为例》，载《科技创新与应用》2017 年第 33 期。

[19] 杨慧芳：《中部城市知识产权服务业发展现状及对策研究——以郑州专利为例》，载《现代经济信息》2017 年第 22 期。

[20] 罗宣、金瑶瑶、王翠翠：《转型升级下资源型城市绿色发展效率研究——以中部地区为例》，载《西南交通大学学报（社会科学版）》2017 年第 6 期。

[21] 张于贤、黄鑫、刘瑞环：《基于熵权灰色关联法的中部地区农产品物流发展评价研究》，载《商业经济研究》2017 年第 21 期。

[22] 陈克龙：《学上海自贸区经验 促内陆中部地区发展》，载《浦东开发》2017 年第 11 期。

[23] 乔杨、张怡然、马明：《中国中部 6 省城市经济发展空间分异研究》，载《资源与产业》2017 年第 5 期。

[24] 王圣云、谭嘉玲、单梦静：《中部地区社会发展"新常态"特征与社会治理对策》，载《平顶山学院学报》2017 年第 5 期。

[25] 杨楚欣：《中部省份发展跨境电商的现状和对策建议》，载《中国经贸导刊（理论版）》2017 年第 23 期。

[26] 刘晓玲：《中部地区服务贸易的发展现状、制约因素和对策建议——以湘潭市为例》，载《湖南人文科技学院学报》2017 年第 4 期。

[27] 任继如：《经济新常态下中部地区文化产业发展对策》，载《江苏商论》2017 年第 5 期。

[28] 樊鹏：《中部地区省级开发区发展中存在的问题及对策——以汉川经济开发区为例》，载《领导科学论坛》2017 年第 3 期。

[29] 付胜龙、刘红峰：《论中部地区新型城镇化发展的困境和出

路——基于湖南省的实证分析》，载《湖南社会科学》2016年第6期。

［30］李国新：《突破"中部洼地"促进均衡发展》，载《图书馆》2016年第10期。

［31］黄蕾：《中部地区对外贸易依存度发展现状及对策分析》，载《现代经济信息》2016年第17期。

［32］孙娟、张一凡、孙晓敏：《新常态下中部地区中小城市发展困境与规划探索——以江西省鹰潭市为例》，载《上海城市管理》2016年第3期。

［33］赵民、林均昌：《中部地区少数民族教育发展状况及对策研究——以河北省为例》，载《唐山师范学院学报》2015年第6期。

［34］周亮、杨曼、王仁祥：《中部区域金融中心集群模式及发展策略研究》，载《武汉理工大学学报（信息与管理工程版）》2015年第4期。

［35］李学文、徐丽群：《中部地区公交全域化发展状况评估及对策研究》，载《管理现代化》2015年第4期。

［36］陈茜：《中部六省地区经济发展现状分析及对策》，载《时代金融》2015年第2期。

［37］袁永友、龙伟：《中部大中城市承接服务外包竞争力差异与发展策略》，载《武汉商学院学报》2014年第6期。

［38］董漪：《我国中部六省人力资源发展现状分析及对策探讨》，载《知识经济》2014年第23期。

［39］徐丽媛、郑克强：《中部革命老区（贫困地区）发展竞争力的阶段定位与对策研究》，载《经济研究参考》2014年第64期。

［40］杨洪刚：《中部地区的经济增长方式与发展路径探究》，载《商场现代化》2014年第24期。

［41］徐伟、赵良庆：《中部六省农业上市公司发展现状和对策研究》，载《湖北经济学院学报（人文社会科学版）》2014年第7期。

［42］郭静利、钱静斐、崔凯：《中部粮食主产区粮食安全发展的基本思路》，载《中国市场》2014年第3期。

［43］袁何路、田亦欣、郑燕芳：《我国中部地区农业现代化发展对策研究》，载《北方经贸》2013年第12期。

［44］熊珊、苏发金：《中部地区县域经济可持续发展对策研究——以湖北省宜昌市为例》，载《三峡论坛（三峡文学·理论版）》2013年第6期。

［45］吕连生:《中部地区城乡一体化特色和发展新对策》,载《江淮论坛》2013年第6期。

［46］刘涛涛:《中部贫困地区民营经济发展困境及对策》,载《现代商业》2013年第29期。

［47］周琴:《新时期中部地区欠发达小城镇人口与产业发展的目标转变与策略响应》,载《小城镇建设》2013年第9期。

［48］李雪苑:《我国中部经济区发展相似性与合作发展路径探讨》,载《商业时代》2013年第16期。

［49］王淞:《中部地区经济结构问题分析及流通业发展策略》,载《重庆与世界(学术版)》2013年第5期。

［50］陈科:《中部欠发达地区城市跨越发展之路探寻——以安徽省蒙城县为例》,载《华中建筑》2013年第4期。

［51］邓瑜兵、张坤:《城市轴对称下湘赣经济发展新模式的提出与中部崛起新道路的探讨》,载《延边大学农学学报》2013年第1期。

［52］田慧丽、刘刚:《中部地区物流业与经济增长协同发展与对策研究》,载《物流工程与管理》2013年第3期。

［53］唐文娟:《中部经济发展要求下的流通业升级对策研究》,载《怀化学院学报》2013年第1期。